山西师范大学 2017 年度校基础研究基金资助
山西师范大学博士科研启动基金资助

认知生成主义的哲学研究

The Philosophical Study of Cognitive Enactivism

武建峰 / 著

科学出版社
北 京

图书在版编目(CIP)数据

认知生成主义的哲学研究 / 武建峰著. —北京：科学出版社，2017.12

ISBN 978-7-03-055879-4

Ⅰ. ①认… Ⅱ. ①武… Ⅲ. ①认知科学—科学哲学—研究
Ⅳ. ①B842.1②N02

中国版本图书馆 CIP 数据核字（2017）第304838号

责任编辑：刘 溪 邹 聪 张 楠 / 责任校对：何艳萍
责任印制：赵 博 / 封面设计：有道文化
编辑部电话：010-64035853
E-mail:houjunlin@mail. sciencep.com

科学出版社 出版
北京东黄城根北街 16 号
邮政编码：100717
http://www.sciencep.com
北京厚诚则铭印刷科技有限公司印刷
科学出版社发行 各地新华书店经销
*
2017 年12月第 一 版 开本：720 × 1000 1/16
2025 年 4 月第三次印刷 印张：13 7/8
字数：202 000
定价：98.00 元

序 言

众所周知，认知科学是20世纪70年代中期兴起的一门前沿性、交叉性和综合性学科。它是在心理科学、计算机科学、神经科学、语言学、文化人类学、哲学以及社会科学的交界面上涌现出来的，旨在研究人类认知和智力本质及规律，具体包括知觉、注意、记忆、动作、语言、推理、思维、意识乃至情感动机在内的各个层次的认知和智力活动。认知科学的迅速发展不仅使科学哲学发生了“认知转向”，而且直接推动了21世纪认知哲学（philosophy of cognition）的兴起。同时，它也使认知哲学研究不再像传统哲学那样诉诸纯粹的先验推理，而是直接诉诸那些基于具体实验测试和研究的后验证明。

概括地讲，认知哲学是一个旨在对认知这种极其复杂的现象进行多学科、多视角、多维度整合研究的新兴哲学研究领域，其研究对象包括认知科学（认知心理学、计算机科学、脑科学）、人工智能、心灵哲学、认知逻辑、认知语言学、认知现象学、认知神经心理学、进化心理学、认知动力学、认知生态学等涉及认知现象的各个学科中的哲学问题。可以说，它涵盖和融合了自然科学及人文科学的不同分支学科。它立足于哲学，通过梳理、分析和整合各种以认知为研究对象的学科，对认知的各种哲学问题进行反思、审视和探究。也就是说，它不是直接与认知现象发生联系的，而是通过研究认知现象的各个学科，与之发生联系，因此，它是一种极具整合性的“元研究”。

该书是作者在其博士学位论文的基础上撰写而成的，其宗旨在于系统论证生成主义作为认知科学研究纲领的合理性，并将其作为一种实质性研究范式和认知纲领在认知科学中确定下来。

一方面，该书切合了当下认知哲学研究领域的热点问题。我们知道，生成认知科学（enactive cognitive science）是第二代认知科学的重要组成部分，它通过研究人类认知的感觉运动基础，试图为人类认知问题的解决提供一些新方法和新途径。它与传统认知科学有着本质上的不同。传统认知科学是在一种很狭窄的意义上对认知进行研究的，认为认知就是人在解决问题或表征世界时做什么，所有这些过程都可以在计算机上进行模拟。与此相反，生成认知科学主要关注人类的日常生活经验，认为认知科学应当拓宽其研究视野，把意识、情感、认知者与世界的具身动力交互作用等要素纳入研究范围。经过 20 多年的发展，它所孕育的生成主义（enactivism）纲领已经发展成为一种能与认知主义和联结主义相抗衡的认知范式。生成主义也因此顺理成章地成了认知哲学领域要研究的重点之一。

另一方面，该书以认知者的自主性与世界的共决定关系为切入点，立足人类的日常生活经验，运用现象学方法解答认知生成主义的哲学问题，其中不乏一定的哲学洞见。可以说，该书系统建构了生成主义的认识论和方法论体系，并将生成主义的观点和原则运用于社会认知研究领域。这是该书的创新之处。同时，该书在整合认知科学、超个人心理学和现象学中关于世界构造的三种动力模式的基础上，提出构建一种广义生成理论的主张，以一种更为广阔的视角丰富和发展了生成主义的内涵。

当然，该书尚有一些不够完善之处。例如，对生成主义现象学基础的挖掘还不够深入，特别是现象学方法在认知问题研究和生成体系建构中的作用还未得到充分彰显；对生成主义在高层次认知领域，如价值的产生和评估、社会交互作用和社会理解中的运用还未得到充分展开；对广义生成理论的构建和论证也还不够充分。不可否认，该书是目前这一主题的系统性成果，无论是从认知科学的发展动向，还是从哲学的研究来看，它都是对这种新的认知纲领所做的系统而全面的研究，其学术价值是不言而喻的。

魏屹东

2017 年 12 月

前言

生成主义（enactivism）是认知科学中新兴的认知研究纲领。它萌芽于心智生态学（ecology of mind），脱胎于认知生态学（cognitive ecology），成熟于生成认知科学（enactive cognitive science），目前已发展为一个能与认知主义和联结主义相抗衡的研究纲领。它既是一种全新的认知科学范式，从根本上推进了认知科学与人文科学的融合，同时也是一种全新的心智哲学理论，从根本上超越了传统的认知哲学观。本书旨在系统论证生成主义作为认知科学研究纲领的合理性和有效性，重点阐述这一革命性纲领在哲学和认知研究层次上的洞见性。基于这一核心目的，本书主要从以下五个方面展开研究。

第一章探究了认知生成主义形成的历史背景，目的在于历史地把握其思想脉络，为领会其核心观点和理论，进而构建其认识论和方法论原则奠定坚实的基础。具体从两方面展开：一是外在于认知科学的哲学和控制论维度，从哲学层面，揭示生成主义相比于传统认知哲学观的优越性，重点分析现象学在生成体系建构中的重要作用；从控制论层面，探究长期被严重忽略，却最终塑造了生成认知科学的控制论根源。二是内在于认知科学的范式转变维度，通过对比分析生成主义与传统认知范式间的本质差别，从根本上揭示生成主义范式的优越性。

第二章论证了“生命与心智的连续性论题”作为生成认知科学核心工作假

设的合理性，阐述了生成认知科学的核心论题。具体分析了连续性论题在认识论上遭遇的认知鸿沟问题，指出方法论的个体主义是其产生的重要原因，强调社会性是弥合这一鸿沟的关键性因素，创造性地提出了理论生物学和现象学的双向解决策略。在分析生成认知科学的工作假设和核心论题的基础上，论述了生成主义作为认知纲领的理论可能性，揭示了其作为一种非表征框架的革命性意义。

第三章构建了认知生成主义的认识论原则，分析和解决了其认识论问题。生成主义的认识论纲领为自主性原则、意义建构原则、互规定性和共涌现性原则、具身行动原则和脑身经验结构原则。其认识论问题包括心身、他心和认知鸿沟问题。针对心身问题，分析认知主义所遭遇的困境，论述生成主义基于反表征立场的生物现象学视角。针对他心问题，从现象学视角揭示了社会性的本构作用和对他者前反思理解的第二人称视角；从生物学视角论述了延展身体假设对我们与他者共享体验的可能性，并援引参与式意义建构概念作为对他者前反思理解的基础。针对认知鸿沟问题，分析消解他心问题对弥合认知鸿沟的重要性，并讨论了一些具体的整合性方案。

第四章构建了认知生成主义的方法论（与认识论原则相对应）。可以确定地讲，生成认知科学在很大程度上拓宽了传统认知科学的方法论范围。一方面，在第三人称方法论（主要吸纳了生物学方法和动力学方法）基础上，它将探究经验或意识的第一人称方法论（主要来自西方的科学心理学、现象学传统和东方的佛学传统）纳入认知科学中。另一方面，为了有效沟通科学的心智和经验的心智，或者实现二者彼此增益的相互循环，它试图在第一、第三人称方法论的基础上构建第二人称方法论，主要以丹尼特的异类现象学和瓦雷拉的神经现象学为代表。

第五章主要围绕生成进路的拓展与修正展开。在分析生成进路应用于社会认知领域的可能性基础上，提炼一种全新的社会交互作用的生成进路。通过考察超个人心理学和现象学领域中类似于生成进路的世界构造的动力模式——参与式生成和先验性生成，我们发现世界构造的这三种动力模式具有整合在一起的可能性。为此，我们尝试以现象学为基底，将这三种世界构造的动力模式进行整合，并在此基础上提出一种广义的生成理论，以期用一种更为广阔的视角丰富和发展生成的内涵，促进认知科学的进一步发展。

武建峰

2017 年 10 月

目 录

导　论

生成认知科学（enactive cognitive science）奉行的生成主义纲领是目前意识和心智研究的一个新兴进路，它旨在提倡一种理解认知的新框架，强调具身经验的作用、认知者的自主性（autonomy）及其与世界的共决定 (co-determination) 关系。瓦雷拉（F. Varela）等人在《具身心智：认知科学和人类经验》一书中指出，主流认知科学关于“在日常生活情境中作为人类意味着什么”这个问题全无论述。也就是说，传统认知科学是在一种很窄的意义上对认知进行研究的，它认为认知就是人在解决问题或试图表征世界时做什么，所有这些过程都可以在计算机上进行模拟。与此相反，生成主义（enactivism）主要关注人类的日常生活经验，它认为认知科学应当拓宽其研究视野，把意识、情感、认知者与世界的具身动力交互作用等要素纳入研究范围。就此而论，生成认知科学与传统认知科学有着本质的不同。我们认为，对这种新的认知纲领进行系统、全面的研究将具有重要的理论意义和现实意义。

一方面，生成认知科学契合了意识研究的东西方交流这一大背景。从古至今，关于意识的本性一直是人类不断探究的艰深问题（无论是在东方还是西方）。随着生成认知科学的兴起，一度被视为禁忌的意识现象再次进入科学家的视野，他们试图建立关于意识的新科学。尽管自 20 世纪 90 年代以来，哲学、心理学、神经科学、人工智能、超个人心理学（transpersonal psychology）等学科关于意识做出了许多开创性研究，但是，意识现象的独特性仍使我们面临着诸多复杂的难题，特别是意识的难题。在这种情况下，人们开始寻求不同于西方的东方心学传统，试图在东西方的沟通和对话中开拓意识研究的新进路。生成认知科学顺应了这一新形势，它认为认知研究可以在实践上吸纳来自整个世界范围的不同传统的洞见、模型和方法。特别是，它吸收了东方佛学传统中探究意识经验的第一人称方法，提倡在现象学、超个人心理学、神经科学与东方佛学传统，如禅宗、密宗、唯识学等之间展开有益的交流和对话。

另一方面，其有助于在认知科学内部确立一种实质性的研究范式。心的计算理论无疑是20世纪最大的科学成就之一，它使得心理现象成为现代科学研究的一个潜在目标。然而，随着认知科学的迅速发展，计算表征主义本身的缺陷日益遭到了质疑和挑战：先有70年代的德雷福斯抨击符号人工智能，后有80年代的联结主义运动，以及90年代的动力和情境化的机器人学进路，认知科学原本狭窄的范围被拓宽了。事实上，已然有一些功能主义者将认知刻画为具身的、嵌入的、延展的和生成的。而生成进路则从根本上全面性地推动了这些发展，它直接撬动了传统认知科学的根基，发起了一场针对认知科学基础的革命性运动。

一、认知生成主义的核心概念界定

（一）生成主义

生成主义（enactivism）作为一种新的认知研究纲领，首先由瓦雷拉、汤普森（E. Thompson）和罗施（E. Rosch）[①]于1991年提出（他们建立了相关的概念基础和方法论基础），汤普森[②]对其核心观点和基本理论做了系统阐述和高度提

① 瓦雷拉，汤普森，罗施．具身心智：认知科学和人类经验．李恒威，李恒熙，王球等译．杭州：浙江大学出版社，2010.

② Thompson E. Mind in Life：Biology，Phenomenology，and the Sciences of Mind. Cambridge：Harvard University Press，2007.

炼，斯图尔特（J. Stewart）等人[1]将其进一步完善并广泛应用于认知科学的实际研究中，我们称之为“认知生成主义”。随着生成主义范式（enactivist paradigm）的逐步形成和完善，它对传统认知科学的计算表征主义产生了巨大冲击，并日益成为一个关于生命和心智科学的富有前景的可替代性框架。

“生成”一词的英文表述是enaction。从构词上讲，它由en和action合成，表示“使……行动”，一般用于指制定和颁布法律的行为，通常引申为施行或执行一个行动。可以看出，enaction的最基本含义是显现于世界中的行动或动作，它所表达的含义与行动密切相关。enaction一词最初是由认知科学家布鲁纳（J. Bruner）引入建构论传统并加以推广的，他将enaction看作一种组织知识的可能方式和一种与世界发生交互作用的形式。他认为，存在一些“心理模型”（如知道如何骑车）是行动而非逻辑分析的结果，enaction就是一种“把体验转换成某种世界模型”[2]的特殊方式。

第二个对enaction做出明确定义的是智利生物学家和哲学家瓦雷拉及马图拉纳（H. Maturana），他们将enaction描述为在行进中开辟道路[3]，赋予该词bringing...forth（使……产生）的含义，我们据此将其译为“生成”[4]。继而，他们提出了“生成认知科学”（enactive cognitive science）的概念，用于强调一种激进建构论（radical constructivism）特征，即主动“生成”和维持一个与认知者的结构密切相关的充满活力的世界。在此基础上，他们提出了生成进路（enactive approach）、生成范式（enactive paradigm）、生成认知（enactive cognition）、生成心智（enactive mind）、生成主义（enactivism）等一系列核心概念，试图建构认知科学的新进路、新范式、新纲领和新方法。正如瓦雷拉等人所言，他们批评视心智为自然之镜的观点，建议以“生成的”（enactive）为名，“旨在强调一

---

① Stewart J，Gapenne O，di Paolo E. Enaction：Toward a New Paradigm for Cognitive Science. Cambridge：The MIT Press，2010.

② Bruner J S. Toward A Theory of Instruction. Cambridge：Harvard University Press，1966：10.

③ 瓦雷拉引入enaction这一术语的灵感，源于20世纪西班牙诗人安东尼奥·马查多（Antonio Machado）的著名诗句：“行人啊，道路不过就是你的足迹，而非任何其他；你在你的行进中开辟了一条道路。”正如行人的道路是被开辟出来的一样，世界是被生成的，是被逐步带入存在的。正是在这种具身行动的意义上，瓦雷拉使用生成术语来刻画认知科学领域中的一种新进路。

④ 关于该词的汉语译法，我们参考了国内学者李恒威教授于2010年出版的译著《具身心智：认知科学和人类经验》（浙江大学出版社）。

个日益增长的信念：认知不是既定心智对既定世界的表征，它毋宁是在‘在世之在’所施行的多样性动作之历史基础上的世界和心智的生成”[①]。

为避免引起混淆，我们需要从一开始强调：在瓦雷拉继布鲁纳引入“生成”一词后，认知科学中也有其他一些进路使用“生成”这一术语，如赫托（D. Hutto）的“激进生成主义”、阿尔瓦·诺埃（Alva Noë）的知觉研究的生成进路以及埃利斯（R. Ellis）对心理表征的生成说明。实际上，对“生成主义”的绝大多数批评都指向诺埃的知觉研究的生成进路，但他所讲的生成进路不同于我们这里的生成框架。从前述定义中可以看出，我们所讲的生成主义是一种宽泛意义上的、作为认知科学研究的范式和纲领。最近，诺埃似乎将其立场统一于我们这里讲的生成进路。然而，仍需要进一步研究，以确定这些不同的“生成”进路之间有何本质区别。

显然，在生成框架基础上已然发展出一种全新的心智理论。正如贝特森（G. Bateson）所言，生成主义认为，认识论与心的理论和进化理论之间关系密切，因此对生成主义的探讨必然涉及哲学（特别是现象学）、心理学和生物学领域。在汤普森看来，瓦雷拉等人起初引入“生成”概念，意在描述和统一如下五个相关观点[②]：一是认为心智为如下定义的有机体所具有——它们是自主行动者，主动生成和维持自己的身份，并规定自己的认知域；二是认为神经系统是一个自主系统（autonomous system），它的操作被看作一个组织封闭的神经元交互作用的感觉运动网，因此，它主动生成并维持自身活动的连贯模式，而非把信息处理为对外部世界的内在表征；三是认为认知本质上是一种意义生成，认知结构涌现于身体、神经系统和环境之间的感觉运动耦合作用；四是认为认知者的世界不是一个由人脑表征的预先独立存在的世界，而是一个在认知者与其环境间的结构耦合史中生成的关系域，认知者与其世界的关系是共决定的关系（这在欧陆现象学传统中得到了广泛分析和探讨）；五是认为任何对心智的综合

---

① 瓦雷拉，汤普森，罗施．具身心智：认知科学和人类经验．李恒威，李恒熙，王球等译．杭州：浙江大学出版社，2010：8.

② Thompson E. Mind in Life：Biology，Phenomenology，and the Sciences of Mind. Cambridge：Harvard University Press，2007：13-14.

把握都不能避开意识的主体性和体验性，而现象学恰好提供了探究人类生活体验的具体方法和洞见。

为了进一步理解生成进路中生成的含义，我们简要阐述生成视域中的自创生（autopoiesis）、世界和认知三个基本概念（在后面讨论相关问题时，我们会再次提及和说明）。

（二）生成视域中的自创生

自创生理论阐述了一切生命所特有的理论模型的动力学和作用，是构成生成进路的一个重要理论基石，它为自我、世界（自我用以调节世界的）和认知官能的同时涌现提供了理论框架。在自创生视角中，世界被看作一个由有机体的自主能动性（autonomous agency）和它与环境的耦合作用一并生成的关系域。根据这种观点，世界通过自我和世界的动力共涌现而产生，而认知的本质就在于对这种世界的意义建构。

自创生是一种描述生命系统的自生动力学的理论，它由瓦雷拉和马图拉纳于 1973 年提出。autopoiesis 一词源于希腊语，auto 指 self（自我），poiesis 指 creation 或 production（创生或制造），两者结合起来表示自我创造或自生。自创生理论是一种关于生命的理论，它刻画了使一个存在成为生命存在所必需的动力过程和要件。在介绍自创生系统之前，首先需要就一般系统理论（general system theory）给出说明。在一般系统理论中，系统在宽泛意义上被看作一系列相关实体或过程的集合——它们作为一个整体从背景中凸显出来。系统分为自主系统（autonomous system）和他主系统（heteronomous system），前者是自决定的，因而由内生的、自组织的和自控的动力学来控制；后者由外部决定，因而是由外在强加的要素来控制。

自创生系统属于自主系统，存在于一种由生命系统中的化学物质和生命过程构成的领域。任何一种生命存在都是这种系统的例证，如活细胞。自创生系统由两个最小要件构成（它们也是系统成为生命系统的基本要件）[①]：①系统是一

① Malkemus S A. Toward a general theory of enaction：biology，transpersonal，and phenomenological dimensions. The Journal of Transpersonal Psychology，2012，44（2）：203-204.

个操作闭包，即系统作为一个统一体凸显出来。这一统一体由该系统的内在拓扑学（topology）所产生，由调控和维持的功能界限来定义。这种内在拓扑学反过来由这种功能界限的持续存在来维持。因而，在系统的内在和外在动力学之间产生了某种循环的和递归的动力学。例如，人类皮肤的表皮层是由内在的代谢动力学产生的，但这些动力学为了持续运作又依赖于皮肤的边界。②自创生组织必然包含某种与环境的结构耦合的作用。它是有机体与环境间的某种功能关系，涌现并内在于该有机体的有机结构。它要求有机体的功能边界总是半渗透的。这种半渗透的功能边界由操作闭包的递归动力学维持，这使得有机体与环境间的某种功能关系，即结构耦合作用成为可能，因为它必然包括某种与环境进行热力交换的能力。任何一个有机体的结构都被嵌入一个与其环境的某种功能关系中。因而，操作闭包和结构耦合为我们提供了一个由功能边界规定的约束系统，这种功能边界同时在热力学意义上也是开放的。

（三）生成视域中的世界

自创生概念揭示了最小意义的自我性的涌现。在此，自我被理解为一种自组织统一体，即生命机体（living organism），它涌现于自创生系统，并在结构上耦合于自己的环境。从自创生视角来看，自我和世界在动力学上共涌现，世界必然包括那些连接于自创生系统的结构动力学的意义关系。因此，在自创生语境中，世界被定义为何物涌现；何物被有机体的功能需求构造，或被揭示出来。也就是说，世界通过自创生系统的自主能动性和结构耦合作用而被生成。这种在生物学意义上由生命构造出来的世界反映了有机体的感觉运动能力，正是有机体的这些能力构造出了它的时间、空间以及特殊的意义关系。从这种意义上讲，通过有机体的结构而涌现的世界，实际上是由有机体的感觉运动范围构成的感觉运动世界，它是发生交互作用的一种关系纽带。

从中可以看出，生成视域中的世界包含了自我与世界间的某种互惠（或非线性）关系。像存在于有机体的功能界限与内在拓扑学之间的互惠关系一样，自我与世界之间存在某种递归的共依赖性，世界借此为有机体的持续存在提供了某种可能性，同时，有机体也为其生物世界的持续存在提供了可能性。然而，需要澄清的是，自我与世界间的这种关系，并不表明那种认为世界不能独立于有机体而存在的唯心论观点，它所强调的是：世界作为有机体的一个世界而存在，以致有机体在结构上耦合并密切连接于它所处的世界中。

（四）生成视域中的认知

在生成进路中，认知或心智，被宽泛地定义为维持自创生系统的持续存在所必需的活动[①]。为了使有机体持续运作，它必须参与到获取对世界的认识的过程中。它在这个世界中发现自己，它必须开始理解自己的世界。瓦雷拉将这一基本的活动模式称作意义建构。意义建构这一活动生成了一个意义世界。因而，生成包含一种具身认知（embodied cognition）过程，借此，一种感觉运动世界被生成。从这一意义上讲，意义建构也是世界建构（world-making），因为它要求有机体生成一个足以维持其持续存在的意义世界。自我和世界的共涌现，必然需要有机体主动理解自己的世界的能力。存活（to be alive）即理解其环境，因而也就是生成一个意义世界（它通过持续的互惠关系独一地耦合于该有机体）。尽管我们可能承认：没有生命就不可能有认知或心智。但生成进路也断言：没有心智就不可能有生命。从生成视角来看，心智和生命是不可分的、相伴相随和同延的。

因此，在生成进路中，对于任何一个有机体而言，它的生物世界作为一种充满意义的领域都是被主动生成的。它的世界不是预先存在的或预先决定的，而是通过有机体的具身活动被持续生成的，正如道路是在行进中被开辟出来的一样。换言之，它的世界最好不要被理解为一种由观察者被动和准确反映的既定实在，而应当被理解为一种由它与其宽泛环境间的感觉运动关系生成的差别在历史上构成的涌现域。我们可以把瓦雷拉等人的生成主义认知观概括为四个要点：①认知在生成意义上是具身的，它是内部与外部共决定作用的结果；

---

① Malkemus S A. Toward a general theory of enaction：biology，transpersonal，and phenomenological dimensions. The Journal of Transpersonal Psychology，2012，44（2）：205-206.

②认知在生成意义上是涌现的，它是神经要素（局部的）与认知主体（全局的）共决定作用的结果；③认知在产生意义上是生成的，它是自我与他者共决定作用的结果；④意识在本体论意义上是复杂的，它是第一、第三人称描述共决定作用的结果。

从中可以看出，生成主义关于心智的基本看法是：一方面，心智不是简单地存在于头脑中的，认知和认知的世界（cognitive world）通过我们与环境间的感觉运动关系展开，内在与外在、主体与客体都是共决定和共出现的（co-arising）。因而，心智不同于物质，不能被还原为特定的大脑区域，但心智与有机体及其世界的关系性身体动力学是同延的。另一方面，虽然心智与我们的神经构架和具身行动不可分，但它是一种涌现的全局性过程，且这一过程不仅依赖于这些局部要素，而且反过来还作用于或影响这些过程。据此，我们可以推出：①心智本质上是一种想象和幻想（fantasy）。也就是说，正是这些丰富涌现属性的内在活动，以及我们所具有的持续耦合作用，构成了心智是什么的核心。心智不是表征某种事态（state of affairs），而是不断地隐藏这种构成世界的连贯性实在，通过局部 - 全局过渡来组织的连贯性。②认知不仅是具身的或涌现的，也是主体间性生成的。瓦雷拉认为，此心智是彼心智——主体与客体的差别是在一个前反思的、移情 - 情感的基础上出现的。③意识是一个公众事件。意识不仅对外部的第三人称探究（以神经科学和认知科学的方法论为指导）是开放的，而且对系统的第一人称探究也是开放的（以现象学和各种冥想训练为指导）。他提倡一种神经现象学的研究进路，即整合意识研究的第一、第三人称方法。

二、认知生成主义的思想根源问题

生成主义产生的外部根源，主要体现在哲学和控制论两个方面。如何在哲学上定位生成认知科学？凯文 • 麦吉（Kevin McGee）勾画了一些对生成主义产生作用的哲学模型[①]：客观主义、主观主义、实在论的建构论（realist constructivism）

---

① McGee K. Enactive cognitive science，part 1：history and research themes. Constructivist Foundations，2005，1（1）：19-34.

和激进建构论（其中，后两个模型是主观主义模型的延伸）。客观主义认为，认知即对外在世界的恢复或表征，主观主义认为，认知即先验自我的纯粹主观建构，两者都承认存在一个客观独立的实体（前者是“自在之物”，后者是“自在之我”）。在他看来，生成主义就是基于对传统认知哲学观的不断批判而出现的。究实而论，无论是客观主义还是主观主义，都是笛卡儿二分框架的产物，即笛卡儿关于自我与非我的区分直接导致了主体与客体、心与身、自我与他者等的二元对立。而生成主义则反对任何认识论形式的二元论，认为实在与认知者不可分，认知不是既定心智对既定世界的表征，而是在多样性行动展开的基础上，通过认知行动者与认知环境发生结构耦合作用，历史地生成心智和世界的过程。它采取的是一条介乎客观主义和主观主义之间的中间道路。

弗勒泽（T. Froese）认为，正统认知科学与具身–嵌入认知科学在理论假设上的争论，在哲学上表现为笛卡儿与海德格尔哲学假设间的争论[①]。传统的笛卡儿哲学假定：任何一种存在都可以还原为一些较为基本的、不可还原的原子元素，这些原子元素的组合构成了这种存在。根据这种观点，认知被看作一种通用的推理过程（a general-purpose reasoning process），借此，一种对世界的相关表征通过对基本心理状态的恰当操作和转变得到组合。正统认知科学采取了一种与此相类似的还原论，因为它假定符号 / 亚符号的结构是心理状态的基本表征元素，认知本质上就是对这些表征的恰当计算。海德格尔哲学是从现象学视角批判笛卡儿哲学的。它认为，世界首先被体验为一个有意义的整体，因此，认知根植于视语境情况做出灵活而恰当反应的娴熟倾向（技能上的）。认知科学家德雷福斯指出，现象学立场从两个方面质疑了笛卡儿哲学假设的有效性[②]。一方面，整体论的主张蕴含了：将我们经验的某个特定部分或要素分离为一个原子实体是一种等而次之的事情，因为它已然预设了一个作为所要分离的语境的意义背景。根据这种观点，还原论者试图通过并合分离的部分来重构一个有意义的整体的做法就是没有意义的，因为所必需的原子元素一开始就是通过剥离这

① Froese T. On the role of AI in the ongoing paradigm shift within the cognitive sciences// Lungarella M，et al. 50 Years of AI. Berlin：Springer-Verlag. 2007：63-75.

② Dreyfus H L. Being-in-the-World. Cambridge：The MIT Press. 1991.

种语境意义来创造的。正如他所指出的："事实和规则本身没有意义。要领会海德格尔称之为意义或参与的东西，事实和规则必须被赋予相关性。但是那些为了规定相关性而必须添加的表述只能是一些无意义的事实。"①。由此看来，笛卡儿的立场面临着无穷倒退的问题。另一方面，如果我们接受技能的主张，即认知根植于一种娴熟的知道如何或语境敏感的处理中，那么，正统认知科学将这种行为还原为一种输入 / 输出映射的形式化的集合（规定对基本心理状态的操作和转变）就是一种错误的做法。

基于上述哲学分析，海德格尔对笛卡儿传统的批判对认知科学由认知主义向具身 – 嵌入范式转变产生了深刻影响。然而，由于这两种进路有着截然不同的潜在的本构假设（如还原论与整体论），所以不存在任何推理的理论证明，促使持笛卡儿立场的人接受海德格尔的来自整体论和技能的批判。因为笛卡儿主义者无法证明：世界的意义可以通过对那些去语境化的抽象表征元素的操作和转变而创造出来。问题在于，这两种认知理论都各自基于一组特殊的前提，而这两组前提都有被接受或拒绝的权利。换言之，在纯哲学领域存在一种根本的僵持；本构假设中的转变不能单靠争论而产生。因此，弗勒泽认为，这种理论上的僵持可以在认知科学的经验领域中得到实质性解决，只有持续的经验研究才能验证他们各自的假设是否可行。而 AI（artificial intelligence，人工智能）领域的研究被看作是解决这一理论争端的唯一出路。事实上，德雷福斯认为，AI 领域取得的进展已然表明海德格尔的认知哲学假设是正确的，因为老式 AI（good old-fashioned AI，GOFAI）在试图将笛卡儿的原则运用到具体的真实情境中时（这些情境需要灵活的和语境敏感的行为），就会面临诸多困境。另外，他断言：海德格尔的整体主义和技能的论证可以强有力地解释这种 AI 何以能处理框架和常识知识问题。同样，惠勒（Wheeler）也谈道，具身 – 嵌入 AI（embodied-embedded AI，EEAI）所获得的成就，为认知科学中向海德格尔立场的转向，提供了重要的实验支持②。由于具身 – 嵌入 AI 实验将认知看作一个涌现

① Dreyfus H L. Being-in-the-World. Cambridge：The MIT Press，1991：118.

② Wheeler M. Reconstructing the Cognitive World：The Next Step. Cambridge：The MIT Press. 2005.

于大脑－身体－世界这一系统整体的动力学过程来研究，因此，它有力地证明了海德格尔的这样一个断言：认知行动者最好从"在世之在"的视角来理解。

然而，迪保罗（E.A. di Paolo）认为，尽管具身－嵌入 AI 在许多方面超越了老式 AI，但它绝不是自主的[①]。换言之，一个封闭感觉运动环（sensorimotor loop）的出现并不能完全解决 AI 中的意义问题，因为它很少将自己的实验研究与 AI 领域之外的理论（如理论生物学）联系起来，以便解决自主性和具身性（embodiment）问题。而生成进路正是在这一背景下应运而生的，它的一个显著特征是将自主能动性（autonomous agency）和生活主体性（lived subjectivity）置于认知科学的核心地位，因而弥补了具身－嵌入 AI 的不足。但是，生成进路还必须处理当前 AI 领域所面临的一个方法论问题：如何将其所关注的行为领域中的感觉运动交互作用，延伸至包括关注在生命系统中产生这一领域的本构过程。也就是说，如何将其关于低层次认知领域的洞见拓展至高层次认知领域。对此，生成进路采取了一种现象学的解决策略。

对主体体验的密切关注，使生成进路对欧洲大陆的现象学产生了浓厚兴趣。迪保罗、罗德（M. Rohde）和德耶格（H. de Jaegher）指出，经验的重要性或许是生成主义最具革命性的内涵所在，因为基于现象学的科学将会克服用于测量数据的实验程序的缺点，而直接进入个人体验的范围[②]。因此，生成主义暗含了个体实践这一要素。同样，瓦雷拉也认为，无论是经验还是外部机制都没有末端信息，但是，它们彼此处于一种相互约束的关系之中。对现象学数据的搜罗，需要在对生活体验的娴熟探究中进行严格的训练。这种努力本身是有价值的，它将有助于克服认知科学所面临的窘境。这是因为，虽然现象学数据在被纳入一个概念框架中之前，必须以一种特殊的视角来解释，但是，产生这些数据同样需要我们体验方式的某种变化。而且，我们实验态度中的这种变化由我们存

① di Paolo E A. Organismically-inspired robotics：homeostatic adaptation and teleology beyond the closed sensorimotor loop// Murase K，Asakura T. Dynamical Systems Approach to Embodiment and Sociality. Adelaide：Advanced Knowledge International. 2003：19-42.

② di Paolo E A，Rohde M，de Jaegher H. Horizons for the enactive mind：values，social interaction，and play// Stewart J，Gapenne D，di Paolo E A. Enaction：Toward a New Paradigm for Cognitive Science. Cambridge：The MIT Press，2010：33-88.

在模式的变化构成，而这反过来又蕴含了我们理解中的变化。这样，正是这种存在，即我们的日常“此在”（dasein），确定了我们如何解释我们的世界。当然，尽管我们是自主行动者，但这并不意味着：积极使用现象学必然会使我们走向生成主义。但是，通过这样一种方式来改变我们的觉知，我们将能够完整地理解理性，而不是理论和经验数据，这根植于我们为何选择这种范式而不选择那种。

综上所述，我们从认知科学的计算主义范式和具身－嵌入范式的理论假设在哲学上的僵持开始，到提出一种经验性的 AI 解决方案，再从 AI 领域发展中产生的经验僵持，到提出一种现象学的解决方案，概述了生成进路产生的来龙去脉。我们得出的结论是：由于生成主义的许多观点根植于现象学领域，所以生成主义的成功将很少依赖于人工智能研究的进展，而是更多地依赖于现象学的语用学（phenomenological pragmatics）的发展。然而，上述所有观点尽管分析了生成进路产生的哲学背景，提及了生成进路的现象学基础，但没有就现象学与生成主义的关系，以及现象学在生成主义的理论体系建构中具体发挥什么样的作用，给出详细的考察和论证，而这正是本书所要重点发掘和探讨的。

除了哲学方面，控制论是生成主义产生的另一个外在根源。弗勒泽指出，当前对生成主义历史根源的研究大都局限于介绍其核心观点，只是将它们与认知科学内部的历史发展联系起来，严重忽视了认知科学之外的重要的历史发展，特别是其外在的控制论根源①。如果我们将生成主义的核心观点追溯至认知科学之外的发展，就能更好地理解它的历史根源。他在深刻分析生成主义的控制论根源之后得出结论：正是这一外在历史根源最终导致了生成主义的产生。生成主义范式源于关于认知的一个不同的科学传统，这一传统虽然源自第一代控制论，但形成了一个在主流认知科学的阴影下发展的完全独立的思维传统。

首先，弗勒译考察了 20 世纪四五十年代的第一代控制论［以阿什比（Ashby）为代表］和 20 世纪六七十年代在权威认知科学的阴影下发展起来的二阶控制论［second-order cybernetics，以福尔斯特（H. von Foerster）为代表］，前

① Froese T. From cybernetics to second-order cybernetics：a comparative analysis of their central ideas. Constructivist Foundations，2010，5（2）：75-85；Froese T. From second-order cybernetics to enactive cognitive science：Varela's turn from epistemology to phenomenology. Systems Research and Behavioral Science，2011，（28）：630-645.

者导致了以计算主义范式为主导的现代认知科学（符号 AI），后者导致了以生成主义范式为主导的生成认知科学，一阶控制论（first-order cybernetics）向二阶控制论的转变预示了认知科学内部的生成主义范式转向。其次，他通过分析指出，生成主义范式中的动力系统理论深受阿什比一般系统理论的影响；二阶控制论作为生成主义的直接来源，直接影响了构成其理论基础的激进建构论、认知生物学（biology of cognition）和实验的现象学（experimental phenomenology）三个方面。他对二阶控制论的分析，较好地回答了迪普伊提出的问题：主流认知科学为何在很大程度上遗忘了它的控制论根源？[①]换言之，第一代控制论的消亡带来了两个重要产物：符号人工智能和二阶控制论。前者成为权威认知科学的基础，后者则被看作不相干的东西而被忽略掉了。但是，随着生成主义的进一步发展，这种被忽略的局面将会得到扭转。

然而，对这些历史根源的分析忽略了这一思维传统的一些重要先驱，尤其是休谟的生命和心智的哲学、康德的有机体哲学以及魏克斯库尔（J. von Uexküll）的理论生物学。弗勒泽以生成主义视角分析了休谟的哲学，泽马克（T. Ziemke）讨论了康德的控制论方法与自创生传统的关系[②]。另外，这种控制论分析还忽略了生成主义的一个重要方面，即 AI 研究领域方面。我们认为，生成主义统一了认知研究的两大科学传统，一个是外在于认知科学的控制论传统，一个是内在于认知科学的人工智能传统，认知科学的这两个传统与认知范式的发展在历史上基本平行，它们之间存在紧密的内在关系。可以说，它们的发展进程共同推进了认知科学的范式转向。因此，我们主张应将二者关联起来，动态分析生成主义产生的历史根源，以期全面勾画生成主义的思想脉络。

就生成主义产生的内部根源而言，它是认知科学内部范式不断竞争和转变的结果。计算主义是传统认知科学的主导范式，它将计算机作为心智的隐喻，认为认知的本质是计算和表征。然而，随着认知科学的迅猛发展，它作为一种认知范式的解释的有效性，以及心智的计算隐喻，日益遭到许多研究者的批评

① Dupuy J P. On the Origins of Cognitive Science：The Mechanization of Mind. Cambridge：The MIT Press. 2009.

② Froese T，Ziemke T. Enactive artificial intelligence：investigating the systemic organization of life and mind. Artificial Intelligence，2009，173（3-4）：366-500.

和质疑，它自身存在的一些问题和缺陷（特别是经验和意识的问题）成为阻碍其进一步发展的绊脚石。然而，这种对计算主义的批评，是否意味着放弃计算主义范式？是否意味着放弃科学解释心智和认知的看法？或者，是否有一些方式，通过摒弃心智的计算隐喻来使认知科学继续作为一种跨学科研究？对此，许多研究者围绕计算主义的这些问题，提出了一些新的可替代性进路：联结主义、动力主义和基于行为的机器人学（即具身和情境化的进路）。这些可替代性进路都源自对传统认知范式缺陷的认识，它们之间不仅存在竞争关系［一些研究者把这种范式竞争看作传统老式AI与反老式AI（即新AI）之间的一种争论］，而且在思想观点和方法论方面还存在某些重合。

联结主义进路（或平行分布式处理，parallel distributed processing，PDP）的提出首先得益于人工神经网络理论的充足发展。它对基于逻辑的计算主义进路提出了明确挑战，被看作是老式AI的一个最重要的可替代进路。麦克里兰（McClelland）等人认为，许多范式间的争论都集中于讨论图灵机（基于逻辑的进路）与人工神经网络之间的差别，而支撑联结主义进路的人工神经网络理论正是在神经科学的激发下产生的。他通过分析逻辑处理单元与生物神经元间的相似性，主张把老式AI的数字计算机替换为“许多被称作单元的简单处理要素，每一个单元向其他单元发送兴奋和抑制信号”，因而，联结主义呈现出某种程度的“生理学特性”①。动力主义进路以动力系统理论（dynamic system theory，DST）为其理论基底，它基于这样一个断言：“认知行动者都是动力系统。”②它并非放弃那种认为“一种形式工具必须首先成为认知科学的核心”的看法，而是提倡把老式AI的图灵机替换为数学形式主义（mathematical formalism）。这种观点与生成进路所提倡的认知的不可还原性（the non-reductive nature）之间存在张力，生成进路提出了涌现性观点，强调生活经验和内在意义。

联结主义和动力主义将它们对计算主义的批判矛头指向用作模型化的形式主义属性，而基于行为的机器人学和人工生命进路则批评认知的计算主义缺乏

① McClelland J，Rumelhart D，Hinton G. The appeal of parallel distributed processing// Rumelhart D，McClelland J，the PDP Research Group. Parallel Distributed Processing. Cambridge：The MIT Press，1986：55.

② van Gelder T. The dynamical hypothesis in cognitive science. Behavioral and Brain Science，1998，(21)：615.

具身维度，强调认知的具身性和情境性。这一进路对内隐于计算主义的如下客观主义假设提出了重要挑战，即大脑建造了一个对外部世界的内在表征，这种假设将世界本身排除在对认知的解释范围之外，用于支持一种笛卡儿剧场。然而，正如布鲁克斯（Brooks）所指出的，“世界是其最好的模型”[①]。他的这一立场通常被视作反表征主义立场。哈维把人类表征的能力从作为计算主义的说明项部分，转变成非计算主义范式中的被说明项部分[②]，从而使其丧失在解释中的核心作用。他也指出，在认知科学和日常生活中，“表征”这一术语存在诸多意义（如关联、代替物、某种心理的东西、某种大脑中的东西、一个计算的权标等），计算主义者通常只能勉强地规定他们对这一术语的统一用法。因此，这一术语是有问题的和含混的，有被错误解释的可能性。具身和情境化进路的追随者们勉强使用这一术语作为他们对“心智如何在封闭环中运作”解释的一部分。这些综合进路在控制论运动中都有先驱，它们的目的可以被描述为：通过使用控制论的形式语言把生命机体解释为非图灵机的机器。布鲁克斯认为，他的基于行为的机器人学进路直接承继了控制论运动。尽管控制论的局限性在于当时有限的技术和形式工具，但无可否认的是，控制论的早期研究的确激励了基于行为的机器人学和人工生命进路。另外，在基于机器人学的行为和人工生命进路中存在许多观点和争论，如关于仿真模型是否可以被看作具身和情境化的，能量约束是否是本质的等。基于机器人学的行为和人工生命延续了早期控制论的思想，它们的共同点是：假定行为必须在行动者与环境之间封闭交互作用中被研究、被模型化和被综合。然而，在我们看来，这一范式与生成进路之间没有任何直接的矛盾。

动力系统理论在生成进路中发挥着重要作用，但需要指出的是，有一些模型不是生成的，但属于动力主义领域。埃尔曼（Elman）提出了一个动力系统理论模型——循环神经网络，这种神经网络被训练，以识别语境敏感的形式语

---

① Brooks R. Intelligence without reason //Myopoulos J，Reiter R. Proceedings of the 12th International Joint Conference. on Artificial Intelligence. San Mateo：Morgan Kaufmann，1991：569-595.

② Harvey I. Untimed and misrepresented：connectionism and the computer metaphor. AISB Quarterly，1996,（96）：20-27.

言 a^nb^n，他把这看作关于“高级认知领域”动力模型的一个例子，因为它“被应用于语言例子中”。鉴于计算主义范式所面临的那些问题，这种完全去身的（disembodied）模型关于认知能够解释什么？为什么这种模型要优于识别相同形式语言的图灵机，或者它如何不遭遇相同的批评？这一例子说明了动力主义和生成主义方法之间相分离的地方，尽管有重合之处。对计算主义问题的回答不能只选择形式主义，并且这一点并不只关注任何一个特定模型的解释力，而且还关注认知科学中仿真模型的地位，将其作为一个重要的关注点：认知科学中的某一形式模型只能解释该说明项的一个方面，它本身不能成为现象。尽管动力系统理论对具身和生成认知科学而言是十分关键的，但它本身并不是一个令人满意的范式。而且，动力模型还遭遇着这样一个批评：它能很好地说明低层次的行为问题，但不能说明高层次的认知现象问题。

关于上述三种进路，有一种倾向把它们看作一个统一的“反对立场”，而非不同的范式。例如，埃尔曼提出了替代计算主义的这三种范式，并描述了这些范式之间的关系[①]。在他看来，为了详细说明认知，这三种进路存在诸多共同之处，特别是它们都密切关注自然系统。尽管这些进路本身都不完整，但我们可以将之综合起来互为补充，借此预示未来一些鼓舞人心的发现。这是因为埃尔曼认识到：①可替代进路倾向于受到这样一个共同要求的推进，即要求更多的生物似真性；②可替代性范式之间存在方法论上的重叠。但是，使用相同的方法和来自相同的源头，并不蕴含相容性。找到这些不同范式之间的最大共同点，有削弱原初激进的和新的建议的危险。因而，我们必须澄清与一些可替代范式相联系的理论承诺。

另外，由于这些可替代性进路试图克服的缺点和其所提倡的方法之间存在明显的重叠之处，因此它们之间存在融合的趋势。然而，考虑到事物的科学理论方面，所有这些范式之间都存在一些重要差别，甚至矛盾。它们将太多的强调加诸描述的形式主义之上，正如计算主义所做的那样。生成进路虽然承认一

① Elman J. Connectionism，artificial life，and dynamical systems：new approaches to old questions // Bechtel W，Graham G. A Companion to Cognitive Science. Oxford：Basil Blackwood，1998：488-505.

种实质性的方法论重叠，但反对刚提及的那些范式。例如，尽管当前的研究使用人工神经网络和动力系统理论作为形式工具，但这种研究不应被贴上动力主义或联结主义的标签，因为描述的形式主义对于潜在的生成范式而言不是核心的。生成范式超越了这些形式问题（而它们则构成了联结主义和动力主义的核心）。由于把人工生命看作是AI的一个范式，所以这一标签是恰当的：人工生命的封闭环模型化进路是模型化那些被处理现象的道路。需要进一步指明的是：人工生命作为综合性范式不同于人工生命作为认知科学的范式。尽管生成范式有综合这些方法（人工生命仿真模型所适合的方法）的空间，但模型化或综合性再创对生成主义而言不是关键的。

三、认知生成主义的认识论建构问题

生成主义要想取代认知主义和联结主义，促成认知科学的范式转变，就必须解决如下问题：①如何论证它作为一种研究纲领的可能性和有效性？②它本身在认知研究层次上有何优越性？在哲学理论层次上又有何洞见性？③在认识论层面，它提出了哪些认识论原则？是否有效解决了认知科学所固有的认识论问题？它自身又有哪些需要克服的问题？④在方法论层面，它综合和吸纳了哪些具体方法？提出了哪些基本的方法论原则？这些方法论原则之间存在何种关系？所有这些问题之间都存在着紧密的逻辑关系：问题①和②是问题③的必要前提和基础，问题④在逻辑上对应于问题③。下面我们对文献的评述主要围绕这些问题展开。

在对生成主义范式的可能性探究方面，斯图尔特（J. Stewart）明确指出，生成主义作为认知科学范式必须能有效解决两个基本问题：心身问题和跨学科阐明问题[①]。他从生物进化论和自创生理论出发，将心身问题界定为：一个物质过程何以可能成为一个生命过程，这是因为他把认知等同于生命，将之看

① Stewart J. Foundational issues in enation as a paradigm for cognitive science：from the origin of life to consciousness and writing//Stewart J，Gapenne E，di Paolo. Enaction：Toward a New Paradigm for Cognitive Science. Cambridge：The MIT Press，2010：1-32.

作生命机体的本质特征。为此，他论述道：生命机体具有最小认知（minimal cognition），即发生于生命机体与其环境之间的感觉运动环具有最低层次的认知性。在跨学科阐明方面，由于他认为生命形式的历史演化规律，在某种程度上揭示了认知形式的发展和演变过程，所以他主张围绕认知或生命如何演化这一主题，调用认知科学中所有相关的学科和领域来达到跨学科阐明的目的（至少包括心理学、语言学和神经科学）。然而，我们认为这种对心身问题的处理仅限于低层次的生命机体（物质 / 生命），还未能拓展至高层次的人类认知（意识 / 大脑）。

围绕生成主义究竟是一种革命还是改良的范式，学者们展开了激烈争论。持改良观点的一方，如丹尼特（D. Dennett）、克拉克（Clark）和惠勒认为，生成主义对具身性和境遇性的低层次洞见不能说明传统认知科学的高层次认知和人类认知领域。尽管它在一定程度上揭示了身体和世界在较低层次的适应行为中充当有用的功能作用，但是，一旦面临处理较高层次的人类认知问题时，它就不得不再次借助于认知计算主义的心理表征概念。因此，他们认为，生成主义是对正统框架的一种延伸而非革命。与此相反，持革命观点的一方认为，生成主义是一种非还原论的和非功能主义的自然主义，它拒斥计算主义框架的表征概念，因而是一种革命性范式。瓦雷拉、汤普森和罗施在《具身心智：认知科学和人类经验》中，就特别强调：生成进路旨在发起一场针对认知科学基础的革命运动，而不只是正统框架范围内的一种改良。弗勒泽将生成主义刻画为一种非表征框架①。他认为斯图尔特等人搜集的论文成果②从事实上证明了生成主义范式的革命性。他通过分析表明：①生成主义范式具有一个关于意义建构概念的独特基础，即将基本的限制放置在功能主义的恰当范围内；②其具有一个关于高层次认知的独特视角，在不诉诸心理表征概念的前提下指出了一些新的研究方向；③其具有一个从二阶意义建构（second-order sense-making）来审视人类认知的新概念；④其具有许多用于解释人类复杂能力的进化的、历史的和

① Froese T. From adaptive behavior to human cognition：a review of enaction. Adaptive Behavior，2012，20（3）：209-221.

② Stewart J，Gapenne E，di Paolo. Enaction：Toward a New Paradigm for Cognitive Science. Cambridge：MIT Press，2010.

发展的根源的方法。总之，无论是理论构建还是具体发展进程都证明：生成主义为我们开辟了一个全新的、传统认知科学所忽略的人类认知研究领域，它从根本上讲是一种革命性范式（这集中体现于它的反表征主义立场）。

在对生成主义的认识论探究方面，迪保罗等人澄清了生成主义的基本内涵，描述了生成进路中的一些核心概念，如自主性、意义建构、涌现性、具身性和经验等，并探讨了这些观点所引发的一系列问题（特别是围绕价值评估和价值生成而引发的问题）[①]。他们认为，这些概念之间存在密切关系，构成了生成思想的基本内核，为生成认知科学研究提供了明确的方法论原则。重要的是，他们分析了生成进路何以可能有效解决人类认知问题，何以可能沟通低层次的感觉运动认知与高层次的人类认知，进而成为认知科学中能与计算主义抗衡的认知范式。事实也证明，生成视角所提供的语言在阐述人类认知问题方面是十分有用的，生成进路可以用于研究那些涉及思维、想象、个体间复杂交互作用的高层次认知现象。

汤普森和斯泰普顿考察了生成主义的自主性和意义建构两个核心概念[②]。他们认为，生成主义试图解决的问题是：一个系统需要如何来组织才能成为一个自主系统（这个自主系统能产生并维持自身的活动，因而生成自己的认知域），而非认知过程是否延伸到这个或那个边界（如皮肤、大脑，或中枢神经系统）之外。自主性是生命机体的一个组织属性，它对于我们试图理解一个系统何以可能与世界发生认知关系是十分关键的。根据生成进路，生命机体之所以能成为认知存在，是因为它们拥有某种形式的自主性。也就是说，它们以一种内在的方式自我建构，因而主动调控自己与周遭环境间的交互作用。自主性概念蕴含了意义建构概念，因为意义建构对认知系统与环境间的交互作用起着调控作用，它属于认知系统自主性的交互作用和关系方面。自主系统在一些不稳固条件下产生并维持自己的身份，通过与世界的交互作用而获得某种规范性地位。

① di Paolo E A，Rohde M，de Jaegher H. Horizons for the enactive mind：values，social interaction，and play // Stewart J，Gapenne O，di Paolo E A. Enaction：Toward a New Paradigm for Cognitive Science. Cambridge：The MIT Press，2010：33-88.

② Thompson E，Stapleton M. Making sense of sense-making：reflections on enactive and extended mind theories. Topoi，2009，(28)：23-30.

有些交互作用会有助于强化系统的自主性，而有些交互作用则会弱化这种自主性。用梅洛－庞蒂的话来讲："在某种给定的环境（milieu）中，每一个有机体都有自身活动的最佳条件和实现平衡的恰当方式"，并且每一个有机体"根据自身活动的内在标准来修正自己的环境"①。意义建构是与环境的意义和效价相关的行为，而环境的意义和效价是有机体基于自己的自主性而生成的。

此外，罗德对生成主义的核心概念也有提及和说明②。然而，通过比较发现，文献对生成主义的认识论观点介绍得比较零散，且内容不够充实和详细，对概念彼此之间的逻辑关系没有揭示出来，尚未形成统一的具有指导意义的认识论原则。本书在综合研究者成果的基础上，旨在从哲学层面上提炼生成主义的认识论原则，并揭示其所蕴含的意义。

生成主义的认识论问题主要表现为：心身、他心和认知鸿沟问题。在这些问题方面，弗勒泽的研究颇具代表性。他阐述了生成认知科学的工作假设——生命－心智的强连续性论题，初步探讨了生成进路对心身、他心和认知鸿沟问题的解决方案③。连续性论题构成了生成认知科学的重要理论支柱，它表明：生命预示了心智，心智属于生命，生命与心智之间存在深刻的连续性。生成进路对心身和他心问题的处理都立足于这一工作假设。弗勒泽反对传统笛卡儿框架内对心身问题的二元处理，主张以连续性论题为基点，将心智的计算机隐喻替换为对生命现象的关注，即将生命体与生活体统摄于生命现象之下。这一生命现象将身体和心智看作一个统一整体（unified whole）的两个方面。通过将生命现象置于其概念框架的核心位置，生成范式将心身问题转变为一种新的基于生物自主性（biological autonomy）原则和现象学哲学的身身问题（body-body problem）。

在他心问题方面，弗勒泽结合现象学和认知生物学的观点，提出了解决他心问题的两个基本步骤：①通过现象学分析，揭示对他者前反思理解的第二人

---

① Merleau-Ponty M. The Structure of Behavior.Fisher A（trans.）. Pittsburgh：Dusquene University Press，1963：148-154.

② Rohde M. Enaction，Embodiment，Evolutionary Robotics：Simulation Models for a Post-Cognitivist Science of Mind. Paris：Atlantis Press. 2010.

③ Froese T，di Paolo E A. Sociality and the life-mind continuity thesis. Phenomenology and the Cognitive Sciences，2009，8（4）：439-463；Froese T. From second-order cybernetics to enactive cognitive science：Varela's turn from epistemology to phenomenology. Systems Research and Behavioral Science，2011，（28）：630-645.

称视角；②从认知生物学视角，构建我们对他者前反思理解的理论基底。认知鸿沟是连续性论题本身存在的一个基本问题，即对适应性生命（简单有机体）的研究如何扩展到对人类抽象认知的研究。弗勒泽通过分析认为，造成这种认知鸿沟的根本原因是现行研究中盛行的方法论的个体主义，因此，弥合这种认知鸿沟的途径是考察社会性对心智和行为的本构作用（这种考察主要体现在社会交互作用和文化交互作用方面）。

汤普森认为，认知主义在处理心身问题时之所以会陷入难困境，是因为它严重忽略了物理身体和局部环境或世界在认知行为中的作用，因而心智被认知主义割裂为两个无法沟通的领域，即存在于意识与大脑之间的解释鸿沟①。这一解释鸿沟被查尔默斯（Chalmers）称作意识的"难问题"，又被威廉·詹姆斯（William James）视作内部世界与外部世界之间的一个"裂口"。在汤普森看来，意识的难问题将传统心身问题转变为心心问题（mind-mind problem）：计算的心智 / 现象的心智，或亚个体的计算的认知过程 / 个体的意识的体验。他认为，破解难问题的关键在于寻找某种能超越笛卡儿心物二元对立的统一性框架。受现象学启发，他将对生命现象的聚焦作为突破口，将心心问题转变为身身问题，主张通过生物学和现象学来协同解决意识的难问题。另外，汤普森还对身身问题做出了进一步分析②。他认为，在身身问题中，那种存在于意识心智和物理身体间的解释鸿沟，被转变成了存在于主体性生活体与生命体间的解释鸿沟。这一鸿沟不再是绝对的、不可逾越的，因为我们可以参照生命或生命存在来弥合它。因而，身身问题成了自我与世界关系问题的一部分，因为我们既具有作为世界部分存在的生命体，又具有作为自我部分存在的生活体。在此基础上，我们可以追问：我们的生活体如何关联于世界？它又如何关联于自身？对此，汤普森提出通过对感觉运动主体性的说明来回答这些问题。

关于认知鸿沟问题，弗勒泽的分析与处理是积极和乐观的，但多数人的看

---

① Thompson E. Life and mind：from autopoiesis to neurophenomenology. A tribute to Francisco Varela. Phenomenology and the Cognitive Sciences，2004，3（4）：381-398.

② Thompson E. Sensorimotor subjectivity and the enactive approach to experience. Phenomenology and the Cognitive Sciences，2005，（4）：410.

法是批评和质疑的。他们把生成主义看作一种改良而非革命的进路，将生成观点的有效性限定在低层次的人类认知领域中。例如，具身性和情境化地参与环境可以很好地描述昆虫导航，但它不能解释我们何以可能计划一次从布莱顿到罗谢尔的旅程。因此，在他们看来，生成观点是有用的但仅限于对感觉运动参与的理解。一旦处理某种较为复杂的东西（特别是高层次认知问题），我们就不得不再次诉诸各种乔装过的表征主义和计算主义。一些研究者因生成进路的局限性而主张对计算主义和具身动力观点进行调和，主要以克拉克为代表。他在《此在：重整大脑、身体和世界》[①]中提出了一种折中方案，即协调计算主义范式和关于具身性、情境性和实时交互作用动力学的观点。为了说明高层次的人类推理能力，这一进路旨在将句法的符号处理过程纳入一个具身的和情境化的描述中。因此，这一建议是要克服那种与传统计算主义相联系的沙文主义倾向。然而，这一进路只是拓展而非改变了计算主义纲领。换言之，尽管参照动力的、身体的和环境的变量，但认知实质上仍被看作一种运行于内在表征之上的私人符号操作过程。

对此，我们赞同弗勒泽的分析，认为认知鸿沟对生成进路而言不是一种失败而是一种挑战。生成进路不存在任何重要的限制，也没有计算进路所面临的那些理论问题。它作为一个年轻的范式，还存在进一步发展和完善的空间，它自身强大的包容性使其可以沿着许多视域前进。在表明人类的符号推理必须成为一种最小形式的符号数字计算时，那种混合或折中性的立场都不是生成主义而是计算主义范式的翻版。另外，生成文献中对心身、他心问题的分析和处理显得不够集中，在逻辑上也不是十分紧密，因此，我们尝试在生成框架内，以一种综合性的视角对这些问题提出系统、连贯的说明，并试图揭示它们之间的内在关联性。

四、认知生成主义的方法论建构问题

瓦雷拉等人在《具身心智：认知科学和人类经验》一书的序言中指出，传

① Clark A. Being There：Putting Brain，Body，and World Together Again. Cambridge：The MIT Press. 1998.

统认知科学忽视人类经验维度这一重大缺陷，提倡在科学的心智和经验的心智之间展开彼此有益的循环，并主张在认知科学、现象学、分析哲学和佛教之间进行对话与沟通，实现彼此间的互惠增益。因此，生成进路在方法论层面的一个显著特征是，它旨在拓宽认知科学的方法论范围，特别是将考察和探究经验或意识的第一人称方法论纳入认知科学。这些方法主要来自西方的科学心理学、现象学传统和东方的佛学传统。在该书中，瓦雷拉初步介绍了来自东方的以第一人称视角考察人类经验的佛教方法，即“正念静心”（mindfulness meditation），并坚信“出自该方法的‘无我’和‘非二元论’学说，在与认知科学的对话中有着重大的贡献：①‘无我’的学说有助于理解认知主义和联结主义所描绘的自我的片段化；②佛教的非二元论，特别是龙树的中观派哲学，可以与梅洛-庞蒂的居间以及最近作为生成的认知观念放在一起进行比较”[①]。

瓦雷拉和希尔指出，经验是纳入认知科学范式的一个最困难因素[②]。由于意识经验的不可还原性，所以它不能从第三人称视角得到描述，只能通过第一人称视角获得。为此，他们详细考察了人类历史上关于第一人称的三个方法论传统：科学心理学中的内省方法（introspective approach）、现象学哲学传统和现象学心理学中的现象学还原的方法、东方佛教和吠陀教传统中的静心修持法（meditation，冥想、禅定等）。其中，内省心理学与现象学之间存在交叉性，即现象学关注体验内容，而还原方法与内省姿态相联系。因此，区分现象学和内省心理学是十分重要的。心理学家在研究的驱动下，寻求可以在实验室中隔离的实验报告和对象，并确立那些可以与神经相关物发生联系的经验结果。现象学家也对同样的心理内容感兴趣，但其目的在于探究它们在日常人类领域（如时间性、主体间性和语言）中的意义和地位。例如，瓦雷拉试图解决人类时间性中的当下时间意识的体验，并探究其与自然科学间的关系。现象学描述恰好有助于我们证实和约束那些经验关联物（empirical correlates），这些经验关联物

① 瓦雷拉，汤普森，罗施.具身心智：认知科学和人类经验.李恒威，李恒熙，王球等译.杭州：浙江大学出版社，2010：18.

② Varela F J，Shear J. First-person methodologies：what，why，how? Journal of Consciousness Studies，1999，6（2-3）：1-14.

是认知神经科学和动力系统理论可探究的。另外，佛教传统在训练心智和培养心智的反思及内省能力方面，已然积累了大量的专家技能。因此，将东方佛学的静心实践方法整合进西方文化中关于解释和证实经验的框架中是十分有必要的。通过比较和分析，瓦雷拉和希尔从基本态度、现象的填充、表述和主体间的证实三个方面揭示了这些第一人称方法的一般性特征。

凯文·麦吉总体概述了生成认知科学的方法论及其引发的问题[①]。他认为，生成认知科学向传统的许多方法论假设、标准等提出了质疑和挑战，它的确拓宽了认知科学的方法论范围（特别是第一人称方法论的引入），发展出了一些新方法（如皮亚杰的临床访谈法），提出了一些新的机制和模型。但是，生成认知科学的大多数研究在方法上表现出一定程度的保守性，它并没有完全放弃第三人称的方法论，大多数研究者仍遵循着可观察研究、做出假设和预测、构建实验并评估结果的程序（这一方面主要表现为生成进路中的生物学方法和动力学方法）。事实上，生成认知科学中的许多新近研究大都汇聚于动力系统模型，将其作为最初的解释工具。他就生成进路的未来发展方向提出了一些展望，认为在全球范围内进行相互交流完全是可能的，因为认知研究在实践上能够援引许多不同的洞见、模型，以及来自整个世界的传统。

为了切实有效地沟通科学的心智和经验的心智，或者实现二者间彼此增益的相互循环，生成进路试图在第一、第三人称方法论的基础上构建第二人称方法论。瓦雷拉和希尔在探究意识研究的第一人称方法论的同时，也主张在第一、第三人称方法论之间展开必要的循环，即试图构建一种第二人称方法论。他们认为，第二人称立场的居间调节作用（intermediate mediation）普遍存在于第一、第三人称方法论中。德普拉（N. Depraz）将第二人称方法理解为一种关系动力学（relational dynamics），表明了第二人称进路在认知科学中的重要地位，并强调我们不能脱离一三人称方法来构建第二人称方法论[②]。他试图整合胡塞尔哲学中的移情现象学和认知的第二人称进路，把主体间的体验描述为一种关系的多

① McGee K. Enactive cognitive science，part 2：methods，insights，and potential. Constructivist Foundations，2006，1（2）：73-82.

② Depraz N. Empathy and second-person methodology. Continental Philosophy Review，2012，（45）：447-459.

样性。克莱尔具体提出了一种以第二人称立场研究意识体验的访谈方法，表明这种方法能使未经训练过的人不仅可以觉知到自己的主体体验，还能对其主体体验做出精确描述[①]。他分析了第一人称方法（主要是现象学还原方法和佛教中的冥想方法）认为在觉知和描述主体体验方面之所以困难重重，主要是因为：①主体自身注意力的散乱；②对客体的沉浸；③经验与表征间的混淆；④实时通达是不可能的。为此，他提出了一种基于第二人称立场的、可以克服这些困境的专家访谈方法。

生成进路构建的第二人称方法论，主要以丹尼特的异类现象学和瓦雷拉的神经现象学为代表。异类现象学是丹尼特在《被解释的意识》一书中提出的一条探究意识体验的中立道路。他认为，这条道路可以从客观的自然科学及其所坚持的第三人称视角出发，为最私密、最不可言传的主体体验提供一种现象学的描述方法。从中可以看出，丹尼特将其异类现象学界定为一种探究意识现象的第三人称视角。但是，瓦雷拉和希尔在《第一人称方法论》中认为，异类现象学本质上是一种第二人称方法论。因为异类现象学家在将从第三人称视角获取的第一人称数据进行解释时，必定会采取某种意向姿态（intentional stance），而一旦采取这种意向姿态，异类现象学家势必就会滑向第二人称立场。也就是说，他必须以一种情境化的个体身份对第一人称数据进行意向性的解释。

神经现象学是由瓦雷拉在《神经现象学：对难问题的一种方法论补救》中首次提出，并在汤普森的《生命中的心智：生物学、现象学和心智科学》中得到了进一步发展。神经现象学的核心目标是：通过把对经验的严格的现象学探究纳入认知神经科学的实验方案中，进而产生新的数据，即它旨在整合意识经验的现象学说明（第一人称的）和认知神经科学说明（第三人称的）。然而，在汤普森看来，将第一人称数据整合进认知神经科学的实验方案中，将会面临一系列的认识论和方法论挑战：①第一人称报告可能是片面的和不准确的；②产生关于经验的内省或现象学报告这一过程或行为可能会修正这种经验；③来自

① Claire P. Describing one's subjective experience in the second person：an interview method for the science of consciousness. Phenomenology and Cognitive Science，2006，(5)：229-269.

“解释鸿沟”的挑战，即如何关联主体经验的第一人称领域，以及大脑、身体和行为的第三人称领域。神经现象学若要成为一个可行的研究纲领，就必须提出应对这些挑战的具体策略。

综上所述，现有的生成文献在方法论建构方面，基本上囊括了第一、第二、第三人称方法论，总体上提出了一些基本的原则和方向，但缺乏将之有效统一起来的体系性框架。同时，三种方法论间的内在关系，以及构建第二人称方法论的内在逻辑必然性和可能性也尚未得到明确揭示，这正是本书所着力探究的地方。

认知生成主义形成的历史背景

美国认知科学家J-C. 史密斯（J-C. Smith）在其编著的《认知科学的历史基础》的导言中写道："当一门新学科因集中于解决一系列持久性问题而出现的时候，那么，探寻这门学科研究所能依赖的历史基础就显得很有必要。这种连续性不仅是这门新学科可能借此而获得的理智声誉所需要的，更是避免重复性错误和避免失去前理论洞见所需要的。"[①] 生成认知科学作为认知科学中新兴的一门学科，它所确立的生成进路已然发展成为一个能与传统认知科学中的认知主义和联结主义相抗衡的研究范式。因此，探究生成主义形成的历史根源，不仅有助于在历史定位中清晰地把握其思想脉络，更有助于我们准确地理解其核心原则和观点，进而为构建基于生成主义的认识论和方法论奠定坚实的基础。总体而言，我们对生成主义思想根源的探究主要从两个方面展开：一是外在于认知科学的哲学和控制论维度；二是内在于认知科学的认知范式转变维度。

---

① Smith J-C. Historical Foundations of Cognitive Science. The Netherlands：Kluwer Academic Publishers，1990：ix.

第一节 认知生成主义的哲学根源

生成认知科学所倡导的生成主义范式是目前心智研究的一个新兴进路。传统的认知主义观点认为，世界是客观独立存在的、可通达的实体，认知就是对这种实体的既定且永恒的特征的恢复。相比之下，生成主义的研究旨趣则是试图解释自主认知系统的内在结构和机制是如何产生的，以及如何参与依赖于知觉者的世界的生成和维持的。就此而言，生成认知科学与激进建构论和现象学之间产生了强烈共鸣。美国著名哲学家和认知科学家杰瑞·福多（Jerry Fodor）曾提出一个著名论断："在智力的历史里，一切都发生两次，首先是作为哲学，然后是作为认知科学。"[①]可以说，在认知科学的每一次重大范式变更中，我们总能找到与其相对应的哲学根源。并且，我们发现，这些哲学论述与现代认知科学中的许多工作有着惊人的相似之处，哲学因其独特的思辨性和抽象性特质，总能引领和启发认知科学的理论建构及具体研究。同样，生成认知科学中的生成进路也不例外，它的核心概念和理论体系建构就特别深受现象学哲学的影响和渗透。因此，为了更好地构建其理论体系，更有力地推进其具体研究进程，我们需要从哲学上追溯并厘清其思想渊源。

从哲学上讲，生成主义是基于对传统认识论假设的不断批判而出现的。自笛卡儿以来，关于自我与非我的区分，就直接导致了主体与客体、心与身、自我与他者、自我与世界、认知者与被认知者（knower/known）的区分。长期以来，人们把笛卡儿的这种区分看作一种错误，但我们不应简单地抹杀笛卡儿的贡献，我们需要在历史语境中审视它们，把它们看作一种看待世界的方式。戴维斯（Davis）指出，笛卡儿的二分法使我们更多地依赖于理性而非感觉，这导致我们主要关注如何建立关于外部实在的完美表征。这似乎蕴含了智能不能与

① Fodor J A. Representations：Philosophical Essays on the Foundations of Cognitive Science. Cambridge：The MIT Press，1981：298.

身体相连接的观点。[1] 而生成主义从一开始就反对这种笛卡儿式的二元论，坚持认识论上的一元论。下面，我们围绕这一哲学问题，分别从客观主义、主观主义（建构论）和现象学三个视角探究认知生成主义的哲学根源。

一、客观主义根源

生成主义作为一种新的哲学观，在认知研究路线上超越了传统的客观主义和主观主义（或建构论）。贝格（Begg）曾将这三种哲学观提炼为三句表达式："客观主义者讲'我观察'；建构论者讲'我思考'；生成主义者讲'我行动'。"[2] 客观主义片面强调客体性，建构论片面强调主体性，而生成主义则强调主体和客体的相关性及不可分割性。客观主义和建构论都认为心灵与实在（真实世界）是相分离的，认知寓居于个体的、与世界和他人相隔离的身体中。生成主义则旗帜鲜明地反对任何认识论形式的二元论，反对武断地将自我与世界、心灵与身体，或者主体与客体割裂开来。

客观主义的一个基本信条是：人类存在是客观真实的认知行动者，它们作为具有真实属性的单独实体，存在于一个客观独立存在的真实世界中。根据这种观点，实在外在于认知者，其结构可以被模型化；人类认知受外部实在支配且独立于人类经验，其作用在于反映外部实在及其结构。人的心灵被看作一台处理符号的抽象机器。因此，人的认知机制被先天地赋予，认知本质上由对世界信息的感知（或恢复）、处理和加工构成。就人类的知觉和模型、观点和信念与这个世界相符合的程度而言，认识存在正确与错误之分。在认知科学中，这种模型在很大程度上用知觉、加工（内在的）和特征（外在的）等术语来表述。而关于认知变化问题，则更多地用基因的和环境的决定论（先天与后天）来刻画。与此相反，生成主义则声称：实在依赖于决定意义的认知者的意识，不存在独立于认知者的绝对实在。认知是一个生成世界和心智的复杂过程，认知者

---

① Davis A B，Sumara D J，Thomas E. Cognition，co-emergence，curriculum. Journal of Curriculum Studies，1996，28（2）：151-169.

② Begg A. Enactivism and mathematics education. Merga，1999，（22）：73.

与世界是相互规定和共涌现的。换言之，人的心灵与自然是一个不可分割的整体，它不仅解释自然，同时也影响自然。总之，生成主义奉行的是一种非客观主义的本体论。

普罗克斯（Proulx）从如下两方面区分了客观主义（行为主义）和生成主义[①]。一是在行动方面，客观主义认为一切认知过程都是主体介入的，它们内在于一个“黑箱”之中，我们无法直接观察它们，只能通过观察个体的外在行为来了解它们。因此，研究这些外显的身体行动的目的通常是要控制和改变它们。相比而言，生成主义关注行动并不是因为行动是通往心理过程的唯一通道，而是因为行动和认知心理过程之间是不可分的。换言之，行动在个体的认知过程中发挥着关键的基础性作用。显然，“行动”的含义在客观主义者和生成主义者的理解中大相径庭。客观主义者将行动等同于行为（behavior），认为行为并不必然要求意向，而生成主义者则认为，行动总是包含意识在内，行动负载着一定的意义和认知内容。二是在认知者与环境的关系方面，客观主义认为，环境的变化必然会引起行动的变化，同类型的刺激会导致同类型的反应，因此，我们可以根据环境的变化去推断行为的变化趋向，或根据刺激物的种类来预知行为的反应模式（反之亦然）。相反，生成主义则认为结果永远不能被预测或决定，因为认知者与环境之间总是处于一个持续的共演化进程中，二者之间（以及不同的认知系统之间）决然不存在任何决定与被决定的关系。

二、主观主义根源

与客观主义相对立的另一个认知研究路线是主观主义，它主要体现在建构论的思想体系当中。建构论对客观主义的许多假设发起了挑战，特别是其认识论假设：心智和世界是预先给定的，认知全然是由恢复（就个体而言）或（对环境传递的信息所做出的）反应构成的。例如，康德作为建构论传统中的一个重要代表人物，就认为知识既非从关于客观世界的经验中得出，亦非源自对客

① Proulx J. The enactivist theory of cognition and behaviorism: an account of the processes of individual sense-making. //The Proceedings of the 2004 Complexity Science and Educational Research Conference: 115-120.

观世界的抽象演绎；相反，他认为存在一些他称作是“图式”的居间的心理结构。凯文·麦吉认为，康德在认识论领域中发起“哥白尼式革命”的一个重要结果是：关注的焦点从关于作为对世界（The world，物自体意义上的）恢复的认知的讨论，转向那些将世界（the world，现象界意义上的）构筑为被认识和体验到的世界的结构（图式）问题。在他看来，世界（The world）仍然具有某种影响（因而避免了简单的唯我论），但是，我们所居住和认识的那个世界（the world）“带有我们结构的标记”。然而，康德的图式仅仅是理论性的结构；关于主动认知建构机制的具体性方面的研究，大都是由20世纪早期的皮亚杰和其他人做出的。①

建构论宣称实在是心智的产物，是心智依其自身而建构出来的，认知者决定实在。像客观主义一样，建构论同样也是一种二元论，以机械论的方式解释认知。它认为，认知总是对某物有意识的构造（这个东西可以是一个对象、理论、概念、证据等）。知识是由人构造的，需要适应个人的经验。生成主义在本体论方面也反对独立于认知者的实在，坚持实在与认知者不可分的主张，但这并不是因为认知者建构他所择取的东西，而是因为他不可能从相关的世界中被分离出来。在认识论方面，生成主义则更多地强调对认知的生物学解释，它反对知识是由异于世界的分离对象构成的。知识不是“某物”而是一个可能性域（a domain of possibilities），它涌现于我们持续的解释活动。总之，建构论只关注认知知识，从不考虑潜意识知识或情感在学习中的作用。建构论强调建立联结关系，而生成主义则强调那些被联结的关系。建构论关注的焦点是如何获取知识，而生成主义关注的焦点是认识环境中的交互联结关系。

然而，我们常常因为生成主义与建构论存在一些似乎类似的地方而把它们混为一谈。生成主义的具身行动观点与建构论的情境认知（situated cognition）观点在许多方面看起来就十分相似，因为它们都认为环境在认知中发挥着某种

① McGee K. Enactive cognitive science，part 1：history and research themes. Constructivist Foundations，2005，1（1）：20-21.

举足轻重的作用，而不仅仅作为我们“意识”的背景或补充。情境认知所关注的是个体在群体实践中交互作用的发展。虽然它认为个体和环境都是不可缺少的部分，但是，它从未动摇过个体心灵的首要（primacy）地位。生成主义则强调通过不同的系统来理解世界——这些系统缠杂于自组织和相互依赖的过程中。因此，人类主体性、我们的心灵和环境都被纳入更大的系统之中。

此外，为了进一步澄清以认识论为导向的建构论究竟在哪些方面影响了生成主义，凯文·麦吉区分了实在论的建构论（realist constructivism）和激进建构论（radical constructivism）①。前者在很大程度上仍是客观主义的，因为它确信有一个外在的、客观的和可知的世界。它认为，建构机制存在于认知行动者的“脑袋中”，认知建构即认知行动者借以获取关于客观存在的世界的解释、看法、信念和模型的方式。据此，知识几乎是自然的一面镜子，只不过知识的某些方面是认知行动者主动建构的结果。这种实在论的导向影响了基于个体的建构论（皮亚杰）和社会建构论［维果茨基（L. S. Vygotsky）］。这些建构论者并不关心实在的本体论地位，只关心对于个人而言的实在。而后者是由格拉塞斯菲尔德（von Glasersfeld）提出的，在他看来，激进建构论之所以是激进的，是“因为它打破了传统，发展出了一种知识理论，认为知识不是反映某种客观的本体论实在，而是反映我们体验所构造的世界的组织和序列”②。在激进建构论看来，不仅对世界（The world）的某些认识是由认知行动者建构的，而且行动者的知识及其现象世界（作为行动者的世界）都是主动建构的结果。格拉塞斯菲尔德引入激进建构论的目的，是为了与许多客观主义版本的建构论区分开来。他将激进建构论的一些主要观点概括为：“知识不是通过感官或沟通来被动接收的，而是由认知主体主动建造起来的；在生物学意义上，认知的功能是适应性的，倾向于适应或生存；认知充当主体对体验世界的组织，而不是对客观的本体论实在的发掘。”③

---

① McGee K. Enactive cognitive science，Part 1：history and research themes. Constructivist Foundations，2005，1（1）：20-21.

② von Glasersfeld E. An introduction to radical constructivism // Watzlawick P. The Invented Reality：How Do We Know What We Believe We Know? Contributions to Constructivism. New York：W. W. Norton，1984：17-40.

③ von Glasersfeld E. Radical Constructivism：A Way of Knowing and Learning. London：Falmer Press，1995：51.

相比于实在论的建构论，激进建构论对生成主义产生了较为实质性的影响，因为它不仅使研究认知行动者的世界如何与该行动者的结构相关联成为可能，同时也使对这种主动建构机制的模型化成为可能，不管它们是在个体中还是在包括（或生成）个体在内的系统中。然而，在戴维斯看来，激进建构论强调独白式权威性（monologic authority），而社会建构论强调社会和个体间的对话式权威性（dialogic authority），两者都建立在对自我与他者、自我与世界的划分基础之上，因而都存在无法克服的二元论困境[①]。究其根源，这是由两者均将知识看作某物（something）而不重视行动因素所导致的（它们需要为知识指定一个位置）。为此，戴维斯特别强调行动在认知中的作用，他将作为对象的知识（knowledge-as-object）替换为作为行动的知识（knowledge-as-action）。他认为，在生成主义中，集体行动不是作为个体的意义建构，而是作为共享意义和理解的场所。激进建构论将理解看作一种组织自我知识结构的持续过程，而戴维斯则把认知描述为不是存在于心智和大脑中，而是存在于共享的可能性行动中。他将认知（知识）和认知者看作是共牵涉（co-implicated）和共涌现的。知识不是脱离于而是被嵌入世界中，并且具身知识延伸至这些比人类更大的身体上。瓦雷拉进一步强化了这一点，他认为，生成主义通过聚焦自组织系统提供了一个可替代建构论的表征看法的观点。据此，生成主义否认独立于认知者的世界的存在或独立于世界的心智的存在，认为认知者、认知过程（the knowing）和被认识的东西（the known）是一并涌现的。

综上所述，认知生成主义作为一种全新的心智哲学理论，从根本上超越了传统的认知哲学观，为心智哲学注入了新的生机和活力。另外，我们还可以借助康德对世界的二重划分思路来进一步说明生成主义的优势[②]（图 1.1）。康德将世界二重化为现象世界和本体世界（物自体）。本体世界包括“自在之物”和

---

① Davis A B，Sumara D J，Thomas E. Cognition，co-emergence，curriculum. Journal of Curriculum Studies，1996，28（2）：151-169.

② 需要指明的是，我们只是借助康德的二重划分框架来说明生成主义，并没有简单地将二者等同起来。二者的根本区别在于：康德认为物自体（即自在之我和自在之物）是不可知的，而生成主义者则采取现象学的态度和立场，对其存而不论。

"自在之我"，前者为认知提供内容和材料，后者为认知提供形式和原则，二者的共同作用构成了认识论和体验意义上的现象世界。从某种程度上讲，生成主义继承了康德对世界的划分思路。相应地，它将"自在之我"界定为"认知行动者"，将"自在之物"界定为认知意向活动所指涉的"世界"或"认知环境"，将"现象世界"界定为认知者所"认知和经验的世界"，相当于现象学的"生活世界"或"在世之在"。"认知行动者"拥有"具身"和"经验"的双重结构（生物学和现象学意义上的），"认知环境"同样也具有自身的特殊结构。随着认知者的多样性行动的逐步展开，认知行动者与认知环境发生结构耦合作用，认知在此基础上历史地生成了心智和世界（即经验世界）。这个经验世界既非基于客观主义的对"自在之物"的恢复或纯粹表征，亦非基于主观主义的"自在之我"纯粹主观建构，而是生成主义的基于行动所生成的。因此，生成主义从根本上讲是对传统认知路线的扬弃和超越，它既避免了客观主义和主观主义的片面性，又彰显了自身的独特视野和强大解释力，它采取的是一条介乎客观主义和主观主义之间的中间路线（即现象学立场）。

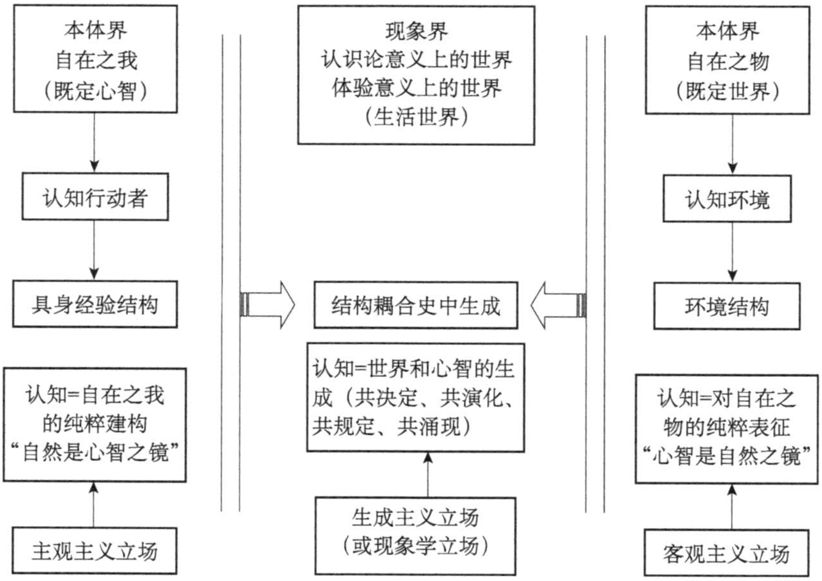

图 1.1　生成主义与传统认知哲学观的比较

三、现象学根源[①]

如果我们将前述的客观主义和主观主义根源看作生成主义的间接来源（质疑与批判），那么，现象学的思想和方法则是生成主义的直接来源（改造与吸纳）。现象学在生成主义的理论体系建构中发挥着不可替代的基础性作用，这是因为它所探究的第一人称的意识经验是生成主义范式最为密切关注的方面，这恰恰也是生成主义与以往认知范式最根本性的区别所在。弗勒泽甚至将认知科学中的生成主义范式转向定性为一种经验转向（experiential turn），即从认识论到现象学的转向[②]。他认为，认知科学当前研究的焦点已然转移到严格检视我们经验的情境性（experiential situatedness），以充实心智科学研究，因此，瓦雷拉及其同事们十分注重来自大陆哲学的现象学传统，特别是海德格尔对“在世之在”的存在主义分析和梅洛－庞蒂关于具身性和运动意向性的现象学。

现象学是关于人类经验的哲学，旨在探究和阐明直接被给予的经验。它是由胡塞尔创立，经由海德格尔、萨特和梅洛－庞蒂发展起来的一种哲学传统。它提出“重返事物本身”的口号，主张现象是认识的对象。它起初集中于探究意识和觉知，随后拓展至对生活世界和人类行动的研究。它关注“何物显现及如何显现”，“试图超越直接经验到的意义，目的是阐明前反思层次的生活意义，从而使不可见的成为可见的”[③]。它所探究的问题是这些现象是如何被内化为知识的。在塞缪尔（Samuel）看来，胡塞尔创立现象学的初衷是反对当时实证科学中盛行的科学主义和客观主义教条，前者认为只有可计量的科学数据才有助于我们理解世界的本质，后者认为存在一种绝对独立于主体性的实在[④]。他认为，这两种教条都是从人类主体性的生命根基中抽离出来的。现象学对经验的分析

---

① 这部分内容原载于《学术研究》2017 年第 12 期。收入本书有所改动。

② Froese T. From second-order cybernetics to enactive cognitive science：Varela’s turn from epistemology to phenomenology. Systems Research and Behavioral Science，2011，(28)：630-645.

③ Kvale S. Interviews：An Introduction to Qualitative Research Interviewing. Thousand Oaks：Sage Publications，1996：268.

④ Malkemus S A. Toward a general theory of enaction：biology，transpersonal，and phenomenological dimensions. The Journal of Transpersonal Psychology，2012，44 (2)：201-223.

表明：一切所谓的客体性，以及相关的科学的客观断言，实际上都建立在做出这些客观断言的人的主体性基础之上。因此，客体性是以主体性的方式被构造的，它只能在我们的体验中显得客观。但对于胡塞尔而言，体验不能简单归属于某种孤立的主体性。对此，他提出了主体间性概念，并断言一切的客体性都是以主体间性的方式被构造的。在此基础上，他指出：对主体性维度的忽视是实证主义中存在的一个致命缺陷，其创建现象学的一个重要目的就是要把主体性重新带回到科学研究的视野。在他看来，人类主体性的构造作用是意识的一种相关的、独特的和透视的特征，正是它把体验域和某一特定身体身份的场所联系起来。为此，他把现象学发展为一种旨在探究第一人称视角（即主体体验的视角）和世界如何从我的视角中显现的学科。

针对主导西方思维的笛卡儿式两极划分（即自我与非我的绝对区分），我们在梅洛－庞蒂的知觉现象学中找到了一种新的解释。梅洛－庞蒂同时反对认识的理性主义和经验主义，宣称正是“身体使得心灵和世界不可分”，身体是“我们属于自己世界的手段”[①]。这与瓦雷拉、汤普森和罗施对具身性的看法如出一辙，他们认为，“认知依赖于那些源自具有不同感觉运动能力的身体的觉知种类”[②]，并声称：个体与环境必须一并被考虑，我们不可能将知识与行动和身体分离开来；认识就是行动，它最终与自我身份或存在不可分。这些具身观点和系统理论（包括生成主义在内），似乎与东方的佛学传统产生了比西方哲学更为强烈的共鸣。基于此，瓦雷拉等人在《具身心智：认知科学和人类经验》中详细阐明了胡塞尔和梅洛－庞蒂的现象学思想，以及东方的佛学思想。在他们看来，身体既需要被理解为物理－生物的，亦需要被理解为经验的或现象学的；心智受到生物交互作用和历史交互作用的双重影响。

在生物学家马图拉纳（生成进路的主要代表人物）那里，我们也发现他的观点与胡塞尔和海德格尔之间存在诸多相似之处，尽管他并没有参考现象学家的理论。马图拉纳的研究主要围绕两个问题展开：生命的组织是什么和知觉现

---

① Merleau-Ponty M. Phenomenology of Perception. London：Routledge and Kegan Paul，1962：106.

② 瓦雷拉，汤普森，罗施. 具身心智：认知科学和人类经验. 李恒威，李恒熙，王球等译. 杭州：浙江大学出版社，2010：39.

象中发生了什么。在他看来，生命系统是自组织的和自指的（self-referring），知觉和认知不是表征外部实在而是通过神经系统的组织过程来规定一个实在；我们的一切知觉和体验都是通过我们的身体和神经系统来发生的，并受身体和神经系统的调节。因此，不存在任何独立于我们自身的对实在的纯粹描述。这一洞见似乎与胡塞尔的“只有通过我的自我（ego）所允许的可能性，世界才会被我体验到”的看法不谋而合。此外，马图拉纳认为，“我们总是不可避免地存在于依赖主体的描述领域中，即我们所区别和描述的实在，这是我们可以体验的唯一实在”。这一观点非常类似于海德格尔使用“在世之在”这一术语所强调的：“正是这种体验世界的过程才是人类存在的方式”的看法。[①]总之，无论是从现象学家那里，还是从生成主义者那里，我们总能找到彼此相类似的观点和表述，无怪乎生成主义会与现象学会产生强烈共鸣。

另外，汤普森还深刻指出生成进路与现象学之间有如下两个相似点[②]：一是“生成”概念类似于“构造”概念，两者都强调心智必须构造其对象。但现象学意义上的“构造”并非意味着“制造”或“创造”，而是指“使觉知”“呈现”或“揭示”。心智并不制造世界，而是揭示和呈现世界。而对象得以揭示或以它们的方式被体验则是因为意识的意向性活动。可以说，生成概念涵盖了现象学意义上的构造性含义，但它还包括动力学意义上的“共涌现”和生物学意义上的“共演化”含义。二是两者对生命或生命存在（living beings）都持相同立场。前者将自主性作为生命体的根本特征，认为生命与心智之间存在深刻的连续性；后者认为意向性是生活体的根本特征。因此，生成进路与现象学在如下命题中得到了汇聚，即对主体性和意识的说明必须结合生命的自主性和意向性，其中，生命的意义涵盖了有机体、人的主观生活体和生活世界。由此可以理解，生成主义何以从一开始就将现象学作为自己的重要思想来源，何以不遗余力地倡导现象学与认知科学之间的有效沟通和融合。

事实上，心智科学和现象学在生成进路中以一种相互启发的方式得到了紧

① Begg A. Enactivism and mathematics education. Merga，1999，(22)：69-72.

② Thompson E. Mind in Life：Biology，Phenomenology，and the Sciences of Mind. Cambridge：Harvard University Press，2007：15.

密结合[①]。在生成进路中，现象学和心智科学各自为政的局面消失了，取而代之的是一种互补的交融关系。现象学可以用于阐释心智科学，心智科学也可以用于阐释现象学，两者之间形成了一个彼此有益的循环。这样，生活体和有机体、身体自我性和自主能动性、意向弧（intentional arc）和动态感觉运动依赖性等概念之间不仅相互关联且相互启发。可以预见，在生成进路统一下的现象学与心智科学之间的基本循环，将会为我们提供关于自然、生命和心智的新的深刻洞见。

第二节　认知生成主义的控制论根源

生成主义已然取代计算主义成为认知科学研究的主导范式，但是它的历史根源，特别是其控制论根源，往往在认知科学的历史分析中被忽略。然而，正是这一外在于认知科学的控制论根源，最终影响和塑造了生成认知科学。具体而言，生成认知科学主要关注人类存在的两个重要领域：第一人称经验和生物自主性（biological autonomy，二者都是传统认知科学所长期忽略的地方）。针对这两方面，生成认知科学主要吸纳了激进建构论、认知生物学（biology of cognition）、实验的现象学（experimental phenomenology），以及人工智能实验领域的具身－嵌入 AI 的思想和观点，以此构成了其认识论和方法论的基石。而这四方面，究其根源，都根植于外在于认知科学的控制论传统。

生成主义统一了认知研究的两大科学传统，一个是外在于认知科学的控制论传统，一个是内在于认知科学的人工智能传统（图 1.2）。认知科学的发展先后经历了认知主义、联结主义、具身动力主义（embodied dynamicism）和生成主义。相应地，控制论的发展也经历了一阶控制论、阿什比控制论（Ashbian cybernetics）、二阶控制论（second-order cybernetics）和认知生物学，人工智能（AI）领域的发展也同样经历了老式 AI（即 good old-fashioned AI，GOFAI）、联结主义 AI、具身－嵌入 AI（embodied-embedded AI，EEAI）和生成 AI

① Thompson E. Mind in Life：Biology，Phenomenology，and the Sciences of Mind. Cambridge：Harvard University Press，2007：265-266.

(enactive AI)。因此，有必要梳理控制论传统和AI传统的发展脉络，挖掘生成主义的控制论根源，以便更好地理解生成主义的理论基础和方法论基础。

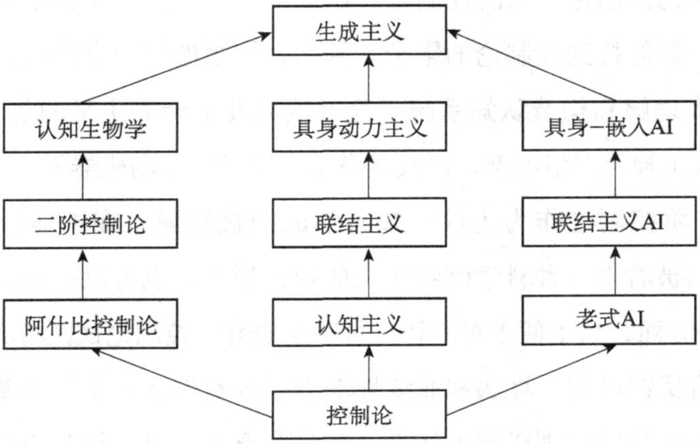

图 1.2　生成主义统一了认知研究的两大传统：控制论传统和 AI 传统

一、控制论与生成认知科学

历史地看，控制论的发展先后经历了两个阶段：20世纪四五十年代的早期控制论或一阶控制论（first-order cybernetics），主要代表人物有罗森勃吕斯（A. Rosenblueth）、维纳（N. Wiener）、毕格罗（J. Bigelow），以及鼎盛时期的阿什比；20世纪六七十年代的二阶控制论，主要代表人物是福尔斯特。一阶控制论影响了以计算主义范式为主导的传统认知科学，二阶控制论影响了以生成主义范式为主导的生成认知科学。一阶控制论向二阶控制论的转变蕴含了认知科学从计算主义到生成主义的范式转向（或者是从传统认知科学到生成认知科学的转向）。具体而言，控制论对生成认知科学的影响具体表现在如下四个方面。

第一，控制论在认知科学历史发展中的作用。从历史的视角看，认知科学的发展与控制论的发展基本上平行。认知科学的发展经历了认知主义、联结主义、具身动力主义和生成主义。推进这一系列范式转变的动因在于：认知机制的研究要素需要得到不断地扩充和细化。也就是说，单纯地诉诸逻辑结构来解释认知是远远不够的，认知的生物实现和物理约束也发挥着某种本构作用。为了完整地解释认知，我们需要不断地将那些符号的、动力学的、身体的和生命的等诸多语境要素纳入我们的研究视野。相应地，控制论的发展也经历了一阶控制论、阿什比控制论、二阶控制论和认知生物学。在认知科学的每一次范式转变中，我们都能找到控制论的影子。例如，控制论的一个核心内容是利用各种技术平台来理解和构造认知系统。这直接启发了计算主义的信息加工模型、联结主义的人工神经网络模型，以及具身动力主义的移动机器人。

第二，一阶控制论作为生成认知科学的间接来源。在本体论方面，一阶控制论既可以被看作一种科学唯物主义的现代形式，也可以被看作一种取消唯物主义[①]。一方面，为了便于对心智进行科学研究，控制论试图将心智自然化或机械化，它将反馈机制、算法和非线性动力系统看作认知系统的基础要素，并把心理活动还原为纯物理机制的运作。从这个意义上讲，控制论所持的是一种科学唯物主义的一元论立场。另一方面，控制论对“目的性活动”的界定完全不参照那些能动的主体性条件[②]，它把关于目的和目标指向的行为概念还原为反馈系统的出现。这样，导弹系统的行为与人类行动者的行为之间不再有任何本质差别。就此而言，控制论被看作是一种取消唯物主义。在认识论方面，一阶控制论所持的是一种表征主义的认识论立场。在它看来，观察者与被观察者是相互独立的关系，因此，“观察者安全地远离这个世界，因为这个世界是独立于观察者的”；理性主体不过是一台在物理大脑中实现的符号计算机，因此，“观察者安全地远离自身的存在，因为观察者实际上只不过是一台基于人脑的数字计算机”[③]。概言之，一阶控制论在本体论和认识论方面的洞见，为后来认知科学的计算主义范式的形成和符号人工智能的发展奠定了基础。这为之后的生成认知科学范式的形成埋下了伏笔。

第三，阿什比控制论作为生成认知科学范式发展的起点。阿什比的控制论

---

① Froese T. From cybernetics to second-order cybernetics：a comparative analysis of their central ideas. Constructivist Foundations，2010，5（2）：75-85.

② Rosenblueth A，Wiener N，Bigelow J. Behavior，purpose and teleology. Philosophy of Science，1943（10）：18-24.

③ Froese T. From cybernetics to second-order cybernetics：a comparative analysis of their central ideas. Constructivist Foundations，2010，5（2）：82.

思想对一阶控制论的瓦解和二阶控制论的产生起了关键作用。事实上，阿什比的控制论可以被看作是主流认知科学之外一系列历史发展的起点，这些发展最终导致了生成主义范式的产生。

阿什比基于自己的一般系统理论，对早期控制论提出了两大挑战[①]：一是在本体论方面，是否存在自组织；二是在认识论方面，观察者的作用是什么。前者对自创生理论的创立产生了重要影响，推动了关于认知的物质基础的研究，后者引起了从表征主义的认识论到建构论的认识论的转变。在阿什比看来，如果我们承认一般系统理论的如下两个前提，就会得出自组织概念是不可能的和无意义的。这两个前提是：①物质性问题是不相关的；②自指性是不合逻辑的，必须予以取缔。马图拉纳对此的回应是：物质性问题是相关的，自指性是可能的，因为它根植于生物系统代谢活动本身所固有的物质自生过程，即生命的“循环组织”(circular organization)中。关于认识论方面的挑战，阿什比认为，当我们试图将一般系统理论的纯数学框架用于解释在物理学和生物学领域中观察到的具体现象时，这种认识上的不确定性就出现了。正如他在把“系统约束”概念的意义追溯至观察者的不确定性时所指出的：“这种‘约束’是观察者与事物之间的某种关系，任何一种特殊约束的属性将依赖于真实事物和观察者。”[②]显然，观察者的主动作用被再次提了出来。

第四，二阶控制论作为生成认知科学的直接来源。如前所述，为了回应阿什比所提出的认识论挑战，研究者们特别注重观察者在科学研究的对象构成中的主动作用。他们将控制论用于观察者自身，认为观察者与被观察者之间存在密切关系，结果产生了一个自反的或二阶的控制论，又被称作控制论的控制论[③]。在福尔斯特看来，二阶控制论不仅处理被观察系统的活动(the activity of the observed systems)，而且还处理观察着的系统的活动(the activity of observing systems)。与一阶控制论不同，二阶控制论提倡一种建构论的认识论形式，关注

① Froese T. From cybernetics to second-order cybernetics：a comparative analysis of their central ideas. Constructivist Foundations，2010，5(2)：79.

② Ashby W R. Principles of the self-organizing system// von Foerster H，Zopf G W. Principles of Self-organization：Transactions of the University of Illinois Symposium. London：Pergamon Press，1962：258.

③ 万百五．二阶控制论及其应用．控制论与应用，2010，27(8)：1053-1059.

观察者在“建构”观察物中的主动作用。这样，科学知识被解释为一种关系性现象，它不会，也不可能表征某个独立于观察者的实在。这为后来的激进建构论的认知心理学和认知生物学奠定了坚实的基础。

二、控制论对激进建构论和认知生物学的影响

从生成主义的认识论构成来讲，二阶控制论对生成主义的影响主要体现在两个方面：一是通过对一阶控制论的批判，重新发现了观察者的主动作用；二是通过对激进建构论（radical constructivism）的批判，揭示了认知的意识经验背景。前者奠定了生成主义的自反性（reflexivity）原则，直接启发了以格拉塞斯菲尔德为代表的激进建构论的产生；后者规定了生成主义的以意识经验为研究内容的核心主题，极大地推动了马图拉纳和瓦雷拉的认知生物学的创立。激进建构论和认知生物学均是生成主义的重要理论来源。

在二阶控制论者看来，一阶控制论的致命缺陷是将观察者依赖（observer dependence）排除在外，完全忽视观察者的本构作用与被观察系统构成之间的关系。究其根源，是笛卡儿的二元论哲学所引发的心身分离问题，即在他深刻反思了意识经验的确定性和不确定性之后，将实在区分为两种形而上的独立领域：心灵和物质。考虑到笛卡儿也是科学革命中的一位关键性人物，弗勒泽认为，笛卡儿心身问题在科学方法论上的一个重要启示是“观察者独立”（observer independence）原则：“让我们将观察者独立于被观察者！”[①]这直接造成了科学研究中主体性问题的悬搁，产生了一种贫乏的唯物论的一元论。正是这一根深蒂固的信条使一阶控制论者拒斥观察者的本构作用，提倡一种无主体的唯物论的一元论（subjectless materialist monism）。例如，他们将主体的目标指向性和目的看成是一种负反馈系统，把心理意向性等同于神经网络执行的命题逻辑。但在二阶控制论的科学框架体系内，观察者的本构作用得到了充分考虑，观察不再被看作是一种关于外在实在的内在表征的线性过程，并且关于系统的认识本质

① Froese T. From second-order cybernetics to enactive cognitive science：Varela's turn from epistemology to phenomenology. Systems Research and Behavioral Science，2011，(28)：633.

上依赖于观察者。

激进建构论正是在这一背景下产生的。它的一个显著特征就是，强调一阶控制论所忽略的观察者的主动作用，从根本上反对表征主义的认识论，在某种程度上延续了休谟和康德的哲学思想。它在本体论上采取一种与唯物论相对立的立场，即认为被观察的世界是由观察者建构起来的而不是相反。然而，这似乎是从一个极端（一阶控制论的客观立场）走向了另外一个极端（理智主义的主观立场）。认知活动的基本场所，也由那些被还原为外部世界中的反馈操作，变成了完全处于观察者中的心理操作。而且，激进建构论很容易使我们陷入唯我论的泥潭，因为它似乎倾向于认为，“对于那种不能被解释的东西，我们说不出某种原因，或者不能提供一个理由，而这是我们不愿看到的。换言之，不能被解释的东西不能被看见”[①]。或者，我们可以说得更直接一点，不能被建构的东西不能被看到。

另外，激进建构论虽然承认在我们的理性所能构想的界限之外可能存在某种东西，但它完全忽略了我们的存在和我们的日常生活实践这一根本事实。因为，根据格拉塞斯菲尔德的激进理智主义观点，我们在能决定要参与世界之前，总是必须先构想，后创造世界。而这恰恰遮蔽了我们生活的世界中的具体经验背景。然而，我们的这种前反思的生活实践，既不能完全通过理性得到确证，也不与某种神秘的觉知同一，它只是一种预先给定的事态。在福尔斯特看来，理性的界限并不意味着经验的界限，二者并不必然一致。为此，他建议我们必须对新的和意料之外的经验保持一种开放性的态度。同时，他还指出了我们心智的一种习惯性倾向：常常不加反思地从直接经验层次切换到间接解释层次。我们只有通过唤醒对这种习惯性倾向的觉知，才能觉察到我们意识经验的直接性。而现象学的洞见恰好为我们指明：我们在反思这个世界之前，就已然参与到了这个世界中；关于我们具体存在的东西，远比任何一种理智活动理论所能捕捉到的要多得多。这在方法论上的启示是：有必要在探讨第一人称经验的西

① von Foerster H. Cybernetics of cybernetics// Krippendorff K. Communication and Control. New York：Gordon and Breach，1979：5.

方现象学传统和东方的佛学静心修持传统，与认知科学之间展开有益的沟通和对话。

通过对一阶控制论和激进建构论的批判，二阶控制论试图在两者之间开辟一条中间道路，即一条既非全然独立于观察者，又非全然依赖于观察者的中间道路[①]。我们应当以一种根植于我们前反思存在的（pre-reflective existence）、相互的非还原论方式，来审视观察者与被观察者之间的关系。马图拉纳和瓦雷拉所创立的认知生物学恰好契合了这一洞见。一方面，认知生物学的自创生理论避免了激进建构论的完全依赖于观察者这一极端。在马图拉纳和瓦雷拉看来[②]，自创生系统是一个自我定义的系统（其存在即其行动），它本身的运作过程已然包含了某种“自我”与“他者”之间的差别。尽管我们对某个系统的认识是通过观察者将其辨别为一个系统来获得的，但正是该系统的自创生组织，才得以使其显现于观察者。也就是说，自创生系统的自生自主性（self-generated autonomy），使得被观察系统将其来源锁定于观察者的建构活动之外。被观察系统并不全然依赖于观察系统。自创生系统的自我区别（self-distinction）属性，使得被观察者不可能被完全并入观察者智力的构成性活动中。

另一方面，认知生物学在认识论上断言：我们没有任何可供描述的独立于观察者的实在的有效基础。这避免了一阶控制论的完全独立于观察者这一极端。根据这种观点，关于独立于观察者的实在，我们不可能说出任何东西。因为我们在实践中已然卷入那些发生于我们周围的事物中，我们总是具身的或情境化的存在[③]。因此可以说，我们的行动和认识是不可分的，我们的认识依赖于我们的行动。并且，认识活动的场所不是一个理智的真空，而是一个先于反思的经验领域（即生活的前反思实践）。构成我们认知活动的基础的，不是孤立的概念建构，而是互惠的具身交互作用。

① Froese T. From second-order cybernetics to enactive cognitive science：Varela's turn from epistemology to phenomenology. Systems Research and Behavioral Science，2011，（28）：637.

② Maturana H R，Varela FJ. Autopoiesis：the organization of the living//Autopoiesis and Cognition：The Realization of the Living. Kluwer Academic：Dordrecht，1980：59-140.

③ Maturana H R. Reality：the search for objectivity or the quest for a compelling argument. The Irish Journal of Psychology，1988，1（9）：25-82.

需要指出的是，认知生物学并非单纯地反对激进建构论，它保留了激进建构论立场中的一些基本的认识论观点，如强调观察者的主动作用，认为认识不是表征性的“匹配”，而是恰当性的“符合”。它超越激进建构论的地方在于，指出了我们“生活的前反思实践”（the pre-reflective praxis of living）这一基本事实。另外，它还将我们的这种“前理论情境”刻画为一种持续的“生活实践”，我们与其他观察者的“语言交流”也包括在其中。为了强调观察者不是一个孤立的生物个体，瓦雷拉引入了“观察者共同体”[①]概念，用于指明我们的前反思情境中的他者和预先存在的社会文化背景。正是这种经验性的洞见避免了任何对观察者作用的还原或孤立。

然而，随着认知生物学的发展，它自身存在的一些局限性也逐渐暴露了出来。认知生物学虽然以其特有的生物学视角，在一定程度上揭示了观察者与被观察者之间的关系，尤其是指出了观察者本质上是依赖于情境的（即具身生命的情境性），但是，在方法论方面，它明显对意识经验的具体揭示显得力不从心，缺乏切实有效的探究经验的第一人称方法论。然而，只要意识的经验性方面得不到解释和说明，心智哲学中的心身问题就永远得不到真正解决。这促使瓦雷拉在认知生物学的背景中，提出将探究意识经验的第一人称方法论（特别是现象学方法）引入认知科学，并对认知生物学的一些核心原则进行修正。

三、控制论对实验的现象学的影响

从生成主义的方法论构成来讲，生成主义的控制论根源表现在将传统的“实验的认识论”（experimental epistemology）与人类经验相结合。这种结合产生了瓦雷拉所提出的“实验的现象学”或“现象学的语用学”（phenomenological pragmatics）[②]，实现了认知科学领域从控制论到现象学的转变。我们从中可以看到，这种现象学转向的种子，已然在早期控制论中生根发芽，并在后来的控制

① Varela F J. Principles of Biological Autonomy. New York：Elsevier North Holland，1979：31.

② Varela F J. The naturalization of phenomenology as the transcendence of nature：searching for generative mutual constraints. Alter：Revue de Phénoménologie，1997，(5)：355-381.

论中得到了进一步发展。实验的现象学构成了生成主义的重要方法论基础。

“实验的认识论”是由神经生理学家沃伦·麦卡洛奇（Warren McCulloch）在控制论思想的指导下所提出的一种关于认识的生理学理论，即研究认识的来源、本质、方法和局限性的实验理论。它的核心问题是探究为了保持诸如感觉和知觉之类的心理现象，大脑是如何运作的；它的创造性方面在于将感觉和知觉的心理学功能与大脑的神经生理学联系起来，从根本上理解感觉和知觉的神经生理学基础①。在早期控制论中，人们普遍认为，单纯的理论探究对于心智科学而言是不充分的，这些理论观点的有效性必须通过在具体的人造物中实现来证明，只有这样，才能为进一步的理性反思打下基础。这在麦卡洛奇的“实验的认识论”中得到了很好的说明，阿什比所构想的“同态调节器”（homeostat）就是一个范例。

同样，瓦雷拉和马图拉纳的认知生物学在方法论上也延续了这一传统。在他们看来，抽象地反思生命与心智是不够的，理论必须通过具体经验的具体实现得到支持。例如，他们并不满足于自创生理论本身，而是试图将自创生模型在虚拟媒介（计算机）和化学媒介中实现来证明概念的有效性。他们甚至将实验的认识论，从人造系统延伸至包含人类交互作用在内的人造自主系统——它具有“一个与人类发生结构耦合作用的持续而丰富的历史，并借此产生一个意义和行动共享的世界”②。显然，瓦雷拉已经将实验的认识论与对人类经验的具体关注联结在一起。在此基础上，他把现象学的方法引入实验的认识论（认知生物学），提出了实验的现象学或现象学的语用学概念，这为生成主义研究生成知觉（enactive perception）提供了一个重要的方法论基础。通过这种实用性很强的第一人称方法论，我们就能进入所必需的经验领域，获取第一人称的经验数据，以便我们以第三人称的方法论对这些经验数据进行系统地分析、描述和证实。

在具体的认知科学实践中，实验的现象学（以瓦雷拉为代表的）在第一人

① Abraham T H. Integrating mind and brain：Warren S. McCulloch，cerebral localization，and experimental epistemology. Endeavour，2003，27（1）：32-36.

② Varela F J. Experimental epistemology：background and future. Revue Internationale De Systemique，1987，1（2）：222.

称方法论的探索方面，既借鉴了别具一格的东方佛学静心修持方法，又考察了西方的现象学方法（尤其是海德格尔对“在世之在”的存在主义分析，以及梅洛－庞蒂关于具身性和运动意向性的现象学）。特别是，瓦雷拉在考察现象学的基础上创立了神经现象学（neurophenomenology），用于整合实验的神经科学、复杂系统分析和第一人称经验的研究，目的是确立一门对意识的现象学进行分析的科学。根据瓦雷拉本人的说法，这是他针对自己提出的实现科学与经验循环的目标所做的一个具体且务实的开创性探索和尝试，旨在为现象学和认知科学建立一个相互交流的对话平台[①]。在他看来，要实现对意识的科学研究，必须联合探索意识经验结构第一人称方法（如现象学）和揭示意识的神经相关物（neural correlates of consciousness）的第三人称方法（如认知神经科学）。

实验的现象学对生成主义范式形成的作用体现在以下三个方面。

第一，它使生成主义呈现为一种以人类经验为核心的研究范式，并提供了一系列切实可行的方法论原则。这对于严格检视我们经验的情境性以充实心智科学的研究，以及实现第一人称经验和第三人称科学之间的循环具有重要的实践意义。

第二，突出了现象学在认知科学研究中的重要地位。在瓦雷拉之前，现象学从未进入认知科学家的视野，也未曾受到认知科学家的重视。然而，现象学在揭示世界和身体的语境方面，不仅卓有成效，而且已然做出了许多前瞻性的研究，因此，它在这方面具有传统认知科学所无法比拟的优势。而且，正如汤普森所指出的，不管承认与否，一个客观的基本事实是：在决定采取某种科学态度和进入某种理论话语之前，我们总是嵌入或具身于这种世界和身体的语境[②]。所以，就揭示这一基本事实而言，现象学的作用也是不可估量的。

第三，它通过联合现象学和认知生物学，提出了一个有效解决心身问题的独特方案。这使生成主义作为认知科学的一个合法范式成为可能，因为它满足

① Varela F J. Neurophenomenology：A methodological remedy to the hard problem. Journal of Consciousness Studies，1996，3（4）：330.

② Thompson E. Mind in Life：Biology，Phenomenology，and the Sciences of Mind. Cambridge：Harvard University Press，2007：18.

了成为认知范式的一个基本要件：如何有效解决心身问题（另一个要件是如何实现跨学科阐明问题）①。生成主义处理心身问题的一个重要前提是：将生命现象看作一个整体。这一生命现象统摄了身体的双重具身性（double-embodiment）②：生命（生物）具身性和生活（经验）具身性。前者是生物学意义上的，即身体作为一个具体的生命体（living body，包括物质的和热力学的性质，具有自主性组织）；后者是现象学意义上的，即身体作为一个具体的生活体（lived body，包括前反思经验）。据此可知，正是身体的这种双重具身性统一了（或者说沟通了）心身，认知生物学用于揭示生命体，现象学用于揭示生活体，二者以生物现象学的方式协同处理心身问题。

四、控制论对具身－嵌入 AI 的影响

在认知科学的人工智能实验领域中，我们发现了与认知科学范式发展和控制论发展相平行的第三条线索：人工智能的发展也经历了老式 AI、联结主义 AI、具身－嵌入 AI（embodied-embedded AI，EEAI）和生成 AI（enactive AI）。循着这条脉络，我们也可窥探生成主义的控制论根源，以及 AI 在认知科学范式转变中的关键作用③。

（一）基于控制论的 AI 在具身动力主义转变中的作用

如前所述，一阶控制论的一个重要产物是符号 AI（即老式 AI）的创立，而认知主义作为主流认知科学的主导范式就是伴随这种传统的 AI 而产生的。众所周知，现代认知科学在很大程度上将自身的存在归功于 20 世纪 50 年代后期由西蒙（H.Simon）、明斯基（M.Minsky）和纽厄尔（A.Newell）创立的 AI 领域。认知主义（或计算主义）的许多核心观点在很大程度上都是由符号 AI 提

① Stewart J. Foundational issues in enaction as a paradigm for cognitive science：from the origin of life to consciousness and writing// Stewart J，Gapenne O，di Paolo E A. Enaction：Toward a New Paradigm for Cognitive Science. Cambridge：The MIT Press，2010：1-5.

② 瓦雷拉，汤普森，罗施.具身心智：认知科学和人类经验.李恒威，李恒熙，王球等译.杭州：浙江大学出版社，2010：xvii.

③ Froese T. On the role of AI in the ongoing paradigm shift within the cognitive sciences// Lungarella M，et al. 50 Years of AI. Berlin：Springer-Verlag，2007：63-75.

供和塑造的。

事实上，AI 领域的发展在从计算主义到具身动力主义的转变过程中发挥了某种关键作用，因为计算主义和具身动力主义之间的许多争论［如物理符号系统假设（physical symbol system hypothesis，PSSH）和动力学假设之间的争论］都可以在 AI 的实验领域得到解决。在过去的三十年里，AI 领域取得了一系列的新进展。老式 AI 在解决语境敏感的真实世界的问题时，面临着诸多困境和挑战，常常显得无能为力。而这些问题和困境恰好激励了布鲁克斯具身的和情境化的机器人技术①（embodied and situated robotics），即具身－嵌入AI的发展。关键的一点是，具身－嵌入 AI 基于二阶控制论的这样一个核心观点：观察者本质上是依赖于情境的。这对 AI 的启示是：智能是具身化和情境化的，智能通常是无表征的。随着具身－嵌入 AI 的进一步发展，一系列的方法论相继出现，如动力学方法、进化机器人技术和有机体启发的机器人技术（organismically-inspired robotics）。所有这些都倾向于支撑具身动力主义的这一断言：认知最好被理解为是具身和嵌入的，即认知涌现于一个延伸的大脑－身体－世界系统整体的动力学。

（二）基于二阶控制论的 AI 在生成主义范式转变中的作用

虽然具身－嵌入 AI 克服了老式 AI 所面临的一些困境，但是它自身也开始遇到了一些发展中的局限性。这主要体现在：具身－嵌入 AI 中的人造行动者缺乏更加灵活和似生命（life-like）的表现方式，尤其是缺乏类似复杂生命机体的表现方式。一言以蔽之，具身－嵌入 AI 缺乏自主性，缺乏某种类似于我们身体的模型，它未能将生物自主性原则结合起来进行研究。正如布鲁克斯一针见血地指出的，具身－嵌入 AI 的人造系统几乎忽略了生物系统的某种组织原则。另外，具身－嵌入 AI 的这一问题和缺陷，已然在阿什比的控制论中被预见性地指出，即阿什比在本体论方面对早期控制论的质问：是否存在自组织？物质性问题是否相关？自指性何以可能？换言之，具身－嵌入 AI 要想在解决自主性和具身性问题方面所有突破，它必须将自己的实验研究与 AI 领域之外的理论（如理

① Brooks R A. Intelligence without representation. Artificial Intelligence，1991，47（1-3）：139-160.

论生物学）联系起来。正是AI的这种不断突破自身发展瓶颈的内在驱动，推动了其自身的不断发展。AI领域又迎来了一次质的飞跃：生成AI的产生。生成AI的出现，将会弥补具身－嵌入AI的不足。

那么，AI领域发生的这种质的变化，对生成主义的范式转变究竟有多大程度上的作用？由于生成进路一开始是作为20世纪90年代具身－嵌入认知科学的一部分出现的，所以具身－嵌入AI对构成生成主义的部分理论或多或少地产生了些许影响。这主要体现在生成主义从如下三个相互关联的具身性维度来说明身体活动与主体心智间的关系①。

一是身体的自调节维度。具身－嵌入AI虽然被广泛用于自主系统的研究中，但它对自主性的研究似乎无的放矢。而且，它与生成主义关于自主性构成的看法也不尽相同。生成主义对自主性的看法基于认知生物学的自创生理论。它把自主行动者界定为一种不稳固的、构成其身份的自生过程网。正是在这种自我构成的过程中，认知行动者生成了自己的世界和独特身份。从这个意义上讲，具身－嵌入AI的系统不是自主的，它所具有的唯一身份也是由观察着的研究者投射的。它也没有设法去综合实际的生命存在（living beings），以便提供一些关于身体自调节方面的看法。具身－嵌入AI应该研究那些具有自维持动力结构的人造系统，以便超越其封闭感觉运动反馈环。

二是感觉运动耦合维度。由于感觉运动具身性是具身－嵌入AI的研究目标，所以它在这一方面可能会对生成主义有所影响。但是，由于它并不关注本构自主性（constitutive autonomy）的约束因素如何与感觉运动行为关联，所以它不能从实验的角度证明生成主义的这样一种观点：一个自主行动者如何能生成自己的认知域。如果具身－嵌入AI要实现这一目标，就需要调整自己的方法论。

三是主体间性交互作用维度。这一维度是感觉运动耦合维度的延伸和扩展。在生成主义看来，传统所关注的个体交互作用者的具身性维度，需要通过对它

---

① Froese T. On the role of AI in the ongoing paradigm shift within the cognitive sciences// Lungarella M，et al. 50 Years of AI，Springer-Verlag. Berlin：2007：63-75.

们之间交互作用过程的研究来得到补充。这样，意义建构的生成主义观点就可以将参与式意义建构（participatory sense-making）的形式延伸至社会认知领域。这反映出具身－嵌入 AI 的研究仍局限于低层次的认知领域。生成主义对社会交互作用领域的探究，将会为 AI 提供一些新的思路。

从上述分析来看，AI 对生成主义转向的影响，似乎没有对具身动力主义转向的影响那么大。相反，AI 的进一步发展（即生成 AI）在很大程度上倒是得益于生成主义的影响，因为生成主义关于自主能动性（autonomous agency）和意义建构的基于生物学的说明对 AI 产生了深刻影响。也可以说，AI 与生成主义之间是一种彼此互惠增益的关系，两者相互促进、相互发展。AI 要想对认知科学的生成主义范式转变产生重要影响，就必须处理它的方法论所面临的一系列挑战。也就是说，它需要将行为领域中的感觉运动交互作用，延伸至在生命系统中产生该行为领域的本构过程。

第三节　认知生成主义的认知科学根源

瓦雷拉等人宣称，认知生成主义旨在发起一场对认知科学基础的革命运动，而非传统框架范围内的改良。尽管认知主义作为传统认知科学的主导范式至今仍具有顽强的生命力，但它遭到了知觉认知研究取得的一些新进展的挑战。这引起了研究者们的普遍不满，他们试图寻求并发展出一些可替代的范式。历史地讲，认知科学内部经历了认知主义—联结主义—具身动力主义（生成主义）的范式转变。其中，生成主义范式最具革命性（反表征主义立场）和超越性（形成了以其为主导的生成认知科学）。从某种程度上讲，生成主义可以看作是传统认知科学的计算表征进路与具身和动力进路之间范式竞争的结果。下面，我们从认知科学内部，纵向分析生成主义产生的根源。

一、认知主义根源

众所周知，认知科学的出现常常与人工智能的诞生联系在一起。“人工智能”

这一术语在1956年召开的达特茅斯会议上首次被使用[①]。这次会议聚集了一大批将新兴数字计算机技术应用于众多不同学科（如心理学、数据处理、语言学、神经生物学和工程技术）中的研究者。那么，传统认知科学及其主导的认知主义（或计算表征主义）范式是在一种什么样的环境之下产生的呢？

20世纪50年代末，行为主义在心理学中发展到了顶峰。基于在方法论上对内省主义的质疑，行为主义声称：内省主义的研究数据除了内省者之外，没有谁能够观察到，也无法进行重复性检测，因而不符合常规自然科学的一般标准。所以，行为主义者主张把关于动物和人类的心理学研究严格限定在物理上可测量的行为中。一些研究者甚而激进地主张舍弃所有关于心智和心理的现象，因为它们不能被证明存在，因而不是科学研究的恰当对象。与此同时，心理主义语言的使用也颇令人大失所望。在这种情况下，人工智能领域中的研究者们提出了一个大胆的设想：我们是否可以在数字计算机的计算过程与人类心智的运作过程之间进行一种类比性研究？既然数字计算机实现了以前只能由人来完成的智能任务（如逻辑推理、数学计算、句法上字词的正确链接等），那么，如果我们可以找出机器完成这些智能任务背后的物理和功能运作机制，我们是否可以把它们用于描述人类的心智呢？计算机技术和人工智能所提供的术语和概念，无疑为当时解开人类心智的“黑箱”秘密提供了有效的工具和方法。

因此，顺理成章地，认知的科学，而非“恰当”行为的科学，就由这种作为人类心智的计算隐喻来定义。这一隐喻体现在众多的不同形式中，如物理符号系统假设（PSSH）、心的计算理论，或作为计算或信息加工的认知等。在对心智的跨学科研究中，它已然成为研究者们的一个共同信条。在这一信条的指导下，不同学科的专家展开了富有创新的协同研究：“认知心理学家和语言学家在经验上测量那些可以被模型化的数据；计算机科学家和AI研究者建立关于这种数据的、将输入和输出对应起来的计算模型，并进一步预测未测量到的输入－

① McCarthy J, Minsky M, Rochester N. A proposal for the dartmouth summer research project on artificial Intelligence. http://www-formal.stanford.edu/jmc/history/dartmouth.html [2014-11-10].

输出映射；脑科学家识别了实例化这些形式模型的神经回路和大脑区域；哲学家关注事物的心理方面，并把这些形式的和科学的结果与心智联系起来。”①

随着研究的广泛深入，认知科学第一次逐步形成并完善了自己的认知主义范式。即使时至今日，认知主义范式仍具有强大的生命和活力。认知主义主张，认知的本质是符号加工和表征计算，是一种中央控制的、去身的（disembodied）和去语境化的（decontextualized）推理与计划，具体体现为问题求解，它在物理符号系统假设中得到了明确阐明。相应地，心智被概念化为一台数字计算机，认知在根本上不同于自主行动者的具身行动（这种自主行动者处于自身环境的持续动力学中）。

然而，随着认知科学的飞速发展，心智的计算隐喻遭到了越来越多的质疑和挑战。它面临的一个核心问题是：人类的心智和大脑总是不那么相像于数字计算机。数字计算机只是一个根据句法规则把输入信息转换成输出信息的设备，它可以模拟人的那些本质上是句法的行为方面，但迄今这些方面只是人类的一个非常有限的部分。质言之，有限的数字计算机并不能完全解释人类心智的无限可能性。在过去的五十年里，以心智的计算隐喻为指导的认知科学越向前发展，就越面临这一瓶颈。罗德总结了由这一隐喻引发的一系列问题：“①人工智能中的框架问题——如何追踪那些在‘我’的行动影响下没有发生变化的事情？②搜索和机器学习中的信用赋值（credit assignment）问题——为了解决一个复杂问题，所采取的哪些步骤与获得行为方面的成功相关？③哲学中的符号接地问题（symbol grounding problem）——符号如何获得其意义？④神经科学中的捆绑问题——这些在大脑的不同渠道或部分中被处理的特征，如何一并形成一个关于世界的统一知觉？⑤形式语义学中的问题——‘我’如何在官能上获得语词的意义（这些语词依赖于其被表达的情境）？”②

罗德指出，上述所有问题的根源在于计算系统的分离性特征，即将符号表

---

① Rohde M. Enaction，Embodiment，Evolutionary Robotics：Simulation Models for a Post-Cognitivist Science of Mind. Atlantis Thinking Machines（1）. Paris：Atlantis Press，2010：11.

② Rohde M. Enaction，Embodiment，Evolutionary Robotics：Simulation Models for a Post-Cognitivist Science of Mind. Atlantis Thinking Machines（1），Paris：Atlantis Press，2010：11-12.

征单例与其意义分开的结果，计算机系统中局部的结构完成自己的任务，虽然运用了一些句法规则却不知道规则背后的意义。这在塞尔的“中文屋”思想实验论证中得到了很好的说明（中文屋思想实验勾勒了一个使用中文规则却不知其含义的中文解释者）。此外，计算隐喻的许多假设也成了众矢之的，如大脑和心智在功能上被严格模块化；输入信息是被动做句法分析而非主动搜索；存在一个外部的有待表征的对象世界；解释上的原子小人提供它所缺乏的意义。自反对行为主义强加给语言、思维和行动以约束以来，计算主义认知科学（尽管现在仍兴盛）已成为一种理智上的束缚，妨碍着对心智的科学研究和理解。生成进路认为，心智本质上是一种有意义的现象，它指出，“心智作为机器”隐喻的一个致命问题是：它虽然为描述那些本质上是句法的认知过程提供了语言，但它没有为谈论关于意义的语义学提供语言；它甚而剥夺了谈论行为或任何外在于行为主义黑箱的东西的语言，因为它预设了内在表征和符号操作，即对心智–机器的形式化描述都存在于那里，有待认识。为了解决认知主义所面临的这些尖锐问题，认知科学中涌现出了一些新的可替代的研究进路，如联结主义、具身动力主义，以及我们重点谈论的生成主义。下面，我们将细述这些进路，以便揭示出生成主义产生的一些内在根源。

二、联结主义根源

认知主义在20世纪80年代首先遭到了联结主义的挑战。联结主义试图克服认知主义的两个缺陷：一是通过并行处理增加效力；二是通过分布式运算获得较大的稳定性。在它看来，认知是一个简单组件网中的全局状态的涌现，它将人工神经网络看作心智的隐喻，强调平行分布式网络中的行为或构形的（configurational）涌现。但是，联结主义仍保留了认知主义的许多承诺。特别是，它仍坚持：认知本质上是一种存在于大脑中的信息加工形式，即为了解决一个给定的问题，将一系列的输入转换为一系列恰当的输出。概言之，“联结主义反对认知主义的地方在于计算和表征的本质（对认知主义者而言是符号的，对联结主义者而言是亚符号的)”[①]，而非计算主义本身。因此，联结主义仍未能摆脱表征计算主义的藩篱。

由于联结主义被看作是对基于逻辑的进路的明确挑战，且人工神经网络理论已然得到了充足发展，所以联结主义通常被看作老式AI的一个最重要的可替代建议。联结主义（或平行分布式处理，PDP）建议，把老式AI的数字计算机替换为“许多被称作单元的简单处理要素，每一个单元向其他单元发送兴奋性和抑制性信号”[②]。联结主义进路的一个突出特征是其“生理学特性”，它表明，人工神经网络是由神经科学激发的，援引了处理单元与生物神经元之间的类比。许多范式间的争论都集中于识别图灵机（基于逻辑的进路）和人工神经网络之间的差别。

然而，虽然人工神经网络理论提供了一些十分有用的形式工具（如学习算法及作为动力系统和数学函数的表征），并且在与理论神经科学的连接点上，它也产生了一些有助于理解大脑的生理学和动力学的模型，但是，为了理解心智、认知和行为，我们有必要研究何物进来和何物出去，以及在与世界的封闭交互作用环中究竟发生了什么，这种物理的行动者－环境交互作用如何与经验相关联。显然，人工神经网络理论在这一方面无能为力。另外，在生成视角看来，人工神经网络只能作为一种形式工具，而不能作为一种模型化范式（这种范式在生物学上较为似真）。具体而言，在其非动力形式（即前馈网络）中，它们只表征输入－输出映射，如同计算主义模型一样；在其动力形式（即循环网络）中，它们可以表征动力系统——然而，动力系统采取人工神经网络的形式而非任何微分式，这在解释上是不重要的。联结主义遭受着与计算主义范式相联系的大多数问题。的确，它只是计算范式的一个翻版。与认知主义不同的是，它把认知看作一种平行分布处理。

---

① Thompson E. Mind in Life：Biology，Phenomenology，and the Sciences of Mind. Cambridge：Harvard University Press，2007：10.

② McClelland J，Rumelhart D，Hinton G. The appeal of parallel distributed processing// Rumelhart D，McClelland J，the PDP Research Group. Parallel Distributed Processing. Cambridge：The MIT Press，1986：55.

三、具身动力主义根源

直到20世纪90年代，认知主义的核心教条才开始遭到具身动力主义的动摇。具身动力主义反对认知主义和联结主义将认知看作是去身的和抽象的心理表征的看法。它从认知研究的具身的和动力的进路出发，认为认识处于某个历史语境中，具身的和生命的认知是一个动力系统。它的两大理论基石是动力学系统（dynamical systems）和具身性。前者认为，认知本质上是时间性的，主张采用动力系统理论的工具和方法理解认知；后者认为，认知是“知道如何的技能（skillful know-how）在情景化和具身行动中的运用”，“认知的结构和过程涌现于反复出现的感觉运动模式，这些模式控制自主性和情景化的行动者的知觉及行动”[①]。在它看来，行动者的具身性由其知觉（perceiving）、认识（knowing）和行动（doing）构成[②]。计算假设应让位于动力学假设——认知行动者最好被理解为动力系统[③]。像联结主义一样，具身动力主义所关注的是自组织动力系统而非物理符号系统，但它进一步认为，认知是一种情境化活动。与联结主义不同，它把心智看作是具身动力系统，而不是头脑中的神经网络。

在实际应用中，具身动力主义集中体现在机器人学（robotics）和人工生命（artificial life）的研究领域中。传统的认知主义范式集中于研究何物进来（输入）和何物出去（输出），但不能说明出去的东西如何反过来影响进入的东西（即闭合的感觉运动环），以及其用作解释认知的相关性。而关于基于机器人学的行为和人工生命研究则假定：行为必须在行动者与其环境之间的封闭交互作用中被研究、被模型化和被综合。它们强调认知的具身性和情境性的重要性，同时强调这样一个事实：生命机体不同于数字计算机的一个重要方面是，它们充分利用与环境间封闭环交互作用的动力学。人工生命可以被看作一种直接反

---

① Thompson E. Mind in Life：Biology，Phenomenology，and the Sciences of Mind. Cambridge：Harvard University Press，2007：11.

② Thompson E，Varela F J. Radical embodiment：neural dynamics and consciousness. Trends in Cognitive Sciences，2001，5（10）：418-425.

③ van Gelder T. The dynamical hypothesis in cognitive science. Behavioral and Brain Sciences，1998（21）：615-665.

对老式AI的建议，它集中于解释“生命如其所是和生命可能是什么”而非“智能”（即逻辑的、理性的、与计算机相关的东西）。

生成主义是一种典型的具身动力主义，是具身动力主义发展的最新表现形式。它试图弥合神经生理过程与经验之间的鸿沟，前者以第三人称视角进行科学描述和分析，后者以第一人称视角进行解释和说明。它的日益发展和完善，促使认知科学发生了认知范式的生成转向。生成主义被看作一种非还原论的自然主义，强调具身经验的作用、认知者的自主性及其与世界间的共决定关系。随着对经典计算主义的日益不满，生成进路得到了越来越多的拥护。它作为一种非表征框架，从根本上反对计算表征的传统认知观点。在它看来，认知主义和联结主义的致命缺陷是忽略人类经验在认知中的作用。换句话说，它们都无视认知过程与身体环境或心智所嵌入的主体间性世界之间的关系。正如汤普森所认识到的，“认知主义将心智深深地嵌入脑袋中，而联结主义则提供了一个关于认知过程与环境之间关系的动力学看法……尽管这些有先进之处，联结主义系统并不包含任何与环境之间的感觉运动耦合”①。另外，它们都是去身的（disembodied）、无情境的抽象范式，僵硬地把自我客体化为一个嵌入心脑的认知实体或过程。在这两种范式中，“心智和世界被看作是相互分离和独立的，外部世界是由脑袋中的表征模型映照的”②。显然，认知行为与世界、认知者或有机体的身体之间的关系没有得到确切的说明和解释。所以，生成主义将研究的重点聚焦于经验的心智或现象的心智，提倡认知科学和现象学之间的沟通和对话，实现心智的科学研究和现象学研究之间的有效整合。

这三种研究范式的区别在于：①在认知的本质理解方面，认知主义强调符号加工和表征计算，认为认知就是对既定世界的心理表征；联结主义强调平行分布式网络中的行为或构形的（configurational）涌现，认为认知产生于一个神经元组件网络中某个活动的全局模式的涌现；而生成主义则强调发生于环境中

---

① Thompson E. Mind in Life：Biology，Phenomenology，and the Sciences of Mind. Cambridge：Harvard University Press，2007：9.

② Thompson E. Mind in Life：Biology，Phenomenology，and the Sciences of Mind. Cambridge：Harvard University Press，2007：10.

的持续性交互耦合作用，认为心智和世界就是在这个过程中生成和显现的。②在心智的隐喻性理解方面，认知主义将数字计算机作为心智的隐喻，把演绎推理作为智能的定式；联结主义将神经网络系统作为认知系统的隐喻，把模式识别作为智能的定式；而生成主义则将心智看作“存在于世界中的具身动力系统”，认为认知涌现于“大脑、身体和环境间持续感觉运动交互作用的非线性和循环因果关系”[①]，强调心智与经验和世界的不可分割性。③在世界与认知者的关系方面，认知主义与联结主义都认为世界是与认知者相分离的客观现实，所不同的是，前者认为对世界的表征是在物理符号中进行的，而后者认为是在网络激活的神经模式中进行的。与此相反，生成主义则认为世界与认知者不可分，世界是通过认知者的行动而生成的。④在心身关系问题方面，认知主义实质上坚持的是一种笛卡儿式的二元论，即认为心智与世界是彼此相隔离的；联结主义坚持的是一种副现象式的二元论，即心智通过涌现与身体和世界发生关系；生成主义则坚持对心身关系的现象学解释，即心与身是不可分的，心智和世界是基于认知系统与环境的交互耦合历史而生成的。

瓦雷拉等人还从认知科学的三个核心问题出发，对三个研究范式进行了比较和对比[②]。

> 什么是认知？认知主义认为认知是模仿数字计算机的、基于规则的符号操作，联结主义认为认知是某个简单组件网络中的全局状态的涌现，而生成主义则认为认知是生成，即一个生成世界和心智的结构耦合历史。
>
> 认知是如何运作的？认知主义认为认知通过任何能够支持和操作离散的函数要素（符号）的装置来运作，认知系统只与符号的形式（即其物理属性）而非其意义发生交互作用。联结主义认为认知通过个体运算规则和要素间联接性的变化规则来运作。而生成主义则认为认知通过一种多层次交互联接的网络和感觉运动子网络来运作。

① Thompson E. Mind in Life：Biology，Phenomenology，and the Sciences of Mind. Cambridge：Harvard University Press，2007：11.

② 瓦雷拉，汤普森，罗施. 具身心智：认知科学和人类经验. 李恒威，李恒熙，王球等译. 杭州：浙江大学出版社，2010：35，80，165.

我何以知道一个认知系统何时在充分地发挥作用？在认知主义看来，当一些符号恰当地表征了现实世界的某些方面，并且信息加工又导向对一个认知系统中给定问题的成功解决时，我就能知道这个系统在充分地发挥作用。联结主义认为，当我们看到那些涌现属性（以及因此而产生的结构）符合某种特定认知能力时，我就能知道这个认知系统在充分地发挥作用。而生成主义则认为，当一个认知系统成为一个持续存在的世界的一部分（正如每一个年轻的物种所做的那样），或当它塑造了一个新的世界时（正如在进化历史上出现的那样），我就能知道这个认知系统在充分地发挥作用。

通过以上比较分析，我们可以得出：认知科学从认知主义到联结主义再到生成主义的范式更替，是一个从抽象到具体的不断超越的过程。概言之，生成主义将认知的根基置于生命机体（living organism）与其环境结构耦合的感觉运动动力学（sensorimotor dynamics）中，从根本上突破了认知科学中盛行的关于信息加工和符号表征的各种形式主义；它以第一人称的"具身经验"为根本着眼点，重视对价值和意义理解的研究，弥补了传统认知科学在研究对象和方法论上的缺陷；它将认知的本质归结为"生成"（而不是表征和计算），既揭示了有机体与环境之间的结构耦合和共演化，又凸显了主体与世界之间的认识论的非独立性，即"我们所认知和经验的世界是与我们相关而存在的，这并不意味着一个自然世界的存在依赖于我们或取决于我们，这里的相关性是认识的相关性，而不是存在的相关性"①；此外，它还将认知能力（或智能）规定为"进入一个意义共享的世界的能力"②，而不是锁定在"问题解决的能力"上。

① 李恒威．生成认知：基本观念和主题．自然辩证法通讯，2009，(2)：28.
② 瓦雷拉，汤普森，罗施．具身心智：认知科学和人类经验．李恒威，李恒熙，王球等译，杭州：浙江大学出版社，2010：165.

第二章 认知生成主义的工作假设与核心论题

历史地看，生成视角最早出现于认知生态学中的心智生态学领域，它是在自创生理论基础上，整合现象学哲学和控制论方法而逐步发展起来的一条颇具前景的研究进路。这种新进路一经出现，就迅速在认知科学范围内波及开来。并且，围绕这一进路，日益形成了一个不断壮大和成熟的研究共同体，它涉及诸多学科（如生物学、现象学、人工生命、社会科学、机器人学和神经科学），拒斥主导传统认知科学的计算主义范式。本章主要由三部分构成：首先，阐述了生成认知科学的工作假设（即生命与心智的强连续性论题），以及其在认识论上面临的认知鸿沟问题，并就此提出了理论生物学和现象学的双向解决策略。其次，就生成认知科学中的一些核心论题进行了概略性说明。这些论题主要包括周遭世界（umwelt①）与具身性、自主性与认知变化、意识与第一人称认知、社会认知与主体间性等。最后，在分析生成认知科学的工作假设和核心论题的

① umwelt一词源自德语，据2009年版《牛津英汉大词典》的定义，它的字面含义等同于environment，但在生物学上是指“对栖居于其中的有机体产生影响的外在世界或现实”（第735页）。魏克斯库尔把它作为生物体所处的周围环境中，物质呈现的任何事物与此时和这些周围环境互动的生物体的认知构成之间形成的关系网络。海德格尔从现象学和解释学的视角将umwelt一词引入哲学领域，umwelt被刻画为一个意义充满的、此在能够使其自身意义化、世界能够真正世界化的世界，国内学者据此将其译为“周围世界”或“周遭世界”。在本书中，umwelt涵盖了以上生物学和哲学两种含义，我们采取“周遭世界”的译法。

基础上，进一步论述了生成主义作为认知纲领的理论可能性，揭示了它作为一种非表征框架的革命性意义（这正是它与传统认知主义的根本区别所在）。

第一节　认知生成主义的工作假设[①]

生命与心智的强连续性论题是生成认知科学的核心工作假设，它所面临的最大挑战是连续性论题中的认知鸿沟问题，因为我们不能设想那些适用于简单有机体的生物学原则，何以可能系统地用于解释最高层次的人类认知现象，因此，如何克服这一难题就成了生成认知科学的首要任务。在生成主义者看来，之所以会造成这一僵局，很大程度上是因为在当前认知科学中仍大行其道的方法论的个体主义，即普遍关注单独的个体行动者。因此，为了使连续性论题成为一种合理可行的工作假设，就必须充分考察社会性对心智和行为的本构作用。

为此，生成认知科学从作为其重要理论基石的理论生物学和现象学两大视角，重塑生命与心智的连续性论题，对其内在的认知鸿沟问题进行双向解决。我们将其概括为理论生物学策略和现象学策略，前者是一种自下而上的进路，重在阐述连续性论题的生物学基础，突出研究交互作用动力学借以开辟新的行为领域的特定方式，旨在发展一种基于理论生物学的连续性论题；后者是一种自上而下的进路，重在阐述连续性论题的现象学基础，突出考察现象学对主体间性的分析，旨在发展一种基于现象学的连续性论题。理论生物学视角表明，行动者间的交互作用可以拓展到甚至是最小行动者的行为域；现象学视角表明，成人所特有的认知态度，本质上是以主体间性的方式构成的。两者对行动者间交互作用的本构作用的考察一并表明：社会性是弥合连续性论题中认知鸿沟的一个关键要素。

一、生命与心智的连续性论题

生命与心智的连续性论题是认知科学具身转向中的一个重要表现，它旨在阐明生命与心智之间的深层连续性，即“生命与心智共有一组核心的形式或组

① 本节原载于《江苏社会科学》2014年第3期。收入本书后略有改动。

织属性，心智所特有的那些形式或组织属性是那些对生命而言是根本的属性的富化（enriched）形式”[①]。换言之，生命预示了心智，生命对心智而言是充分的，一切生命系统都至少是一种初始认知系统；同时，心智属于生命，生命对心智而言也是必要的，心智本质上是类生命的。生命与心智之间的这种强连续性得到了认知科学中具身动力进路的大力宣扬，因为如果连续性论题最终被证明是正确的，那么，具身动力主义的理论框架就不会限于说明低层次的适应性行为，它还可以被普遍地用于说明较高层次的人类认知现象。

随着认知科学发展的生成范式转向，生命与心智的连续性论题得到了充分发掘和完善，并一进步被提炼为生成认知科学的核心工作假设。基于理论生物学和现象学的生成认知科学，既关注作为个体能动性（agency）范例的单细胞机体，也关注作为濡化（enculturation）[②]范例的人类存在，因此，它对连续性论题的探究更为全面、具体和深入。一方面，在它看来，生命与心智之间的连续性不是某种还原形式的连续性，即那种将高层次的认知现象还原为低层次的生物现象的连续性，而更像是“一系列无限开放的自主动力学领域，这些领域部分是去耦的且在构成上通过多重相互依存性而相互关联”[③]。也就是说，它把这种多重相互依存性刻画为一种组织（或行为）的连续性，以此表明：社会交互作用过程由自主性个体的行为启动和约束，但同时，这些发生交互作用个体的行为能力也受这种自主交互作用过程的动力学启动和约束。

另一方面，它还以一种现象学的方式来考察生命与心智的连续性，试图发展一种基于现象学的连续性论题。这恰好契合了生命哲学家乔纳斯（Jonas）的这样一个现象学主张，即一些基本的用于理解人类体验的经验范畴，最终被证明可适用于生命本身：“人类在其自身中发现的那些重要矛盾（如自由与必然、自主性与必死性），即便是在生命的最原始形式中都有其基本痕迹，一个是存在

① Thompson E. Mind in Life：Biology，Phenomenology，and the Sciences of Mind. Cambridge：Harvard University Press，2007：ix.

② 濡化（enculturation）是社会学中与涵化（acculturation）相对的一个概念。前者指人们学习适应自己所在社会文化的社会化过程（本地文化），后者指人们学习适应新文化的社会规范和价值观的过程（外来文化）。

③ Froese T. Sociality and the Life-mind Continuity Thesis：A Study in Evolutionary Robotics. Brighton：University of Sussex，2009：36.

与非存在之间的不稳固的平衡，一个是被赋予一种‘超验性’的内在视域。”[①]

由此可以看出，生成认知科学所关注的焦点是生命现象，它把身体和心智统摄于生命现象之中。在此基础之上，它提倡一种激进的强连续性论题，既包括生物学意义上的，也包括现象学意义上的。因此，我们对生命现象的理解既要包括生物学和认知科学，也要包括有机体哲学和现象学。正如汤普森所明确指出的，通过生物学和现象学这两个维度，我们才能全面地把握和理解生命与心智的深层连续性论题，并进而将它作为关于生命和心智的一个统一性理论。[②]

综上所述，在生成认知科学框架内探究生命与心智的连续性论题，具有十分重要的意义。这主要表现在：一是它打破了长期以来在笛卡儿框架内解决心身问题的传统做法，为解决心身问题提供了新思路和新方向。生成认知科学将心智的计算机隐喻（认知主义）替换为对生命现象的关注，把身体和心智看作是作为统一整体的生命现象的两个方面，从生命现象本身来解决传统主客二分的心身问题。通过将生命现象置于其概念框架的核心位置，生成认知科学将心身问题转变为一种新的基于生物自主性原则和现象学的研究纲领。二是它借助自身强大的整合性和综合性框架，从理论生物学和现象学两大视角，对连续性论题进行有效的充实和提炼，从而使连续性论题成为一个可行的工作假设，进而有望成为认知科学的一个统一性理论。这为进一步发展认知科学，促进认知科学与生物学、现象学和心智科学之间的相互对话与启发提供了一个重要平台。

二、连续性论题所面临的问题

然而，在生成认知科学框架内发展这种激进的连续性论题面临着诸多问题和挑战。例如，克拉克就指出：“危险在于，强调统一性和相似性，可能会使我们看不到什么是特殊的和独特的。心智可能的确参与了生命中的许多动力过程。但我们如何看待那些根本上基于理性的过渡，以及对高级认知的那些缺席且抽

① Jonas H. The Phenomenon of Life：Toward a Philosophical Biology. Evanston：Northwestern University Press，1966：ix.

② Thompson E. Mind in Life：Biology，Phenomenology，and the Sciences of Mind. Cambridge：Harvard University Press，2007：149.

象的特征的把握？”[①]弗勒泽将这种担心解析为连续性论题的两个不同但相关联的问题，即能动性问题和可扩展性（scalability）问题。[②]能动性问题来自道德和科学方面的担心。克拉克认为，连续性论题可能会消除目的能动性的观点，除非把它与对如下特殊方式的识别结合在一起，即目标和知识在我们某些身体运动的来源中起作用的方式。然而，这种担心是多余的，因为生成进路不仅意识到了能动性问题，而且还试图从理论生物学的视角提供一种合理的说明（其核心概念是自创生、内在目的论、适应性和意义建构等）。

连续性论题的另一个重要问题是可扩展性问题，即说明生命和心智基本现象的解释框架是如何拓展至人类认知的高级领域的？也即生命的基本现象与成熟的人类存在所具有的高级认知功能之间存在着一条难以逾越的认知鸿沟。克拉克将这一认知鸿沟解读为：那些用于解决知觉和行动的基本问题的策略，与那些用于解决比较抽象或较高层次问题的策略之间有何关联？[③]换言之，说明低层次认知的生物学基础能否解释高层次的人类认知现象？生成认知科学要想使连续性论题作为自身的工作假设，就不能绕开这一认知鸿沟，必须对连续性论题的合理性和可行性进行严密的逻辑论证。

另外，需要指明的是，尽管弗勒泽将连续性论题中的问题拆解为能动性问题和可扩展性问题（即认知鸿沟），但这两个问题实质上可并合为一个问题，可扩展性问题（认知鸿沟的生命方面）已然涵盖了能动性问题。因此，连续性论题所面临的最大挑战是其内在的认知鸿沟如何弥合的问题。这成了摆在生成认知科学面前的第一要务。

德耶格和弗勒泽认为，之所以构造不出一个合理的连续性论题，或者说造成连续性论题中认知鸿沟的根本原因在于没有质疑传统认知科学中盛行的方法论的个体主义，即只关注个体能动性，并把一切社会现象（包括社会认知）还

① Clark A. Mindware：An Introduction to the Philosophy of Cognitive Science. Oxford：Oxford University Press，2001：118-119.

② Froese T，di Paolo E A. Sociality and the life-mind continuity thesis. Phenomenology and the Cognitive Sciences，2009，8（4）：441.

③ Clark A. Mindware：An Introduction to the Philosophy of Cognitive Science. Oxford：Oxford University Press，2001：135.

原为个体内在机制的理论和方法。它的核心主张是，社会现象必须通过表明“它们如何从个体行动中产生”来得到解释，而这些个体行动必须通过参照那些激发个体行动者的意向状态来得到解释。这揭示了传统认知科学中存在的一个根本假设：个体行动者是理解生命、心智、认知和行为，以及社会现象的正确的分析单元。这一根本假设使传统认知科学完全忽略了社会性在心智和行为中的本构作用。正是这一根本缺陷直接导致了连续性论题中的认知鸿沟。

然而，随着认知科学的发展，这一假设的有效性开始遭到其内部许多子学科的质疑。认知至少部分是由社会交互作用和文化语境构成的，这一断言已经得到了认知人类学、认知发展和社会心理学、交互作用研究，以及哲学和现象学研究的有力支持。例如，在理解社会认知方面，我们应将具身交互作用作为理解他心的基本机制，而非理论推断或移情模仿。另外，如果我们要想从根本上清除方法论的个体主义的阴影，就必须建立某种系统性的理论框架，并在这个框架体系中准确地确定：社会现象何以可能在个体行为的展开中发挥某种本构作用。在这方面，生成认知科学的社会认知研究，为我们充分理解交互作用在社会的、语言学的和文化的语境中如何发挥作用提供了一个范例。弗勒泽等人旗帜鲜明地指出，要想最大限度地克服连续性论题中认知鸿沟问题，就必须详细考察社会性在心智和认知中的本构作用。

在考察社会性的本构作用之前，我们必须首先明确如下几点。

首先，摒弃传统认知科学的内在论观点，采取关于认知的外在论立场，并结合延伸心智理论的洞见来探讨连续性论题。这是因为，外在论立场蕴含了连续性论题的这样一个本体论承诺：认知涌现于由大脑、身体和世界构成的系统整体的动力学。另外，我们可以借鉴延伸心智理论的洞见来补充说明连续性论题的合理性。例如，克拉克就将“高级认知刻画为根植于那些相同的、在线适应性反应的基本能力的运作之中，但被调整并适用于外在的或人造的认知辅助物的特殊领域中”[①]。通过揭示语言和技术的作用，克拉克将特定的人类认知与特

① Clark A. Mindware：An Introduction to the Philosophy of Cognitive Science. Oxford：Oxford University Press，2001：141.

定的人类能力及其文化语境关联在一起。这使得连续性论题的具身-嵌入说明变得更加合理。其次，重视行动者间交互作用的复杂性（自主动力学）对高级认知的塑造作用。德耶格和弗勒泽认为，这种交互作用的复杂性，已然在那些对较为基本的认知域的社会共构 (co-constitute) 中得到了预示。即便是行动者之间的简单交互作用也会导致某种由自主动力学刻画的交互作用过程，这种自主动力学通过调节交互作用者的行为来自我维持。在社会认知研究的生成进路中，这种自主交互作用过程的变换潜能被称作“参与式意义建构”。最后，重视现象学对主体间性的分析在连续性论题中的补充说明作用。主体间性现象学的一个核心洞见是，我们第一人称视角所特有的分离性反思和抽象推理能力，本质上都是以主体间性的方式构成的。这种主体间性的变换潜能有力地支持了连续性论题，因为它表明：使这些高级形式的认知成为可能的，不是任何专用的内在机制，而是我们与他者相互作用的特殊方式。

三、生成认知科学的解决策略

（一）生成认知科学的理论生物学策略

克拉克认为，“如果理解生命组织所需的基本概念最终是自组织、集体动力学、循环因果过程、自创生等，并且这些概念和观念最终被证明对科学理解心智而言是关键的，那么强连续性论题就是正确的”[①]。也就是说，对连续性论题合理性的论证，应该包括两个基本方面：一是阐明理解生命和心智基本现象的生物学原则（特别是关于自主性和意义建构的观点）；二是论证这些基本的生物学概念框架是否适用于解释较高层次的人类认知现象。我们从克拉克的这一主张出发，以自创生理论为基础来论证生命与心智之间的深层连续性。

1. 本构自主性作为生命体内在目的论的必要条件

为了系统说明生命的自主性组织，马图拉纳和瓦雷拉于 1973 年首次引入

① Clark A. Mindware：An Introduction to the Philosophy of Cognitive Science. Oxford：Oxford University Press，2001：118.

了作为生命最小组织的自创生概念。关于自创生，瓦雷拉给出的一个标准定义是[①]：

> 一个自创生系统（即最小生命组织）是指能持续产生规定它的组件的系统，与此同时，在时空中将此系统实现化为一个具体的统一体，从而使得生产组件的网络成为可能。更确切地讲：一个自创生系统被组织为（被规定为一个统一体）一个生产（合成和破坏）组件的过程网，这些组件：
>
> （1）持续地再生和实现产生它们的网络；
>
> （2）将系统构造为一个在它们存在的领域中可区别的统一体。

这表明：一个自主系统在生成自我身份的同时，也生成了它与其环境之间的关系域。这一关系域不是预先给定的，而是由该系统的组织和环境共同建立的。因此，我们可以说：任何一个合乎自创生标准的系统，在生成其身份的活动中，同时生成了它的可能交互作用域。换言之，一个自主系统在生成自己身份的同时，也生成了适应其环境的特殊条件。正是有机体与其环境之间关系的这种不对等性，部分构成了有机体对其环境的透视。对于生成认知科学而言，自创生现象不仅抓住了生命体自我身份的基本模式，而且还致力于从根本上探究生命存在如何生成自己的意义世界。

自创生理论指出了生命体的两种基本能力：一是在不稳固条件下生成自我身份的能力，二是适应性调整它的与这些条件相关的交互作用的能力。这进一步蕴含了：生命现象本身就具有某种形式的内在目的论，即维持自我身份的基本目的和创造或建构意义的目的。一方面，就有机体与其自我身份的关系而言，必然存在某种形式的内在目的论。这是因为，有机体构造自我身份的能力，凸显了其构造自身的目的性存在和目标指向性存在的能力。

但是，另一方面，正如乔纳斯所言，生命的不稳固的情境为有机体提供的，不仅仅是一种内在的目的性存在，它还使有机体必须保持并关注自身的存在。正是这种通过自生而生成某种不稳固身份的活动，同时启动了存在性价值的生

① Varela F J. Patterns of life：intertwining identity and cognition. Brain and Cognition，1997，34（1）：75.

成。[①]这体现了有机体的意义创造或意义建构的目的。而价值的生成总是发生在一个特定的语境中（这一语境包含了有机体与环境之间的关系）。因此，对于有机体而言，拥有一个世界首先意味着拥有它通过自己的同一性过程所生成的价值。换言之，有机体的世界首先是一个有意义的语境，这个语境与其实现自己身份的特殊方式相关。关于这方面的一个著名例子是："在蔗糖中没有任何食物意义，除了在如下情况中，即当细菌随着糖分梯度向上游动，并且它的代谢使用这一分子(the molecule)，以允许它的身份继续存在的方式。"[②]这很好地说明了有意义的行为何以蕴含了一个自主性身份。

总之，当我们说有机体是自主系统时，是指一个由这样一些过程构成的系统，这些过程在不稳固的条件下主动生成并维持其系统身份。正是系统身份的这种自我构成性，奠定了我们理解生命体内在目的论的基础。生命系统不只是目标指向的，因为它们是反馈系统；它们也是那些目标的来源，因为它们是自主系统。因此，自主性对于生命体的内在目的论而言是必要的。

2. 本构自主性和适应性作为意义建构的必要条件

所谓意义建构，是指自主行动者的一个有意义世界的生成过程，因而，行动者的一切行为就是从某种意义视角来对待它所遭遇的扰动。其中，意义不存在于那些属于环境的要素或行动者的内在动力学中。相反，意义根植于两者之间共同确立的、由交互作用动力学刻画的关系性领域。在这种关系性领域中，存在某种不对等性，因为这一领域的存在是由该系统的内源性活动（endogenous activity）持续生成的。而且，需要指明的是，这种关系性领域不是预先给定的，因为它依赖于自主系统自生的不稳固过程。另外，由于意义依赖于自主系统与其特定环境实现的特定模式之间的共决定，所以不同模式的结构耦合会产生不同形式的意义。从这些对意义建构的描述中，我们可以得出：自主性是意义建构的必要前提，没有自主性就不可能存在意义建构行为，自主性对意义建构而

① Jonas H. The Phenomenon of Life：Toward a Philosophical Biology. Evanston：Northwestern University Press，1966：126.

② Varela F J. Patterns of life：intertwining identity and cognition. Brain and Cognition，1997，34（1）：79.

言是必要的。

然而，对于意义建构而言，除了自主性以外，还存在另外一个要件，即自主系统的适应性。适应性概念暗示了系统对一定范围内的内在和外在扰动的容忍，即一种特殊的语境敏感的容忍（context-sensitive tolerance）。这种容忍包含主动监控扰动和对这些扰动倾向的补偿，而不仅仅是自平衡。在这种语境中，主动监控和补偿概念不仅指自生的不对等性，而且还指一种内在的操作差别（这种差别包括某些部分去耦的、专门的适应机制）。主动监控的作用体现在两个方面：一是使系统能够分辨那些积极和消极的倾向性，二是确保系统能根据内在的和调控的资源（补偿消极倾向所需要的）中的变化，来测量倾向性的种类和程度。但是，前者所体现的监控能力并不与自主系统的组织闭包相矛盾，因为后者已然蕴含了适当补偿的需求。换言之，自主系统没有任何通达独立环境（非关系性的）的特殊认知通道，它不能违背本构自主性的关系性本质。总之，像认知、行为和意义建构之类的关系性现象，不能从一个自主适应性系统的运作中分离开来，除非使它们在本质上是无意义的。而且，适应性中的自我监控和恰当调控作用，对于从有机体视角谈论不同种类的意义而言是十分必要的。正如迪保罗所指出的，“如果在当前的分析中，自创生足以产生一个自然目的，那么，适应性就反映了有机体评估需求和拓展通达目的的手段的能力（这种能力对有机体而言是必要的）”[①]。

综上所述，我们从理论生物学视角论证了生命与心智的深层连续性，深刻揭示了生成认知科学的生物学基础与连续性论题之间的关系。为了进一步说明生物学的系统进路与作为认知科学研究纲领的生成进路间的关系，弗勒泽调整了汤普森从生命到心智的五个步骤：“①生命 = 自创生（本构自主性）+ 适应性；②本构自主性蕴含了某种身份的涌现；③某种适应性身份的涌现蕴含了某个世界的涌现；④适应性身份和世界的涌现 = 意义建构；⑤意义建构 = 认知”[②]。正如

---

① di Paolo E A. Autopoiesis，adaptivity，teleology，agency. Phenomenology and the Cognitive Sciences，2005，4（4）：445.

② Froese T. Sociality and the Life-mind Continuity Thesis：A Study in Evolutionary Robotics. Brighton：University of Sussex，2009：56.

汤普森所言，这五个步骤预设了意向性（即初始心智）有其自然根源，因为意义涌现于有机体的动力的自组织感觉运动活动，而“认知是与意义和规则相关联的行为，这些意义和规则是系统本身在其自主性基础上生成的”①（汤普森甚至在细菌层次上谈论认知、自组织、意义建构和意向性）。因此，我们可以说，认知的“关涉性”（aboutness）并不在于某种假定的表征内容（这种内容与某个外在独立的实在相对应），而是关联于那种由有机体“在其与环境的持续遭遇中”的不稳固活动不断生成的意义。这样，通过阐明一种基于生物学的认知概念（这种认知概念赋予意义一种自然性，其中，意义是事物对有机体产生的），我们就能将生物学连接到主体性和现象学上。

（二）生成认知科学的现象学策略

生成认知科学论证连续性论题的另一个重要策略是以现象学的理论和方法为基础，旨在阐明主体间性现象学如何有助于更好地理解连续性论题。现象学主要关注人类存在的直接经验方面，它以其特有的视角揭示了传统认知科学中另一个普遍存在的假设，即方法论的物理主义：知觉的主要功能就是为知觉者提供关于世界物理属性的抽象信息（方法论的个体主义是从方法论的物理主义中引出来的）②。这种假设妨碍了对社会性的充分认识，因为它错误地把科学努力集中于“他心问题”：社会理解何以可能基于那些缺乏任何意义的物理事实。具体而言，我们从以下两个方面来展开。

1. 主体间性在知觉中的本构作用

关于知觉，主体间性现象学的一个核心洞见是：他者的存在在我们的知觉中发挥着某种本构作用。在生成主义看来，世界（即我们所体验的世界）是被生成的。它断言：知觉存在于知觉引导的行动中，知觉者无法通达那种预先给定的、独立于知觉者的对象世界；相反，知觉者总是被嵌入某种特定的感觉运

① Thompson E. Mind in Life：Biology，Phenomenology，and the Sciences of Mind. Cambridge：Harvard University Press，2007：159.

② Froese T，di Paolo E A. Sociality and the life-mind continuity thesis. Phenomenology and the Cognitive Sciences，2009，8（4）：439-463.

动环中，这种感觉运动环由知觉者和环境构成的系统整体的动力学来塑造。因此，通过对自身的感觉运动交互作用进行恰当调控，知觉者就能感知自身的周遭环境。

然而，就我们的直接体验而言，我们是如何将对象知觉为一个整体的？我们如何解释那些缺席现象的知觉呈现（perceptual presence）？这通常被描述为“知觉呈现”的问题，即我们对世界的知觉体验，如何在知觉中给予我们一种对象的呈现感觉，以及在知觉中明显再现的那些感觉属性？[①] 例如，桌子背后的那面墙是如何给予到“我”的体验中的？这面墙作为一种被构造的三维对象是如何呈现在“我”面前的？根据生成主义的知觉理论，“我”对桌子背后的这面墙的知觉，是通过“我”所具有的基本感觉运动技能（如“我”的眼睛的扫视，或者以某种方式移动“我”的头和身体）而构造出来的。但是，在现象学家看来，诉诸感觉运动的可企及性，并没有恰当地描述我们的知觉体验。所谓我们根据过去或未来的具身行动，构造了对象所缺席的侧面，这种看法必然诉诸某个时间上的分离，某个在我们知觉体验中没有被给予的方面。它无法解释：“我”当下是如何把这面墙感知为一个整体对象（不管被给予“我”的是哪一面），而不是感知为一组时间上分布的多重侧面的？正如加拉格尔（S.Gallagher）所言：“当我感知某个对象时，该对象的前面不是一个与过去或未来的背面相关的前面，而是由通过其指称一个与其并存的背面来决定的。在任何一个时间点上，这个对象被感知为具有并存的多重侧面。”[②]但是，既然我在某一时刻只能处于某一位置，那么，我们如何解释这种对并存侧面的知觉呈现呢？

在加拉格尔看来，通过与他者的交互作用，我们就能通达一个有意义的对象世界。环境中的对象，如一面墙首先在实际语境中呈现出意义，然后我们在这种实际语境中看到和模仿他者的行动。甚至在我们成熟的生命中，我们也发现：在一个共同的公共的环境总体中，墙被给予为“一面墙”。用现象学的术

① Thomas A. Perceptual presence and the productive imagination. Philosophical Topics，2009，37（1）：154.
② Gallagher S. Intersubjectivity in perception. Continental Philosophy Review，2008，41（2）：172.

语讲，我们个体存在的情境总是某种形式的“与他者的存在”。“我们与我们知觉到的对象之间的关系”与“我们与他者的关系”是持续而深刻地交织在一起（甚至是在成熟的生命中）的。这样，参与世界的能力（成人所特有的），既不是孤立获得的，也不是孤立表现的。正如胡塞尔在下面所讲的[①]：

> 在我面前（在体验中，主要是在知觉中）所呈现的任何一个客观事物，都具有一个统觉性的可能体验的视域，自我的或外部的。从本体上讲，我所具有的每一种显现从一开始就是“某种开放的、无终点的但明确实现了的可能显现的总体的”一部分，而属于这种显现的主体性就是开放主体间性。

这样，胡塞尔通过深化对对象知觉的现象学分析，从某种关于对象构造的个体主义理论，转向了对其他主体的本构作用的关注。确切地说，根据扎哈维（D.Zahavi）和加拉格尔的解释，为了说明这样一种对象的现象学——该对象超出当前我们关于它所具有的知觉侧面的范围，我们需要假设其他主体的可能性，这些主体可以潜在地同时感知其他侧面。我们甚至可以说，世界本身的超验性源自另一个世界的极端超验性。由此，我们可以看出，现象学的这种看法类似于生成进路中的关于自我－他者共决定的看法，尽管后者更倾向于以一种本质上交互的方式看待自我－世界－他者的关系，因为正是这个世界创造了与他者遭遇的事实可能性。

总之，正是参与主体间性交互作用的可能性，即开放主体间性，说明了整个对象的呈现。根据这种现象学说明，“我”之所以通过这面墙当前的部分侧面（这有时被称作“内在性中的超验性”），将房间内的这面墙体验为一个完整的呈现，是因为“我”可以参与到这种塑造“我”的体验感的主体间性交互作用中。对象被体验为是独立于我们而存在的，是因为我们共构了这样一种体验域：在这种体验域中，对象被锁定在一个意义共享的、包括另一个视角可能性的公共领域中。

① Zahavi D. Subjectivity and Selfhood：Investigating the First-Person Perspective. Cambridge：The MIT Press，2005：167.

2. 他者呈现在我们体验中的本构作用

根据主体间性现象学，正是开放主体间性共构（co-constitute）了人类所特有的发散性呈现（decentered presence），感觉运动对空间性的构造是这种呈现的必要而非充分条件。因此，诉诸他者的本构作用，并将此作为一种超越个体感觉运动知识之局限性的方式，就显得十分必要。

那么，他者是如何在我们的体验中被给予的？这种与他者的遭遇是如何影响我们对世界的透视的？或者说，我们是如何将他者（或其他主体）遭遇为他者的？基于方法论的物理主义的传统认知科学认为，对他者的有意义的表述本质上都是关于物理环境初始感知的次级属性。这遭到了现象学倾向的理论家的责难，因为这种看法与我们体验中被给予的东西不相符：我们无须介入推断或模仿就能将他者直接感知为另一个主体。另外，如果我们承认，体验一个客观世界意味着我们将其遭遇为一个与其他主体共享的存在，即世界被体验为我们共同的世界，那么，传统进路（由于它基于一个客观主义的假设）就预设了它所要解释的东西。那种试图将他者的呈现还原为物理事实的结合的努力注定是要失败的，因为作为那些事实的可能性条件已然包含了他者的呈现。概言之，如果不假定主体间性，就不能构造任何客体性。

当然，说他者在我们的体验中是被直接给予的，并不等于说我们有直接通达另一个人的体验的通道。他者呈现的一个定义性特征是其“他性”（otherness），舍此主体间性现象将在逻辑上讲不通。而且，他者的他性，对于说明主体间性在人类认知中的作用十分关键。另外，我们所体验的一切真实对象（包括自我和世界），都是通过某种与构造性主体相关的他者的超验性来刻画的。我们甚至可以在构造性主体自身中找到他性的结构。他者超验性的地方在于，他者以一种独特的方式必然避开了我们的把握。虽然对象也脱离了我们的把握，即对象必然只在被构造对象的那些从未被穷尽的侧面中被给予，但是，我们仍可以通过我们所精熟的感觉运动介入它们，并把它们的同一性看作一种理想的极点。

与此相反，由于他者作为自主性主体总是易于变化，所以避开了任何企图（在简单对象知觉形式中）把握其同一性的努力。因此，在与事物有关的超验性方面，真实事物将自身置于无止境的探究之中，它是不可穷尽的。同样，在我们遭遇其他主体的情况下，也是如此，但它表现为某种元超验性或二阶超验性：他者不仅将自身置于无止境的探究之中，而且还将自身置于对不同类型的无止境探究的无止境探究中。这样，只有当主体遭遇他者的二阶超验性时，我们才可以说该主体自我本具的范围（the sphere of ownness）被超越，指向一个共享的对象世界。甚至我们作为世界中的一个时空对象呈现于自己，也是一种受他者呈现调节的现象。总之，他者的可能的和现实的呈现，不仅影响着我们的能动性和意义建构，而且还对我们体验自我和世界起着塑造和构成性作用。我们在世界中的分离的和发散的呈现（作为科学态度的可能性条件），本质上是以主体间性的方式构成的。①

通过对主体间性和他者呈现的现象学考察，我们得出了一个重要结论：成熟人类所特有的分离性知觉态度，本质上是一种主体间性的和受社会调解的能力。也就是说，我们将对象经验为独立于我们当前所关注的视角，在构成上依赖于胡塞尔所讲的“开放主体间性”，即其他视角在世界中的潜在呈现。这进一步启发了我们观察其他主体如何在我们的体验中显现，以及他们的显现如何影响我们对世界的理解方式。这些现象学反思表明：客观主义的认知视角（分离的人类意义建构所特有的，即科学态度）是如何在构成上依赖于我们与他者的关系的。

生成认知科学的理论生物学和现象学两大视角，为我们探究连续性论题和克服其内在的认知鸿沟提供了富有启发性的思路和洞见。尽管这些尝试和努力尚未从根本上弥合连续性论题中的认知鸿沟，且它们自身的论证还有待进一步丰富和完善，但它们至少说明：社会性在生命和心智中发挥着某种本构作用，连续性论题是生成认知科学的一个切实可行的工作假设。连续性论题表明：源

---

① Froese T，di Paolo E A. Sociality and the life-mind continuity thesis. Phenomenology and the Cognitive Sciences，2009，8（4）：439-463.

自最小生命形式的组织原则，在现象学洞见的补充下，有助于我们以一种统一的方式理解这样一些过程——它们将个体的能动性和交互作用过程与人类的能动性和文化认知连接起来。基于连续性论题的生成纲领，将科学的和现象学的、理智的和实践的传统整合为一种连贯的框架，不仅有效解决了传统认知科学所面临的一些突出问题，而且还有望成为认知科学的一种统一性理论。事实上，这一颇具开创性的进路为我们如何把握生命、心智和社会性，以及如何感知自身、他者和世界，提供了系统的理论框架和概念体系。

第二节　认知生成主义的核心论题

与传统认知科学相比，生成认知科学更关注宽泛意义上的认知现象——从个体的生物细胞到多细胞机体种群的现象。瓦雷拉、汤普森和罗施致力于探究和发展一系列用于研究和理解第一人称认知（即意识）的方法。而且，认知的社会性方面也被越来越多学者所关注。就此而言，凯文·麦吉列出了生成认知科学的一些核心研究主题：①周遭世界（umwelt）与具身性和情境化行动；②自主性与认知变化和创造性；③无根基性与非对应性；④涌现性与自组织；⑤意识与第一人称认知；⑥社会认知与主体间性；⑦共生成（co-enaction）①。下面将主要围绕这些主题展开讨论。

在分析这些研究主题之前，我们需要就生成主义的一个主导性概念——“共生成”做出简要说明。客观主义科学试图寻找终极基础或终极原因，因此，它的许多假设和描述都与某种假定的绝对参考框架相关。相比而言，生成认知科学则反对任何形式的基础主义和相对主义框架，主张“认知者和所知、心智与世界通过相互规定或相依共生而彼此相关”②。“共生成”这一概念在生成认知科学的理论体系建构和具体问题研究方面发挥着关键作用，它强调生成视角的转向不是从某一绝对的参考框架到另一框架的简单转变，如从内在到外在、从个

① McGee K. Enactive cognitive science，part 1：History and research themes. Constructivist Foundations，2005，1（1）：26-32.

② 瓦雷拉，汤普森，罗施. 具身心智：认知科学和人类经验. 李恒威，李恒熙，王球等译. 杭州：浙江大学出版社，2010：121.

体到社会，或从物理学到语言学等，而是共规定（co-specification）和共决定（co-determination）的转向。也就是说，生成视角强调有机体与环境之间以多种形式展开的共决定和相互规定关系，有机体的世界不是预先给定的，而是在它与其环境之间的结构耦合史中生成的。例如，苏珊•欧亚玛（Susan Oyama）就认为，"'自然的'生物学意义上的人是被建构的，即他们不仅由自己和他人主动建构，而且也是持续发展过程中的产物和参与者"①。

另外，在生成进路看来，不同的认知现象都是以各种方式共起源（co-originate）、共产生、共规定、共决定、共适应、共约束、共演化和共涌现的。因此，社会和个体、心智和世界、微观和宏观等都是共出现的。纵观建构论的认知科学史，试图将相类似的东西表述为向上和向下的因果作用，循环的因果关系、反应或机制，互惠因果关系，共出现，或共涌现，相互的因果作用、决定、选择、循环性或产生等。例如，控制论就有一段很长的历史来处理循环因果性问题，以及观察者在这些系统中的作用问题（如二阶控制论）。

海德格尔也曾论证过关于客观的 / 主观的、物理的 / 社会的共生成的观点。然而，通过考虑关于进化论的不同视角，这一观点可能会得到更为清晰的说明。在传统的论述中，这是历史血统的适应性进化。根据这一观点，血统逐步适应某种不变的客观环境。最近的进化理论对此进行了修正，如范瓦伦（L.Von Valen）的"红皇后假说"（Red Queen hypothesis）。这一视角表明，通过类比路易斯•卡罗尔（Lewis Carroll）在《镜中奇遇记》（*Through the Looking Glass*）中所描述的不停奔跑的红皇后，这些血统适应于一个"移动的目标"，即环境本身也是变化的。一个更为激进的观点是，血统和环境都是变化着的，因为它们的变化导致了彼此的变化。换言之，有机体所处环境的进化，部分是由于这些有机体，部分是由于物质和能量的生物学转换，也就是说，有机体以不同的方式主动修正它们的环境。正如理查德•勒沃汀（Richard Lewontin）所言，"建构

① Oyama S. Evolution's Eye：A System's View of the Biology-Culture Divide. Durham：Duke University Press，2000：180.

论认为世界是变化的，是因为有机体是变化的”①。类似的共决定和共调节的例子也可以在生命科学中找到，从身体的自调节（自平衡）到全球范围内的大气调节。这些看法均与生成认知科学的共生成观念产生了共鸣。

此外，共生成这一概念强调作为世界的世界（worlds-as-worlds）和作为个体的个体（individuals-as-individuals）是被生成的，且这种生成并不局限于个体、社会结构、语言或世界。因此，生成进路所强调的从根本上不同于最近的认知主义研究，即认知主义提出可能的认知机制来应对知觉变化，这些知觉变化是个体通过自己行动来改变客观世界状态（或对客观世界的视角）的结果。

一、周遭世界与具身行动

“周遭世界”（umwelt）作为生成认知科学的核心概念，首先是由生物学家魏克斯库尔以这样一种方式使用的，即用于区分作为有机体的世界和可供选择的客观世界，“凡是主体所感知到的都构成了它的知觉世界，凡是它所做的都构成了他的效应世界（effector worlds），知觉世界和效应世界构成了一个封闭的单元，即周遭世界”②。这一概念强调行动者与其世界之间的融合，它深刻指出：认知行动者所寓居或体验的不是一个抽象定义的客观世界，而是一个特定的世界——它与行动者的物理具身性（感觉器官和效应器官）、个人历史、文化语境等密切相关。因此，我们可以看到，不同物种虽然居住在物理环境中的同一个区域，但从其生物学和行为的视角来看，每一个物种的周遭世界几乎完全不重叠。

“周遭世界”概念对生成认知科学理论建构的意义表现在如下四个方面：第一，它有力驳斥了认知客观主义（计算表征主义）的理论假设，即一个独立的认知行动者首先恢复一个独立自存世界的各个方面，然后使用一些独立于身体的普遍规则来对其进行理性推演。第二，它打破了以往科学家所固守的那种认

① Lewontin R. The Triple Helix：Gene，Organism，and Environment. Cambridge：Harvard University Press，2000：58.

② von Uexküll J. A stroll through the worlds of animals and men// Schiller C H. Instinctive Behavior：The Development of a Modern Concept. New York：International Universities Press，1957：6.

为生命适应于一个本质上是由化学、物理和岩石构成的被动环境的教条，使人们清醒地认识到生命实际上塑造和改变着它所适应的环境，但同时环境对其中变化、行动和发展着的生命体产生作用。有机体与环境之间存在着持续的循环交互作用，这一点已经得到了越来越多的科学家认可。第三，它与现象学的“在世之在”概念产生了强烈共鸣，促使生成进路的研究者转向现象学哲学传统，以寻求更有效的概念工具和方法。现象学哲学将“在世之在”作为最基本的分析单元，反对分离的主体和客体，认为存在与世界之间存在着相互渗透的关系。与此相类似的概念也出现在由不同研究者所提出的认知模型中，如库尔特·勒温（Kurt Lewin）的通过“生命域”（life field）来理解人类认知的模型，在这个认知模型中，“人和其环境必须被看作是一群相互依赖的要素”[①]。第四，它提出的一系列核心问题，为生成认知科学的具体研究指明了方向。这些问题有：生物学、个人历史和有机体的环境之间是如何相互规定的？它们如何共适应和共演化？相关的研究还包括生物现象，具体涉及生物细胞的结构耦合、细胞集、多细胞机体、有机体的种群。另外，关于作为“最优化”的自然选择的实在论解释，它也提出了一些严格的问题；它还对共适应的实在论形式提出了挑战。

“周遭世界”概念直接引出了生成认知科学中具身性和情景化行动这两个研究主题。正如存在客观主义形式的建构论，在认知主义（尤其是机器人学）中也有许多研究旨在论证具身性的重要性。这些提倡具身性的研究者聚焦于关于认知主义的抽象模型的根本问题：对一个独立的客观世界的假定，导致了关于这个世界的基础性符号如何处理的问题。他们的一种选择是发展一些具身模型，在这些具身模型中，感觉输入和运动输出在认知处理中发挥着重要作用。另一个选择是试图消除内在的调节机制，聚焦于直接知觉的模型或各种基于行为的进路（在这些进路中，环境作为其自我表征而起作用）。与此相反，生成进路对具身性的强调，不只是一个关于知觉和运动活动的物理主义断言。它所追问的是：世界（worlds）是如何被生成的？这些世界对个体而言是什么样子？它们如

① Lewin K. Behavior and development as a function of the total situation// Carmichael L. Manual of Child Psychology. New York：Wiley，1946：793.

何与具身性相关联？对于生成认知科学而言，关键的一点是，“周遭世界”是被生成的而非给定的、独立自存的和可直接通达的。

如前所述，“周遭世界”概念产生了许多作用，不只对于“认知存在是否或如何恢复世界”这种看法而言。从生成视角来看，认知活动就显得迥然不同，因为它强调情境化的认知活动。对认知活动的强调一直是认知的建构论模型的一个重点。最近，许多表述都倾向于强调情境化行动。这蕴含了从认知的抽象普遍（即使是主动的）模型到包含实际的即时处理和适应的模型的转向。研究者们已开始运用这样一些术语来描述情境化的认知活动，如海德格尔的“应手状态”（readiness-to-hand），查普曼（D. Chapman）的“即兴创作”（improvisation）等。在生成进路看来，情境化行动部分关注行动而非“被动接收”或“印记”，部分关注情境化处理而非普遍规则；但它所关注的不只是对客观存在的动力世界如何处理的问题，更关注这种情境化的活动如何参与生活世界的生成。正如苏珊·欧亚玛所言，“在任何一种简单的意义上，‘自然的’生物学意义上的人不是自我决定的，但他们改变和选择作用于自身的影响，通过注意和解释刺激物，通过寻求环境和伙伴，通过以不同的方式受各种因素的影响，通过引起他者的反应”[①]。

二、自主性与认知变化

在以认知主义为主导范式的传统认知科学中，自主性在很大程度上被看作一种幻觉或副现象，关于自主性问题的研究大都集中于受控制论传统激励的自主机器人和行动者的研究领域中。自主机器人学的主要研究目的是发展一种能够在“无人看管”的情况下工作的设备，其正是在这个意义上推进了早期控制论的技术发展。自主机器人学中自主性的含义是，发展一种能自我决定和行动的机器人。这一含义接近但不等同于我们日常所使用的自主性含义，即人类自主性，例如，当我们说期望孩子成长为具有自主性的成年人时所表达的意义。事实上，机器人学中的大多数研究并不致力于模型化类似于人类自主性的东西

① Oyama S. Evolution’s Eye：A system’s View of the Biology-Culture Divide. Durham：Duke University Press，2000：180-181.

（因为在他们看来，日常意义上的人类自主性在传统决定论的科学框架内是毫无意义的）。而这恰恰从反面说明：存在一些机器人不能被编程的条件，因此，各种技术必须被施行，以使机器人独立地适应、完成任务和生存。即便机器人学领域中的研究者抱有“机器人的实现需要摆脱设计者的意图”这样一个信念，他们所讲的自主性也绝不是严格意义上的人类自主性。

对比而言，生成认知科学的一个核心原则是：认知包含某种实质性的自主性，认知行动者既不会遭到先天 / 后天双重压力的冲击，也不会在这些压力的交叉点上消失。自主性体现在自主系统的意义生成之中，“自主系统与通过输入 / 输出关系来规定其与环境之耦合的系统形成鲜明对比……对于一个生命系统而言，这种或那种交互作用的意义不是从外部规定的，而是系统本身的组织和历史的结果”[①]。例如，皮亚杰就宣称：发展包含对感觉-知觉的逐步“摆脱”，并反复强调他的模型既非环境决定论的，亦非基因决定论的。进而言之，自主性问题引发了认知的变化和创造性问题。与传统认知科学所认为的变化和新奇都是幻觉的看法不同，生成认知科学的主张是：认知中的真正变化和创造性可以通过逻辑推理变得严密，不能简单地成为一种谈论局限性知识或可预测性（如混沌理论）的替代方式。

近来，机器人学领域中的一些研究也明显受到来自生成视角的自主性看法的影响。萨基（N. E. Sharkey）和泽马克在讨论“周遭世界”时就清晰地阐明了一种差别，即现在的机器人如何可能在物理上奠基于但不根植于其世界。如果使用一些新的诸如具身性这样的术语而不改变其认识论承诺，那么，认知科学就存在自欺的“所希求属性”的潜在危险。然而，他们并不总是很清楚这种生成的理解如何以及在何种程度上转化为实际的研究。

三、无根基性与非对应性

认识论的客观主义模型倾向于关注知识与真理相关的方面，即一些知识在

① 瓦雷拉，汤普森，罗施. 具身心智：认知科学和人类经验. 李恒威，李恒熙，王球等译. 杭州：浙江大学出版社，2010：126.

其所对应的真实东西中是否正确、我们如何确认这种对应性等。这直接影响到客观主义科学的许多主导性假设，因为客观主义科学试图确认客观物质实在的终极要素，或试图通过各种关于心灵与世界间的对应模型来理解认知。认知的这种对应模型倾向于强调知觉或概念层次上的认知。知觉层次上的问题是感觉-知觉如何恢复原始的感觉材料，但这势必会产生一个更深层次的问题——这些感觉材料如何转换成我们所体验的东西。概念层次上的问题是：脑袋中的这些概念如何对应于世界中的自然范畴。

而生成认知科学则认为，世界是由行动者与其环境的各种结构耦合史生成的，因而没有永恒固定的基质或基础，世界最终是无根基的。相应地，生成认知科学的认知模型和解释并不假定任何终极基础，被模型化的系统也不依赖于传统客观主义科学所讲的对应性，它坚持人类认知没有通达客观实在的任何通道的激进建构论观点。因此，那种认为信息预先存在于世界中的观点必须被坚决拒斥。认知行动者根据他们所谓的通道不能通达独立的实在，也不会在对这种实在的准确表征（或模型）上运作，而且他们实际上也不可能有这样一个通道。对此，生成认知科学提出了一个假定：尽管认知是受约束的和可变的，但它在很大程度上是暂时的。概念、范畴、心灵和世界有时是以我们很少注意的方式在变化，有时是以激进的重新定位的方式在变化。根据这种观点，理论和模型都不是暂时的，因为“我们关于真理还有许多东西要获知”，但那些产生关于我们世界的可变的规律的过程，也产生了一些我们所体验的挑战和矛盾（在我们的理论和体验中）。然而，值得注意的是，这种对绝对根基的拒斥很容易导致相对主义的论调。马克·约翰逊（Mark Johnson）指出了原因：“……这种对相对主义的恐惧被这样一个关于客体性之性质的错误假设预见到了，即或者我们具有绝对的基础，或者不存在任何种类的基础。”[①]

需要指明的是，对终极根基和对应性的摒弃，并不单单是基于对客观主义者所企图发现的终极物质基础的批判。这一点并不总是清晰的，因为一些批判

---

① Johnson M. The Body in the Mind：The Bodily Basis of Meaning，Imagination，and Reason. Chicago and London：The University of Chicago Press，1987：199-200.

终极物理基础的假设的理论家已然提出了可替代的终极基础，如社会、语言、活动、交互作用、意识或体验。生成认知科学并不主张用一种终极根基取代另一种根基，它反对任何形式的终极根基，主张转向生存力的模型和机制。

四、涌现性与自组织

传统科学倾向于探究线性因果模型，但随着统计力学和基于计算的进路的兴起，许多现象（如概率，并发性、涌现性等）得到了高度重视。涌现性的研究主要体现在两方面。一是在认知的客观主义进路中，对涌现系统的研究和模型化，通常关注复杂性结果是如何作为那些规定和运作着的简单原则的结果而涌现的，或者说，这些集中性结果是如何由分散的活动产生的。因此，在受系统理论影响的学科中，涌现性是指，高层次现象（作为副现象）可以涌现于低层次实体间的交互作用。二是在认知的激进建构论进路中，对涌现性的看法是：尽管宏观现象涌现于微观现象，但前者并不能完全还原为后者；宏观层次具有一些它所特有的特征和规律。换言之，宏观层次约束微观层次，或者宏观层次可能对微观层次具有因果效应。在生成进路中，认知被看作神经元（局部的）和认知主体（全局的）之间涌现的共决定作用。涌现性的这种看法似乎契合了现象学观点，即脱离所关注的特殊整体而去抽象地讨论“属性”是没有意义的。

生成认知科学对涌现性的这种看法也得了诸如结构论、格式塔心理学、一般系统论和新近的复杂性科学研究的响应，它们共有的一个核心主张是：考虑构成要素及其因果影响是不够的，我们还需考虑时间和空间的关系。因此，它们转向对“系统如何被组织”的问题进行分析和描述。对物理和化学系统而言，这可能包含各种各样的自动催化效应或协同效应；但对认知系统而言，它可能包含这些组织关系在时间推移中是如何保持或变化的。这种对涌现性的强调产生了一个重要结果，即除了这些基因展开、环境影响（选择）等的力量，还存在关于各种自组织模型和机制的实质性建议。

除此之外，生成认知科学还吸取了新近科学对涌现性的最新研究成果，即关于“共涌现性”（co-emergence）和“替换涌现性”（replacement emergence）

的研究。一方面，普列高津（I. Prigogine）的耗散系统研究表明：不存在任何基本的描述模式，每一层次上的描述都是由另一层次来蕴含的；我们需要多种相互连接的层次，每一层次都没有要求突出的权利①。同时，许多研究者和理论家试图论证新的还原论模型，并在此模型中解释某种层次的现象。例如，西伦（E. Thelen）和史密斯（L. B. Smith）在“解释的力量是过程动力学”片语中就表达了共涌现的视角，他们指出：解释的力量是同时考虑宏观和微观层次的。另一方面，关于多细胞机体的研究发现了“替换涌现性”现象。也就是说，构成身体的细胞总是被替换的，不仅连贯的和持续的身体涌现于这些动力部分，而且对整体性和连续性的体验/知觉也完全存在。例如，当我们观看一部电影的一系列帧时，这是关于连续性知觉的一个变化；但在认知替换的情形中，正是我们自己、我们的身体、飞逝的思维、印象与情绪生成和保持了统一及持续的自我。这些现象将生成进路指向关于意识和自我觉知的问题研究。

五、意识与第一人称认知

关于意识研究，20世纪的心理学既没有将意识作为某种外在于身体的心理现象（觉知）来研究，也没有将意识作为“第一人称体验”（如品尝一颗苹果的体验）来研究。心理学家倾向于把意识研究（包括内省方法的使用）看作是非科学的而予以摒弃，他们大都试图避免知觉对象（percepts）如何被转换成体验的问题。这一问题与研究者是否是实在论者无关，但它对实在论的研究更具挑战性。例如，在颜色知觉研究方面，实在论的研究假定某些客观的光信号被转换成现象体验的颜色。研究表明：那些试图通过客观的光属性、物质或生物机制来对颜色知觉和体验进行解释的努力都是成问题的。然而，我们应该看到，在心理学之外，现象学作为一种生活体验的哲学，对意识的理论和研究做出了实质性的贡献。现象学关于生活体验的研究启发并充实了生成进路对“周遭世界”的研究。

---

① Prigogine I，Stengers I. Order Out of Chaos：Man’s New Dialogue with Nature. New York：Bantam，1984：300.

相比而言，生成认知科学从一开始就将意识和人类经验纳入其研究范围，这也是它与传统认知科学的根本差别所在。但是，既然生成认知科学要将人类经验纳入其视野，就必须提出一些用于研究和认识人类经验的具体方法。瓦雷拉和汤普森等人提出了一些研究意识和第一人称经验的可能进路，即来自西方的欧陆现象学方法和来自东方的佛学静心修持方法，并指明当代西方认知科学可以从佛学认识论中获得启发性洞见。与此同时，意识研究的话题不仅引发了其本身的研究方法问题，而且还引发了认知科学的方法论问题。例如，激进建构论对观察者作用的凸显，指出客体性是一种观察可以在没有观察者的情况下做出的幻觉。的确，观察者的作用引发了许多富有挑战性的问题，这在量子力学中极为常见。因此，生成认知科学的一个重要任务就是揭示观察者在认知科学的方法中所可能蕴含的东西。

六、社会认知与主体间性

对社会认知的研究在很大程度上是由建构论传统中的一个争论激发的，即个体建构论与社会建构论之间的争论。这一争论围绕“社会源自个体还是个体和个体认知源自社会”问题形成了许多不同的假设。然而，颇令人费解的地方在于：双方似乎都认为他们纠正了对方过度的主观主义或客观主义倾向。具体而言，社会建构论批评以个体为导向的建构论提倡某种发生在“脑袋中”的认知模式，个体建构论似乎是某种接近于主观主义的理论。但另一方面，个体建构论认为社会建构论的社会与个体间的传递模型过于实在化了，“社会”似乎替代了“世界”（The world），个体有通达它的直接通道。

这一持续存在的争论凸显了生成认知科学独特的生成视角：个体和社会是被共生成的。这一视角不同程度地出现在社会认知的基本理论中。另外，对生成科学而言，社会建构论至少有两方面值得强调，即内在化和优先性（precedence）。在莱夫（J. Lave）和温格（E. Wenger）看来，“内在化”是许多解释模型（如传递模型和关系模型）的来源。例如，米德（Mead）就认为个体通过吸收社会的东西而成为个体，具体途径是通过社交动作（social gestures）和一种在很大程度上是实在论的知觉模型来实行。但同时，他似乎也表达了与生成认知科学相一致的观点："任何一个个体都不具有一个只在其自身中运作的心智，即脱离其所涌现的社会生命过程而运作的心智。"[①]甚至一些当代的社会建构论者也表达了一些可以在宽泛意义上解释为生成的观点，如一种激进的社会建构要求悬搁关于"心理功能的、唯物论的形而上学和宏观社会制度的存在"的假设。

然而，绝大多数社会建构论者的一个共识是：社会是首要的，个体源于社会，"意识涌现于这种社会行为；意识非但不是社会行为的先决条件，社会行为反而是它的先决条件","社会先行于个人"[②]。相反，生成认知科学却并不厚此薄彼。莱夫和温格在其对情境化行动的解释中就很好地表述了这一点，情境化行动"消解了沉思与参与、抽象与体验之间的二分法：个人、行动和世界都暗含于所有的思维、言语、认识和学习当中"[③]。在生成认知科学看来，作为个体的个体通过社会而出现，反之亦然。对比社会建构论的非激进形式和激进形式，有助于我们理解这一点。前者认为，人类社会是婴儿出生的主要环境，儿童的世界在很大程度上是社会的，主动的认知建构正是发生在这种社会世界中。后者强调个体和社会的共生成，人类的意识和语言只出现于社会层面上的共生成中。

主体间性问题与社会认知密切相关。主体间性是指我们是如何知道他人心智中的思想和情感的，它对认为心智内在于脑袋中的认知主义提出了一个理论挑战：这些模型如何说明对他人心智内容的认识和把握？事实上，已经有许多研究表明：人类的认识和行动方式，依赖于他们对他人如何思考、感觉等的认识。对主体间性的研究通常是心理或社会层面上的，但也有一些研究试图勾画来自生物学的解释。因此，尽管自创生理论的基本分析单元是个体（生物细胞），但对于每一种个体（从单细胞机体到无脊椎动物和人类）而言，团体 / 社会是必要的（当然，不同的结构参与到不同形式的社会 / 个体动力学的共生成中）。意识模型和人类特殊的语言形式与社会是深刻交织在一起的。如果没有这

① Mead G H. Mind，Self，and Society. Chicago：University of Chicago Press，1934：222.

② Ibid，18.

③ Lave J，Wenger E. Situated Learning：Legitimate Peripheral Participation. New York：Cambridge University Press，1991：52.

种社会的共生成，人类对意识的意识就显得不可能。总之，生成视角所表述的主体间性是复杂且微妙的，但重要的是，他者的心智和与该个体一并出现的世界、社会等都不是分离及独立的。主体间性自然地出现于共生成中，人与人间的交互作用都是以相互依赖的方式被定义、体验和实现的。

第三节　认知生成主义作为认知纲领[①]

一、生成主义作为认知生态学纲领

认知生态学诞生于20世纪90年代中后期。它将生物学领域的生态学和进化论整合并纳入认知研究中，是认知科学中一门新兴的综合性和交叉性学科。它关注的核心问题是：外在于大脑的生态要素如何与大脑的神经过程发生关系。它奉行语境论方法，主张在“语境”中研究认知现象，这里的语境“不是指一组固定的环境条件，而是指一种更加宽泛的动力过程，个体认知不过是这种动力过程的一部分”[②]。总体上讲，认知生态学将认知研究指向认知生态系统（cognitive ecosystem）中诸要素间的相互依存之网，将认知视作一种生物现象而不是一种逻辑运算过程，使认知科学的分析单元（研究对象）从由系统要素之内在属性规定的单元转变为由系统要素间关联的动力学模式规定的单元，试图从共时性和历时性两个维度探究认知现象：前者揭示认知生态学诸要素间的功能关系，后者揭示认知系统的演化规律。

哈钦斯（E. Hutchins）认为，认知科学在过去三十年里至少有三个领域采取了生态学进路：吉布森（J. Gibson）的生态心理学，贝特森的心智生态学和维果茨基的文化历史活动理论（cultural-historical activity theory，CHAT）[③]。这些思想在现代关于具身认知（embodied cognition）、情境认知（situated cognition）和分布式认知（distributed cognition）的论述中都占有一席之地。

---

① 本节原载于《学术研究》2015年第2期。收入本书有所改动。.

② Hutchins E. Cognition in the Wild. Cambridge：The MIT Press，1995：354.

③ Hutchins E. Cognitive ecology. Topics in Cognitive Science，2010，(4)：705-715.

生态心理学拒斥心理学研究的信息加工方法，主张在生态语境中研究心理过程。吉布森在其1986年出版的《视知觉的生态学研究》中指出，心理过程只能通过动物与其环境之间的动态耦合（dynamic coupling）来研究，提出了知觉是行动的一种形式的洞见，并认为，我们的知觉系统在那些提供一系列有限不变量集的环境中演化和适应。同时，生态心理学还与认知的动力学系统研究相结合，形成了一种彼此有益的互惠关系。心智生态学中最具影响力的研究是由生物学家和哲学家马图拉纳及瓦雷拉提出的生成进路。他们于1973年提出了著名的自创生理论，描述了有机体通过与其环境间的结构耦合来保持自我的自组织过程。基于自创生概念的生成进路整合了现象学哲学和控制论方法，致力于对循环因果性（而非线性因果性）、自组织，以及有机体与环境间的结构耦合的研究。它的一个核心观点是，环境不是预先给定的，而是有机体自身的活动创造的。CHAT研究进路特别强调文化和历史在人类思维形成、发展和塑造中的作用。在它看来，"世界"（在"大脑－身体－世界"系统中）是由文化建构的社会情境和物质情境构成的，人类大脑与人类文化是共同演化的。心智的分析单元一定是文化的/认知的生态系统。

上述三个进路共有的一个显著特点是：它们都反对认知科学中占主导地位的认知主义。其中，心智生态学领域中的生成进路在当代发展尤为迅猛，它所孕育并渐趋成熟的生成主义范式（enactivist paradigm）已成为当代认知科学研究的一个新取向，大有涵盖其他领域，进而成为认知生态学乃至整个认知科学的研究纲领之势。事实上，认知生态学的三大主要领域都不同程度地奉行生成主义纲领，都以自己特有的研究视角遵循着生成主义原则。无论是生态心理学所强调的生态语境，还是CHAT所强调的文化和历史语境，都不是抽象地、孤立地研究认知，而是将认知置于具体且丰富的多元语境中。生态心理学中的"'知觉是行动"'有机体与环境间的动态耦合"'瑞根（Regan）和阿尔瓦·诺埃关于视觉经验的感觉运动理论"，以及CHAT中"认知在文化和历史中演化"等观点，无不是生成主义的典型观点。

概言之，生成主义作为一种"心智理论"，旨在将经验和意识置于认知科学的显著位置。它把生命认知系统的属性视作一个连续统（continuum）的构成部分，提倡一种探究这一维度的不同阶段的科学纲领。生成主义是一种非还原论的自然主义，从根本上反对认识论的二元论。在它看来，某一具身实体（embodied entity）以由其生理机能决定的精确方式与周遭环境发生着交互作用，"自我"（self）就是作为这种交互作用过程的一部分而产生的，个体被看作是它与世界交互作用的产物。"自我"并不表征世界，但它通过与周遭环境交互作用的独特方式来产生世界。因此，从生成视角看，认知是系统间不断演化的交互作用，是一种人类的、社会的和生物的现象。

二、生成主义作为认知纲领的特征与要件

生成主义作为一种认知研究纲领，首先是由瓦雷拉等人在《具身心智：认知科学和人类经验》（1991 年）中提出并详细阐明的，并在斯图尔特等人编著的《生成：迈向认知科学的新范式》（2010 年）一书中得到了进一步的实际运用和完善。那么，生成主义作为认知科学中的一种新兴的认知研究纲领是如何可行的呢？具体而言，我们可以把这个问题分解为两个子问题：生成主义与传统认知研究进路相比具有哪些鲜明的特征？生成主义是否具备了作为认知科学研究范式的条件？

首先，生成主义与传统范式相比具有如下三个特征。①

一是人类经验性（human experience）。将人类经验纳入认知科学研究视野是瓦雷拉的一大创举和贡献。在他看来，生成主义主要探究第一人称的生活经验（lived experience）与第三人称的自然科学之间的关系。生成主义的这一特征使其明显区别于其他相关的思想流派，尤其是吉布森的生态心理学（尽管它与生成视角相容，但明显避开了第一人称维度）。而根植于第一人称经验的现象学却通常不考虑第三人称的自然科学。为了避免这种困境，生成主义试图整合第一人称和第三人称研究进路，并提出这样一个问题：一个经验性主体

① Stewart J，Gapenne O，di Paolo E A. Enaction：Toward a New Paradigm for Cognitive Science. Cambridge：The MIT Press，2010：xiii-xvi.

（experiencing subject）是如何显现于一个外在观察者的？当然，生成主义现在还未能彻底地解决这一问题，但它的这种诉求使得沟通第一人称和第三人称描述成为认知科学中一个无法回避的问题。

二是跨学科清晰性（interdisciplinary articulation）。生成主义纲领的一个根本任务就是为阐明认知科学中不同领域和不同学科之间的关系提供一个综合框架，即在保持不同研究进路的自主性和正当性的前提下，构建一个关于认知是如何进化和发展的解释学循环。在生成主义框架内，这些学科主要涉及心理学、语言学和神经科学，这些领域基本上涵盖了物理化学的耗散结构、基本的生命代谢、自创生、人类文化和历史意识等方面。例如，近几年关于社会认知（social cognition）的一个争论焦点是：如何阐明个体间二维或三维交互作用的微观过程，与社会结构和人类社会整体的宏观现象之间的关系，即如何有效沟通或说明社会认知研究的宏观进路和微观进路之间的关系。在众多解决方案中，吉登斯（Giddens）的解决办法最富有成效。在他看来，这两种研究进路应被看作互补而非敌对关系。一方面，宏观的社会结构由个体的行动和交互作用不断生成，并借此在历史中不断演变；另一方面，已然存在的社会结构从根本上规定了每一个新生代个体的发展和社会化过程的条件。

三是自反性（reflexivity）。生成主义纲领如果是彻底的，那么，它就不能回避自反性问题（即适用于自身的问题），因为认知科学家的活动本身也是一种认知形式。换句话说，生成主义是否适用于解释和阐明认知科学家自身的活动？哲学史上著名的罗素悖论让我们十分警惕自反性问题的危险性，因为它很容易引出自相矛盾的结论。经验和事实告诉我们，在作为第三人称的外部观察者所感知到的东西与作为第一人称的当事人所感知到的东西之间存在着显著差别，所以，当我们将生成主义纲领运用于认知科学家自身时，我们将面临引出自相矛盾的危险，面临着试图去做操作闭包原则认为是不可能的事情的危险。为了避免这一困境，生成主义采取的策略是，在第一人称经验与第三人称科学方法之间搭建一个解释学循环。正如斯图尔特所描述的，我们从生命的基本形式出发，经历生命发生在地球上的一切日趋复杂的形式，最后以生物学家研究生命的基本形式结束。这似乎是一条原始返终的莫比乌斯带。我们从起点出发，转了一圈又返回了原点，认知科学研究的对象（认知活动）变成了认知科学探寻的主体（认知科学家）。如此看来，认知科学研究本身就是一种认知活动，认知科学适用于其自身。

其次，生成主义具备作为认知范式的两个要件。如何有效解决心身问题和如何实现跨学科阐明问题，是生成主义成为认知科学范式必须解决的两个基本问题[①]。心身问题作为心灵哲学中的一个古老问题由来已久，但到目前为止，仍未能得到令人满意的解决。无论是笛卡儿的二元论，还是唯心主义或唯物主义的一元论，都经不住深层次的推敲和质疑。生成主义或许能为我们提供一个新颖的理论视角和洞见。它将心身问题界定为：一个物质状态何以可能成为一个精神状态？它从生物进化论和自创生理论出发，将一切认知现象归结为生命机体的本质特征。于是，心身问题转变成了：一个物质过程何以可能成为一个生命过程（living process）？根据自创生理论，生命机体不是一个具体的“物件”（thing），而是一个具有无限自生（self-engendering）属性的“过程”。也就是说，生命机体首先是一个自创生系统。根据布尔吉纳（P. Bourgine）和斯图尔特对认知系统的定义，生命机体本质上也是一个认知系统。因为在他们看来，一个系统是“认知的”，当且仅当它产生自己的行动，并且感觉反馈以某种特定方式引导其行动以维持它的自创生和存在[②]。因此，生命机体具有最小认知（minimal cognition），即发生于生命机体与其环境之间的感觉运动环（sensorimotor loop）具有最低层次的认知性。

但是，这种感觉运动环是如何表现出认知特性的呢？我们知道，有机体与环境之间存在着丰富的感觉运动耦合作用。一方面，有机体的感觉输入是由其所处的环境给予的，其作用是以某种特定方式引导有机体的行动，以便维持有机体的自创生。这种行为方式是一种直接体现在行动中的“知道如何”（knowing

① Stewart J. Foundational issues in enaction as a paradigm for cognitive science：From the origin of life to consciousness and writing// Stewart J，Gapenne O，di Paolo E A. Enaction：Toward a New Paradigm for Cognitive Science. Cambridge：The MIT Press，2010：1-5.

② Bourgine P，Stewart J. Autopoiesis and cognition. Artificial Life，2004，(10)：327-345.

how）的知识。生成主义认为，这种知识比符号知识更为基本且更具一般性。另一方面，有机体在感觉输入引导下的行动修正了其所处的环境及其与环境之间的关系，进而反过来修正了其感觉输入。这两个部分一起构成了一个感觉运动环，同时，形成了一个构成认知基础的动力学系统。感觉运动环的认知特性表明：世界对于有机体而言是个什么样子，意味着世界是其感觉输入引导下的行动的结果；而感觉输入反过来又依赖于可能行动的范围。换言之，没有行动就没有所谓的"世界"和知觉。每一个生命有机体生成了它所存在的世界。这在本体论上得出了一个重要结论，即"实在"不是预先给定的，而是有机体与其环境共同构筑的。基于上述分析，我们可以得出，"认知"和"生命"从根本上讲是同一种现象，生成主义以其特有的方式基本解决了心身问题。

在如何实现跨学科阐明的问题方面，生成主义采取了一个方法论原则，即遵循生命形式诞生的自然过程。由于认知现象本质上就是生命现象，所以我们可以透过探寻生命形式的历史演化规律来窥视认知形式的发展和演变过程。从某种程度上讲，生命演化史就是认知演化史。围绕认知（或生命）如何演化这一核心主题，我们就可以动用认知科学中所有相关的学科和领域来达到跨学科阐明的目的。例如，生成主义范式通过审查和探究那些连接动物世界和人类世界的人化过程，就能非常自然地将许多社会人文科学（尤其是人类学）纳入自己的解释框架。这充分显示了生成主义框架的优越的整合性和解释性。

三、生成主义作为一种反表征框架

生成主义作为认知科学的一种革命而非改良的范式，主要表现在它对传统表征主义和功能主义的拒斥方面。根据瓦雷拉等人的看法，生成主义最初是一种具身认知模型，而具身认知概念已然明确提出了一种介于客观表征主义和主观建构论之间的中间道路。因此，生成主义持一种反表征主义立场，它断言，传统计算表征主义独霸天下的局面将一去不复返。然而，这一破除表征主义的看法一经提出就立刻遭到一些批评者（如丹尼特）的责难和反对，尽管他们不得不承认生成主义确实指出了传统认知范式的一些问题和要害。在他们看来，生成主义的一个致命缺陷是不能说明传统认知科学中的“高层次认知（特别是人类认知）领域”，它在处理这方面的问题时必然会重新回到或再次诉诸心理表征概念，因此，所谓的生成进路不过是昙花一现，它只能是对正统认知框架的延伸而非革命。

然而，随着生成进路的一些实质性进展，那些批评者恐怕要失望了，因为它的一些核心观点得到了越来越多的证据支持，特别是得到了知觉领域中一些新进展的强有力支持。这些新进展对现行主导的客观表征主义提出了严重挑战，激励了认知科学家试图寻求取代认知表征主义的新范式和新进路。以颜色知觉研究为例，瓦雷拉和莱考夫（G. Lakoff）指出：在世界中，颜色不是一种客观存在于“那里”的性质，即它不是一种独立于观察者的、物自体中的客观性质。相反，它是一种特殊的体验域，通过我们的颜色视锥细胞、神经回路、具身的结构耦合史（即我们在时间上的特殊进化轨迹和与环境间的共决定关系）、客体的反射特性和电磁辐射之间的交互作用而涌现出来。概言之，它不是预先给定的，也不是表征出来的，而是被体验或生成的。因而，从根本上讲，生成范式特别强调“心智与我们的主体体验性存在、我们的生物具身性（biological embodiment）和在社会－文化世界中的情境性密不可分”①。

然而，生成范式也拒斥极端的主观建构论，即认为实在全然是由观察者的主体性产生的，或者说，实在是由预先给定的内部世界所投射出来的。生成主义则认为，颜色不是独立于我们周遭的生物和文化的世界而内在于“这里”的性质，颜色范畴属于我们共有的生物的和文化的世界。总之，无论是客观主义还是主观建构论，都将表征作为自己的核心概念，前者将之用于恢复外部世界，后者将之用于投射内部世界，而生成主义则明确拒绝使用表征概念，将认知视作具身行动而非恢复或投射，提倡一种处于这两个极端的中间道路②。另外，在具体的实验研究领域中，生成进路还得到了布鲁克斯的基于行为的机器人学研

① Froese T. Breathing new life into cognitive science. Philosophical-Interdisciplinary Vanguard，2011，2（1）：114.

② 瓦雷拉，汤普森，罗施．具身心智：认知科学和人类经验．李恒威，李恒熙，王球等译．杭州：浙江大学出版社，2010：139.

究的支撑，因为他明确摒弃内在表征概念而强调具身性和情境性的作用[①]。为此，瓦雷拉把布鲁克斯的研究视作一种以完全的生成进路来研究 AI 的范例。继瓦雷拉提出生成进路 20 年之后，随着《生成：迈向认知科学的新范式》（2010 年）一书的出版，生成进路已然被提到了传统认知科学研究的日程中。这一标志性事件表明：批评者们所认为的不诉诸心理表征就不能解决高层次认知的看法是错误的，生成进路事实上为我们开辟了一个全新的人类认知研究领域，而这是传统认知科学所不具备的。

那么，生成进路缘何拒斥传统的计算表征主义呢？或者说，它指出了传统认知框架中的哪些不可克服的问题？它如何回应高层次认知问题的挑战（即如何从适应性行为拓展至人类认知）？下面，我们将针对这两个问题逐一展开讨论。

在生成主义看来，传统认知科学的根本问题在于：它虚构了一个内在隐藏的、被称作“认知无意识”的心理领域。然而，正是这一虚构的心理领域导致了对抽象的计算构架的无止境猜想，因此，它无法给出关于生命和心智的更深刻、更丰富的洞见。换言之，它没有将具身的和情境化的社会 - 文化过程考虑在内。通过这些过程，我们能生成像表征一样的物质模式。或者说，只有满足了这些表征的可能性条件，认知主义的核心观点（即大脑内部存在一些运行的表征）才会具有一定的似真性。生成主义指出，计算表征主义的实质是一种内在隐藏的、非生物学和非现象学的抽象认知构架。如果我们在生物学和现象学之间展开有益的交流和对话，就可以避免出现这种局面。在它看来，传统认知科学在人类认知方面存在如下三个问题。

一是它关于认知的假设经不起检验。传统认知科学将人类认知看作“一个发生于知觉之后和行动之前的独立的中间阶段”，“尽管认知在实施细节方面因物种不同而不同，但一切有机体的知觉和行动被认为本质上具有相同的功能。行动只执行预定的序列（preplanned sequences），而知觉则为认知提供关于环境

① Brooks R A. Intelligence without representation. Artificial Intelligence，1991，47（1-3）：139-160.

的抽象表征，即一系列的事实”[①]。从中可以看出，尽管传统认知科学可以在计算表征框架内很好地说明认知的运作机制，但它无法解释这种认知结构是如何产生的；同时，它也无法确切说明知觉与行动间的关系，因为它简单地把二者看作两个相分离的程序。而生成主义则认为，我们不能抽象地把认知看作某种独立的中间阶段，知觉、行动和认知之间不是程序性的步骤关系，而是复杂的循环交互作用关系：知觉存在于由知觉引导的行动中，行动反过来影响和修正知觉，而行动者的认知结构就涌现于这种循环的感觉运动模式（正是这些模式使得行动能够被知觉引导）。

二是它对知觉体验的物理主义刻画容易产生诸多混淆。传统认知框架对知觉体验的描述大都通过物理学的基本概念来进行，它认为，知觉的主要功能在于为知觉者提供抽象的物理信息，因此，知觉世界被看成了一个毫无意义的贫乏的物理空间。尽管它揭示了成人（濡化的人类存在）所具有的客体化能力，即娴熟地采取某种分离姿态和抽象化其直接体验，但将这种客体化的能力概括为知觉的主要功能则被误导了。它错解了非人类的有机体的知觉世界。事实上，这些知觉世界本质上是有意义的，它们的建构与有机体的意义建构相关联。要言之，它忽略了知觉世界本具的意义性。同时，它也未能确切说明人类心智的抽象能力何以产生的问题。也就是说，如果一切生命在系统发育（phylogeny）和个体发育（ontogeny）方面是以对一个周遭世界（umwelt）的意义建构为起点的，那么，人类的这种将周遭世界中立化和客体化为一种物理环境（environment）的特殊能力源自何处？

三是它忽视隐喻在人类认知中的作用。认知科学家努涅兹（R. E. Núñez）的最新研究成果表明：人类思维中的许多隐喻根植于我们的生物具身性（biological embodiment），并在认知的高度抽象形式（包括数学形式）中发挥着关键作用[②]。例如，英语中的两句表达式：The summer lies ahead of us，The big

① Froese T. From adaptive behavior to human cognition：a review of Enaction. Adaptive Behavior，2012，20（3）：209-221.

② Núñez R E. Enacting infinity：Bringing transfinite cardinals into being// Stewart J，Gapenne O，di Paolo E A. Enaction：Toward a New Paradigm for Cognitive Science. Cambridge：The MIT Press，2010：317.

game is now behind us。从字面来理解，这两个表达式没有任何意义，因为 the summer 和 the game 并不用于指称空间中某一具体实体。但从隐喻角度来理解，我们可以把对自我空间的具身性认识（源域）运用于非空间的时间性语境（靶域）中。努涅兹认为，在这两个表述中，语言的跨域映射基于一种普遍的概念隐喻，即“时间事件是一度空间中的东西”。这一隐喻依赖于我们身体的特殊形态学。他反复强调：这一发现在文化上不是相对的，所有对时间的隐喻性解释都只基于某种空间的源域。

他进一步指出，人类的日常语言中存在诸如此类的大量的隐喻性表达，这些表达的意义都不是字面上的，它们通过传达物理实在之外的准确意义而使人类的想象成为可能。从某种程度上讲，正是这些隐喻拓展了人类的想象。显然，传统认知科学无法解释这一客观事实。因为根据计算表征主义的看法，如果把认知看作计算（或对抽象符号表征的操作），那么，它理应在逻辑上独立于心智的物理实现，特别是在高度抽象的数学情形中，因而，它无论如何也不可能与我们的生物具身性有任何关联。然而，尽管生成主义指出了传统认知科学忽略隐喻在人类认知中的作用，但与此同时，语言学中的隐喻概念也对它提出了一个问题：一个直接受困于自我意义世界的有机体，如何能充分意识到某种意义不是被字面理解的？隐喻在被充分理解之前，似乎就要求想象处于恰当的位置。生物哲学家乔纳斯将想象这一官能理解为人类心智的一个定义性特征。他用一个稻草人的例子很好地说明了这一问题。[①] 在田地里看到稻草人的鸟大概感知到了一个具有威胁性的人，或者如果这种骗术失败了，那么，鸟就会把稻草人感知为一个着落和栖息的地方。这取决于稻草人适合鸟的相关语境的程度。在乔纳斯看来，一个稳妥的看法是，鸟从未将稻草人看作一个威胁性的人。但这恰是我们感知它的方式，即隐喻性的方式。因此，生成进路所要解释的是，我们如何能够将某物同时感知为存在的和不存在的（即感知为符号的）。

然而，尽管生成主义揭示了传统认知框架在人类认知方面存在的问题（即

---

① Jonas H. The Phenomenon of Life：Toward a Philosophical Biology. Evanston：Northwestern University Press，1966：165.

上述所讲的知觉的中立性和想象的可能性问题），但它本身也面临着这两方面的深层挑战。也就是说，它如何回应高层次认知的挑战？它如何将自己的核心原则和观点运用于解释高层次的人类认知问题？对此，生成主义探索了许多切实可行的方式，特别是其意义建构观点。为了说明成年人类认知的特性，生成主义必须解释人类认知的“意义调节能力”：“一种对给定情境的意义进行‘剥离’，并将新的意义‘赋予’该情境的能力，或者影响意义生成的能力。”[①]从中可以看出，这种能力具体表现为对意义的“抽取”和“添加”两个方面，前者作为一种客体化的姿态，即对呈现的存在意义（existential significance）进行中立化的能力；后者作为一种符号化的姿态，即附加额外意义的能力。这两个方面均需对主要的基于情境的意义建构进行规则引导的调控，因此，在高层次人类认知的情形中，我们实际上处理的是一种复杂的对意义建构的意义建构。据此，弗勒泽提出了一个颇具洞见性的假设：人类认知是一种二阶意义建构（second-order sense-making）[②]。

弗勒泽分别从语言和技术两个角度说明了人类认知的二阶意义建构。语言是二阶意义建构的一种重要形式，它在人类认知中产生了深刻作用。正如伯蒂诺（D. Bottineau）所言，“言说是一种可供替代的文化媒介，它可以取代自然媒介，并被用于控制生成体验，而非让物理世界‘决定’人类应该过活什么”[③]。一方面，由于语言具有与行动本身拉开距离的作用，所以它有助于产生一种与直接情境相关的分离姿态。另一方面，这种语言造成的距离不仅创造了一个较为中立的空间，而且还能使我们参照我们生活情境的方面（它们通常不出现于体验中）。也就是说，虽然语词可能指称一些不能被看作实体或事件的观念，但却可以指称那些从无物质内核的杂多体验中产生的感觉、情绪和抽象范畴。然而，需要指明的是，这里所讲的语言指称并不涉及表征，它是一种基于现象学的看

① di Paolo E A，Rohde M，de Jaegher H. Horizons for the enactive mind：values，social interaction，and play// Stewart J，Gapenne O，di Paolo E A. Enaction：Toward a New Paradigm for Cognitive Science. Cambridge：The MIT Press，2010：74.

② Froese T. From adaptive behavior to human cognition：a review of Enaction. Adaptive Behavior，2012，20（3）：209-221.

③ Bottineau D. Language and enaction// Stewart J，Gapenne O，di Paolo E A. Enaction：Toward a New Paradigm for Cognitive Science. Cambridge：The MIT Press，2010：278.

法。言说并不指称世界，而是产生某种体验。总之，语言在从适应性行为到人类认知的过渡中发挥了重要作用。

技术是人类认知的另一个重要构成部分，它与认知科学哲学中的“延伸心智”观点密切相关。目前，在仿真模型和机器人学研究中，感官替代技术（sensory substitution technology）是一个广为人知的话题。它启动了在一个中立的行动空间中，对意义建构过程的系统性研究。由于使用这种技术设备的新用户起初只体验到手中的一个陌生而又难以理解的工具，所以他们需要理论指导来对这一设备进行调控。经过一段时间的主动学习之后，控制这一行动空间的感觉运动法则在直觉上将变得明显，并且参与者将再次体验到自己的被指向世界方面的知觉焦点，尽管现在借助于明确的技术调节。借此我们可以得出，技术如何使一个分离姿态成为一个中立媒介，如何产生一种新的关于世界的有意义视角。生成主义认为，这种感官替代技术的看法普遍适用于所有种类的技术。世界对于人类存在而言是个什么样子，很大程度上是由这些技术性工具构造出来的。进一步讲，技术是以人类学的方式构成的，它被嵌入更广泛的社会文化历史语境中，因此，任何一种技术系统都承载着某种集体记忆，都会呈现出某种程度的社会性。一旦人类了解并掌握了这种技术系统，这种记忆或社会性就会作为他们体验的一部分而显现出来。除此之外，生成主义还将高层次认知置于“在世之在”的关系域中，以至于技术工具使用被看作通过运动思维的一种高级形式。哈钦斯将这一观点概括为：“当文化上被组织的低层次过程被应用于文化上被组织的行动世界时，高层次认知过程会产生。”[①]这表明，人类特有的二阶意义建构形式，对直接的经验和现象学研究是多么开放。这与传统认知科学所讲的内在隐藏的、本质上是非生物学和非现象学的“认知架构”形成了鲜明的对比。

综上所述，以适应性行为的意义建构为起点，将人类认知看作一种复杂的二阶意义建构，无疑是生成主义的一个创见。与批评者所预料的恰恰相反，生

① Hutchins E. Enaction，imagination，and insight // Stewart J，Gapenne O，di Paolo E A. Enaction：Toward a Aew Paradigm for Cognitive Science. Cambridge：The MIT Press，2010：446.

成进路在说明人类认知特性方面，即使不依赖表征主义和功能主义，也能站稳脚跟。我们不应简单地把生成进路贬斥为只是填充了正统认知科学的低层次细节，相反，它提供了一个审视高层次认知和人类心智特性的科学视角，揭示了一些正统认知科学所没有的深刻洞见。因此，可以说，它作为一种关于生命和心智的非表征框架完全是可能的，它的基本原则将会被应用于传统认知科学之外的更多学科，它不是对传统认知框架的延伸和改良，而是一种革命性范式。我们甚至可以断言：随着生成认知科学的不断发展，传统的心的表征理论最终会被生成主义的非表征理论彻底取代，它最终会像燃素说一样被历史淘汰掉。

第三章

认知生成主义的认识论建构

生成主义从根本上讲是一种非还原论和非功能主义的自然主义。它认为，认知与环境不可分，是彼此影响和作用的系统与其环境间的一种复杂的共演化过程。自主性（autonomy）、意义建构（sense-making）、涌现性（emergency）、具身性（embodiment）和经验是其核心概念①。这几个概念是连贯的、根本的和强有力的，它们在某种程度上相互蕴含，为认知科学研究确立了基本的认识论纲领。我们据此将生成主义的认识论纲领概括为五大基本原则。然后，我们试图在生成视域内重点分析认知科学中的心身和他心两个基本问题，以及生成框架中的认知鸿沟问题，提出一种新的解决思路和可行性方案。

第一节　认知生成主义的认识论原则

一、自主性原则：认知系统必然是自主的

自主性概念的英文表述是 autonomy。从词源学上讲，autonomy 由 auto（自

① di Paolo E A，Rohde M，de Jaegher H. Horizons for the enactive mind：values，social interaction，and play// Stewart J，Gapenne O，di Paolo E A. Enaction：Toward a New Paradigm for Cognitive Science. Cambridge：The MIT Press，2010：33-88.

我）和 nomy（规则）构成，意指自我控制或遵循自己的规则，意味着行动者以其自有的规则生存。在复杂性系统（非线性动力系统）理论中，“自主性”用于描述自生成和自维持系统，如细胞或多细胞机体。一般而言，要明确说明一个系统，就必须描述它的组织，即定义它作为一个系统的一系列关系。在复杂动力系统中，这种相关的关系体现为动力过程之间的关系。具体而言，一个自主系统是一个过程网，在这个过程网中：①这些过程因其产生和现实化为一个网络而递归地相互依赖；②这些过程所构成的系统在它们存在的任何地方都是一个统一体。[①]

自主系统的典型例子是活细胞。活细胞的构成过程是化学的；这些构成过程的递归的相互依赖性采取的是一种自生的代谢网络形式——它将系统构建为一个生物化学领域中的统一体。瓦雷拉和马图拉纳把这种生物化学领域中的自我产生称作自创生。在他们看来，生命机体之所以是自主的，是因为它们在一个可变环境中持续构造和保持自己的身份。这意味着，保持一个过程网中任何给定过程的条件，都是由这一过程网中其他过程的运作提供的，其全局活动的结果是产生了一个可识别的统一体。自创生是生物自主性的典型代表。关于这种生物自主性，罗德认为，有三个方面值得注意[②]：一是行动者与世界之间的感觉运动交互作用，是由该行动者构造、组织、保持和调控的。这不同于表征主义视角，即认为世界是预先给定的，行动者对世界进行机械性地表征和反应。二是由于那些加诸行动者身份产生之自维持过程之上的约束性要素都具有机械性特征，所以，生命机体在一定程度上受物理法则约束，但它们重组自身的可能性，以及生成发生交互作用的有意义世界都是无限开放的。这种无限开放性与计算主义进路中明确设计的适应性环路（如机器学习领域中）形成鲜明对比。三是自主性并不最大限度地独立于环境约束物。在这一意义上，自主性意味着能建立约束自我行动的新方式。

尽管活细胞是说明生物自主性的一个最好例子，但它并不能很好地说明自

① Varela F J. Principles of Biological Autonomy.New York：Elsevier North Holland，1979：55.

② Rohde M. Enaction，Embodiment，Evolutionary Robotics：Simulation Models for a Post-Cognitivist Science of Mind. Paris：Atlantis Press，2010：20.

主性对认知研究的重要性。从认知的宽泛意义上讲，细胞的认知能力是非常有限的。因此，我们特别需要阐明的是：这种自主身份是如何在众多可能层次上被保持的，而不只是在代谢层次上。幸好生成进路并不单单侧重于细菌层面的低层次认知，例如，瓦雷拉的后期研究就主要围绕神经认知的自主性和人类的意识认知问题展开。最近，有人主张自维持代谢并不足以产生心智或意向性，心智或意向性是由处在行为或神经层次上的自维持闭包产生的。这种对神经认知身份和自主性的思考，视如下一个问题而定，即在没有一个机体的代谢基底的情况下，这种"精神生命"是否存在。

从自主性概念出发，生成主义认为认知系统是自主的。这表明认知系统具有自由性、主动性、构造性、创造性和选择性。首先，生命机体的身份及其自身所遵循的法则都是由其特有的活动创造的。迪保罗、罗德和德耶格提出的自主能动性（autonomous agency）概念就明确强调行动者在建构、组织、维持和调控感觉运动闭环中的作用，因而，认知行动者在确定其所遵循的准则中发挥着关键作用[①]。认知系统的自主性就在于它具有自生的构成不同实体的身份。假使认知系统的身份由外在设计者规定，那么，即便它表现出很强的可塑性、可适应性或突出的生命特征，它的构成成分也不可能通过它的自身活动来再生。而一个系统要构造自己的法则，就必须能以某种身份来自我组织。如果一个系统在规定自己的组织方面没有丝毫发言权，那么，它注定要受外界赋予它的某种程序或设计的控制。它可能会被赋予一些随历史而改变自身行为的方式，但是，它的改变程度将会受到某种外部强加的功能性限制。当然，我们说一个自我构造的系统是自主的，绝不是说它完全不受任何约束和限制。就如同说能影响一个人的局限性，并不意味着能完全消除这些局限性；相反，它意味着能建立新的约束自我活动的形式。

其次，认知系统的自我构造是在它的动力过程中完成的。也就是说，认知系统的独特身份是由它的动力产生并维系的。这意味着认知系统所展现的动态

① di Paolo E A，Rohde M，de Jaegher H. Horizons for the enactive mind：values，social interaction，and play//Stewart J，Gapenne O，di Paolo E A. Enaction：Toward a New Paradigm for Cognitive Science. Cambridge：The MIT Press，2010：39.

过程网是不稳固的，并且在操作上是封闭的。只有这两个条件满足了，认知系统的身份才会产生。认知系统在操作上是封闭的是说，就任何一种构成这一系统的过程而言，我们总能在其启动条件（enabling conditions）中找到另外一些构成它的过程。换言之，在同一个动态过程网中，维持任何一种既定过程的条件同时也包含了其他操作过程所提供的条件。而所有这些操作过程的最终结果是产生了一个可识别的统一体。我们可以把这里所讲的自主性界定为操作闭包中的自主性，它旨在勾画认知系统自生的众多可能层次上的身份特征。

最后，认知系统还具有交互意义上的自主性，即它作为行动者与其周遭环境不断发生着耦合作用，并将意义之网投射于其所处的环境中。它不仅对外部刺激做出积极反应，即在特定的情境下产生适当的行动，还主动地规定自己与环境交换信息的条件。在与环境持续的交互耦合过程中，认知系统生成了一个世界或认知域。这里所讲的“世界”或“认知域”非常类似于康德所讲的“现象世界”概念。

综上所述，生成主义把认知看作是自主的，是要拒斥传统看待认知的极端观点，即不是把认知看作对环境的消极反应，就是把认知仅仅看作对内在需求的满足，因为它们都把行动者置于一种消极、被动、顺从的境地。认知系统的自主性将自身和环境视为一个不可分割的整体，并强调行动者在其中所发挥的建构、组织、维持和调节作用。总之，认知系统的自主性表现出强烈的建构主义色彩。

二、意义建构原则：认知是基于动力学和生物学的意义建构

意义建构概念密切关联于自主性概念，它强调生成进路中建构论的认识论方面。迪保罗、罗德和德耶格认为，认知是基于动力学和生物学的意义建构。与认知主义把认知系统视作信息的处理器不同，生成主义则把它视作意义的建构者。也就是说，认知者不是被动地从其环境中接收信息并把信息转换成内在表征的，也不单是接近世界以求勾画世界的精确图像的，而是通过自身行动直接参与意义的生成和建构。换言之，意义不是某种呈现于环境的有待检索

的不变物，或者是有待提取的信息，好像信息已然存在那里似的。相反，它是行动者的主动原则与环境结构直接对话的产物。对认知者而言，与环境交换信息本身就是有意义的。因此，意义是生成的，不是被提取到的，它是一种主动的、构成性的动态活动。意识到认知者的这种意义建构活动是十分重要的，因为这有助于我们消除对生成进路的一个误解，即认为生成进路是非自然的、唯我论的，或否认外部世界的客观存在。对此，必须澄清的是，生成进路所否认并加以拒斥的是“那些独立于观察者而存在的意义（meanings）和第二性的质（secondary qualities），而非那些无意义物质、物理性约束物和我们控制之外的外力的存在”[①]。由此可见，生成进路所采纳的用于科学理解认知的建构论视角是合理而务实的。下面，我们分别从动力学和生物学两个方面来说明意义建构的内涵。

从动力学上讲，意义建构是交互自主性概念的题中之意，它属于自主性的交互作用和关系性方面。有机体通过意义建构来调控它们与世界间的交互作用，借此把世界转换成一个充满意义、价值和凸显性（salience）的场所（即生物学意义上的环境）[②]。因此，意义建构是与环境的意义和效价（valence）相关的行为，而环境的意义和效价是有机体基于自己的自主性动力学生成的。认知系统的自主性蕴含了它的意义建构的能动性，而这种能动性决定了它能与世界发生认知关联。

从生物学意义上讲，意义建构必须具备两个要件才能产生：一是有机体的自创生；二是有机体的自适应性（adaptivity）[③]。这两个条件对于有机体的意义建构而言都是必不可少的。意义建构不能简单地从自创生中产生。只有把自适应

① Rohde M. Enaction，Embodiment，Evolutionary Robotics：Simulation Models for a Post-Cognitivist Science of Mind. Paris：Atlantis Press，2010：22.

② 即便是最简单的有机体也会以这种方式调控它们与世界间的交互作用。例如，我们知道细菌会随着食物中糖精梯度游动（Thompson 和 Varela 在其生成理论中经常提到的一个例子）。细胞到处翻腾直到偶然碰到一个能不断接触糖分的方向。然后，细菌就会朝着糖分浓度最高的区域游动。糖分对于这些有机体而言是有意义的且越多越好，因为它们的代谢方式实现了它们的自主性组织。但是，糖的意义和效价（valence）并不是糖分子所固有的，它们不过是细菌的一种关系性特征。糖分具有与食物一样的意义，但仅存在于有机体通过自身的自主动力学所生成的环境中。

③ Thompson E，Stapleton M. Making sense of sense-making：reflections on enactive and extended mind theories. Topoi，2009，(28)：24.

性纳入自创生中，才能产生意义建构活动。所谓自创生，是指一种受化学变化限制的网络的操作封闭的自我生产，它通过物质循环和外界对系统的刺激来保存或毁损系统的身份。然而，它并不主动地调控与外部世界的交互作用。这是因为，意义建构是具有规则性的，而自创生所能提供的唯一规则是自我连续的那种非此即彼的规则，绝不是有机体的调控行为所暗含的各个等级的生存规则。也就是说，自创生概念本身并不允许任何渐变。某种身份的自构成只为我们提供了最基本的规则，即任何事件对该身份都是好的，只要它们不破坏该身份（破坏身份的事件不承载任何意义，因为没有与它们相关联的任何身份存在）。基于此，我们就不能解释那些构成有机体生活周遭世界的不同程度的意义。进而言之，自创生和自主性的操作定义既不要求系统能够主动补偿有害的内在或外在事件，也不处理系统能自发改善其当前处境的可能性，那么，我们将面临这样一个问题：如何将本构自主性所产生的不稳固视角延伸至一个情境化关联的较为宽泛的语境中，以至于我们可以谈论知觉世界的生成呢?

正是在这一点上，适应性在意义建构中的作用得到了凸显，因为一个具有自适应性的自创生系统在其环境中能调控与其生存条件相关的状态，并根据自身活动的内在规则来修正自己的环境。例如，迪保罗就指出：即使是最小自创生系统也具有某种容忍性和坚定性（robustness）。这意味着它们在失去自创生之前，可以承受一定范围内的扰动和内在结构变化（这些范围是由该系统的组织和当前的状态来规定的）。我们可以把这些范围内的非致命性事件规定为系统的生存力集（viability set），它被假定为是有限的测量、受限制的和随时间变化的。然而，为了使一个自创生系统主动改善其当前的处境，它必须满足：①能够确定这些持续的结构变化在生存力集中如何塑造它的轨迹；②必须具有恰当调控这一轨迹条件的能力。有机体的适应性特征正好满足了这两个条件，它暗含了自主系统可以容忍一系列内在和外在的扰动。它体现出某种语境敏感的坚定性，即主动监控扰动和补偿它们的有害倾向。适应性不一定通过对系统与环境耦合的调节来发生（但这种感觉运动适应性是能动性所必需的）。适应性的一个较为基本的形式包含对代谢途径的内在调控。

需要注意的是，适应性系统分辨及其当前处境相关的积极和消极倾向的能力，并不与自主系统的操作闭包相矛盾：系统可以根据所需可调控资源中的变化来衡量某种倾向的类型和严重程度。因此，如果自创生（或自主性）足以产生一个“自然目的”，那么，适应性就反映了有机体评估需求和拓展通达这一目的的方式的能力，这种能力是意义建构所必需的。另外，既然意义建构依赖于对自主系统内在环境的主动调控，那么，我们在这一点上就可以把系统的活动看作一种生命形式（a form of living）。这种适应性调控是自主系统内在产生的活动而非某种它所经历的东西的成就。因此，把适应自主性（adaptive autonomy）和意义建构分别看作生命的最基本形式和最基本过程是恰当的。一种生命存在不仅决定自己的可能交互作用域，它还以一种有意义的方式，通过适应性行为来实现这种可能性域。总之，适应性对于意义建构而言是必要的。适应自主性在单细胞机体（如细菌）中的形式是适应自创生（adaptive autopoiesis），在具有神经系统的多细胞动物中是更为复杂的适应感觉运动自主性（adaptive sensorimotor autonomy）。适应自主性根植于生命和心智的深层连续性。只有把自创生和自适应性结合在一起才能产生意义建构。①

生成主义将认知建立在意义建构的基础上，并将意义建构建立在适应自主性的基础上，那么，这是否意味着生成主义是一种关于认知过程的内在论或外在论？②答案显然是否定的，因为内在论与外在论之间的争论所依据的假设与生成主义的核心主张相悖。内在论认为，对认知过程的构成成分的解释只能诉诸内在要素（internal factors）。外在论则批评地指出，并非所有的认知过程都可以通过诉诸内在要素得到解释。显然，内在论的假设为外在论提供了一个范例，因为外在论基于同样的逻辑也可以假设：如果外在于脑袋的要素能被证实拥有相当或等效的地位（如在行为产生中发挥相同的作用），那么，这些外在要素也可以充当认知过程的一部分。

---

① Froese T，di Paolo E A. The enactive approach：theoretical sketches from cell to society. Pragmatics & Cognition，2011，19（1）：6-9.

② Thompson E，Stapleton M. Making sense of sense-making：reflections on enactive and extended mind theories. Topoi，2009，（28）：25.

生成主义对这些假设持反对态度，它认为那种完全运行于脑袋中的东西（如神经过程）决不能被看作是某种认知过程，只能被看作是认知过程的一个参与部分（这种认知过程作为认知系统与其环境之间的某种关系而存在）。认知不是某个发生于认知系统内部的事件，而是发生于该系统与其环境之间的意义建构的关系过程（relational process）。也就是说，认知属于某种“关系域”——系统在这个领域中作为一个整体与其环境发生关系，而不属于系统内在状态的“操作域”。那些实现了一个自主性意义建构系统的操作封闭网络可以延伸到大脑、颅骨或皮肤之外。当然，运行于系统内部的东西，对于系统与其环境之间发生认知或意义建构关系而言，也是十分关键的。总之，生成主义在对认知过程的看法上既不属于内在论也不属于外在论，它是对内在论和外在论的整合及超越。

三、互规定性和共涌现性原则：认知系统与环境是相互规定和共涌现的

涌现性是指整体（或高层次）具有但还原到部分（或低层次）就不存在的现象或特征。它反映的是系统整体与部分或上下层次之间的关系，强调系统的整体或高层次现象。生成主义所讲的涌现性概念用于描述现有不同过程或事件间的交互作用所形成的新属性或过程。而系统与环境间的共涌现性则强调：生物系统与其周遭环境的变化都取决于它们之间的交互作用。换言之，生命机体的认知结构和其环境的发展变化涌现于它们结构耦合的历史中。当生命机体与环境发生交互作用时，它们在结构上被耦合并共涌现。

需要指出的是，共涌现性只是表明系统与环境之间发生交互作用，并没有明确它们之间的适应性程度。另外，前文所讲的自主性和意义构造概念已然引用了涌现性概念。自主性不是某个组件集的属性，而是一种由操作闭包中的动力学过程产生的新身份涌现的结果。意义既不存在于环境中，也不存在于行动者的内在动力学中，它存在于认知系统所生成的世界或认知域中。换言之，意义是系统与环境共涌现的结果。我们可以非常科学地探究生命（the living）的物质基底（material substrate），以及它如何产生诸如生命（life）、死亡或生存之类

的关系属性，而无须把它们还原为物理基底（physical substrate）。在同样的意义上，我们可以科学地研究那些涌现出心智和意义的物理过程。但心智或意义不能被还原为行动者或其环境的物理成分，它们属于二者所确立的关系域。

然而，我们往往会把一个涌现过程混同于一个动力要素集。为了对此做出区分，我们需要把握两点：一是这一涌现过程必须有自己的自主性身份；二是对这种身份的维系和这种涌现过程与其语境之间的交互作用必须能约束及调节潜在层次的运作。第一点指出了涌现过程的可识别性。虽然涌现过程的特征被激活，但是，这些特征并不完全是由组件过程的属性决定的。第二点指出了涌现层次与启动层次（enabling level）之间的相互约束关系（有时被描述为循环或向下因果关系）。

对涌现性的重视使得生成主义十分轻视甚至否定处于较低层次的特定组件的功能。因此，它拒绝把“方盒箭头表示法”（boxology[①]）当作一种有效解决“认知是如何运作的”问题的方法。它要求我们谨慎对待任何利用涌现层次的属性（如价值系统、认知图、情感模块、镜像神经元）来标示子系统的组件和变量的做法。另外，涌现性自身还存在模糊性问题。不同层次间的关系和交互作用仍是一个需要具体分析的问题，而这一问题的解决通常需要诉诸动力学系统理论中的复杂概念和工具。我们仍需要对涌现性概念做出进一步的澄清，并使之可操作。

四、具身行动原则：认知是一种具身行动

认知是一种具身行动。生成主义认为心灵和身体不可分，它反对任何形式的身心二元论。它把具身认知的观点纳入自己的生成视域，即把具身性和行动性整合在一起，将认知视作一种具身行动。“认知是具身的”意在强调受身体调节的（bodily-mediated）认知，而非那种通过内部计算来发现并作用于世界的认知。身体在认知中发挥着某种不可替代的作用。因此，具身性就是指我们与真实世界发生交互作用的“发展过程”。它不只作为我们的信念或行为，更是作为

① Boxology，即box-and-arrow notation，译为方盒箭头表示法，常用于对系统的自上而下的逐层分解和还原。

我们生活的方式，以及作为体验我们世界（包括我们的感觉运动过程、知觉和行动）的方式[①]。当前认知神经科学和认知语言学领域对镜像神经元的研究就充分证实了这一点。研究表明，镜像神经元大量存在于人脑中，它们能像镜子一样映照他人的活动，因而能在模仿他人动作、语言习得、移情，以及理解他人的意图等认知活动中发挥重要作用。

“认知是行动的”意在强调心灵始终处于日常生活经验中，认知不可能脱离具体身体的经验而独立存在。传统认知科学虽然卓有成效地揭示了心智的科学结构，但很少或基本上不涉足人类经验，更遑论对心智的经验结构的揭示。生成主义纲领指导下的生成认知科学的一个重要任务就是探究心智的经验结构，并在此基础上整合科学的心智和经验的心智，以期在两者之间达成某种共识，共同推进对人类心智的深层次研究。“认知是具身的”和“认知是行动的”从两个侧面揭示了认知具有“双重具身性”(double-embodiment)[②]，即身体既具有生物学意义上的生理结构，也具有现象学意义上的经验结构，既是生活的经验结构又是认知机制的环境或语境。双重具身性概念表明，心灵内嵌于一个活跃的、与外界相关联的身体中，并且身体不是一个受大脑操控的木偶，而是一个具有生命的完整系统——它具有各种自主性层次上的自协调和自组织，以及造就其意义构造活动的对世界不同程度的开放性。现在，已经有大量证据表明，不仅具身性在处理低层次的感觉运动中发挥着重要作用，而且高层次的认知技能（如推理、问题求解和心理意象操纵）也建立在身体经验的基础之上。

关于具身性，还需要强调两点：一是具身性与纯物理存在之间有着显著差别。“认知系统是具身的，以至于它的活动异乎寻常地依赖于身体。然而，这一词的广泛使用在一些情形中导致了与计算主义之间原初对比的丧失，甚至导致把具身性的平凡意义看作是纯物理的在场。”[③]如果把具身性看作纯物理在场，那

① Johnson M. Personal practical knowledge series：embodied knowledge. Curriculum Inquiry，1989，19（4）：362-363.

② 瓦雷拉，汤普森，罗施. 具身心智：认知科学和人类经验. 李恒威，李恒熙，王球等译. 杭州：浙江大学出版社，2010：xvii.

③ di Paolo E A，Rohde M，de Jaegher H. Horizons for the enactive mind：values，social interaction，and play // Stewart J，Gapenne O，di Paolo E A. Enaction：Toward a New Paradigm for Cognitive Science. Cambridge：The MIT Press，2010：42.

么，运行于一台计算机上的文字处理软件将是具身的，因此，我们不能简单地把具身性只看作身体在场（physical presence）。它绝不是把心灵从脑袋中高度掩蔽的计算模块王国移向潮湿而又凌乱的身体结构。这种看法只会重新落入笛卡儿式心身分离的二元论窠臼，因为说身体在场本身就预设了存在身体不在场的情况，而生成主义所讲的具身性是认知系统本身固有的一种内在特征，我们不能将身体与心灵认知断然割裂开来。究实而言，具身性意味着认知是一种具身行动，因为我们的身体在与这个世界的交互作用中所提供的感觉运动不变量，在某种程度上约束和塑造了被构造意义的空间。

二是尽管我们强调身体不是任由人摆布的木偶，但也不能因此就认定我们完全不能控制自己的身体。事实上，我们当然控制着自己的身体，不过是以一些微妙的方式——这些方式与各种形式的反身自主性（reflexive autonomy）的涌现有关。说身体是由人操控的木偶是就认知主义框架内的心身分离而言的，这种看法将身体完全看作受心灵支配的可替代的功能性物件，身体毫无自主性可言。说我们控制自己的身体是就生成主义框架内的心身不可分而言的，这种看法将身体的生理结构和经验结构统一于认知系统本身，既强调身体自成系统的自主性，又强调基于双重具身性而生成的反身自主性身份对身体的主导性。

那么，身体的双重性在反身自主性身份的生成中是如何发挥作用的呢？由于人类身体的高度柔韧性和可塑性，所以身体既可以通过支撑并变换一些新身份为自我（self）创造丰富的经验，又可以通过操纵其意义建构活动并变换价值生成活动为自我创造新的情境。但是，反过来讲，如果身体在某种象征秩序、使我们身体适应于某种控制图式的社会调节中、对行为准则和文化准则的观察中不能更新，它就不能发挥自身的双重作用，也就不能产生社会语言性自我（socio-linguistic selves）和叙述性自我（narrative selves）。

五、脑身经验结构原则：认知是基于经验的脑身活动

在生成进路看来，“经验”是传统计算主义的一大软肋，是制约其发展的瓶颈。虽然计算主义进路是一个已经得到充分发展的认知构架，但它仍未能就心

理的感受性方面——“感觉起来是个什么样子”，给出合理的说明。可以说，自行为主义之后数十年的发展中，“意识问题”一直是主流认知科学所忽略的领域。然而，尽管经验是纳入认知科学范式的一个最困难要素，但我们又不能全然无视它的存在。事实上，感受性问题已然成为当代心智哲学研究的一个重要话题，它体现为关于心身问题的各种认知主义版本。究实而论，这源于笛卡儿的二元论思维模式，即心理被看作一种与其他任何东西（物体、世界、意义、大脑、表征、符号操作等一切实有的和在物理上可以解释的东西）完全不同的东西，因此，生成认知科学的任务就是要重新统一这两个被割裂的方面，并在方法论上将经验纳入认知科学中。

生成主义在方法论和论题上都十分重视经验，它将认知视作基于经验的脑身活动（brain-body activity）。它承认经验本身可以显现为物理对象，并认为经验与其他非物质的、非还原的但真实的现象（如生命、意义、情绪或意向性）可以很好地融合在一起。我们从中可以看出，它所讲的经验主要是“双重具身性”概念所强调的现象学意义上的身体经验结构。与认知主义把经验看作一种副现象或者一个谜不同，它认为经验与活的存在（being alive）始终是缠结在一起的，经验始终沉浸在一个有意义的世界之中。换言之，经验在认知活动中扮演重要角色，对于认知活动的解释不能忽视经验的作用。经验已经成了一种引导现象学和认知科学进行对话的力量（现象学以人类经验世界为主要研究对象）。这导致了一种持续的语用循环（pragmatic circulation）和现象学与科学之间的相互启发。因此，生成主义十分推崇现象学与认知科学进行沟通和对话。

例如，德雷福斯对技能习得的现象学描述就十分突出人类经验的关键作用[①]。他将专家技能的获得分为五个阶段：初学者、高级初学者、胜任、熟练和专家技能。技能习得的过程是从抽象规则到具体事例。随着我们在实践中从初学者阶段走向专家技能阶段，不仅我们的技能表现得到了逐步提高，而且从具体情境和实例中累积的经验也得到了转化。也就是说，身体转换与经验转换之

① Smith J C. Historical Foundations of Cognitive Science. The Netherlands：Kluwer Academic Publishers，1990：5-9.

间存在某种合法的关系。譬如，成为一名葡萄酒鉴赏家是一个可达到的目标，但是，这个领域的专家技能（如同其他领域一样）不是通过取得正确的信息而获得，而是通过在长期训练（试验、犯错）中得到正确的经验转换而获得。在此过程中，经验以一种合法的方式得到了改变。因此，经验从根本上讲就是具身活动的一个技能性方面。

此外，具身视角还使我们认识到认知系统机制（mechanisms）与身体经验之间具有某种同构性[①]。现在已经有许多学者在这方面做出了许多富有成效的探索和努力。例如，瓦雷拉关于认知机制的动力学系统说明就特别强调胡塞尔关于时间意识的前摄结构（protentive structure）和滞留结构（retentive structure）。凯利（S. Kelly）假定的指向性神经模型（neural models of pointing）和抓取性神经模型（neural models of grasping），类似于梅洛－庞蒂的意向弧（intentional arc）和最大掌握概念（maximal grip）。惠勒探究了对境遇行为的具身嵌入式说明（embodied-embedded accounts）与海德格尔的上手（ready-to-hand）、现成在手（present-at-hand）等范畴之间的同构关系。所有这些研究不仅把科学假设融入现象学，而且它们本身就贯穿于现象学。这正是整合研究经验和大脑－身体活动的第一人称方法所极力倡导的。

需要指明的一个问题是：生成进路突出经验概念的重要性与它对非人类生命、认知和认知的系统演化史的强烈兴趣之间存在明显矛盾。通过经验，我们认识到，事物对于我们、对于我们的社会－语言学自我意味着什么。但是，我们关于一种具有不同或比较原始的组织的物种（它甚至不能以语言的方式来表达自己），何以可能说出一些有意义的东西？我们又如何解释这样一个事实："不再能表达自己的病人、动物，甚至在被苦味酸杀死之前痉挛的草履虫，以及用手脚来抵抗医生工具的胎儿——它们都呈现出了发生在它们身上的意义"？[②]对此，我们可以在乔纳斯的生物哲学研究中找到答案：生命的这种"绽放特征"

---

① di Paolo E A，Rohde M，de Jaegher H. Horizons for the enactive mind：values，social interaction，and play // Stewart J，Gapenne O，di Paolo E A. Enaction：Toward a New Paradigm for Cognitive Science. Cambridge：The MIT Press，2010：33-88.

② 转引自 Rohde M. Enaction，Embodiment，Evolutionary Robotics：Simulation Models for a Post-Cognitivist Science of Mind. Paris：Atlantis Press，2010：24.

（ecstatic character）让我们理解某物对于另一个主体意味着什么，不是作为内在的“它感觉起来是个什么样子”，而是作为“它意味着什么”。

第二节　认知生成主义的认识论问题[①]

一、生成主义与心身问题

我们在前文中提到，任何一个作为认知科学的新范式，都必须能够实现跨学科阐明和提出有效解决心身问题的具体方案。传统的计算主义认知科学之所以能取得巨大成功，很大程度上是由于它能在计算机科学框架下统一心理学和神经科学，即它的计算表征主义框架使得心智研究与自然科学相一致。它所提出的解决心身问题的可行性方案是：个人与亚人之间的区别被看作软件与硬件之间的区别。然而，正如弗勒泽所言，传统认知科学所假定的那个隐藏的、中间层次的心理表征和普遍逻辑已然超出了自己的目标；那种通过计算机科学而不考虑生物学和现象学来研究“认知无意识”的观点已然成为妨碍认知科学发展的绊脚石。所以，计算机科学最终未能从根本上实现这两个要件：“它不仅使意识与认知之间的关系变得神秘（如意识的‘难问题’），而且在认知与大脑－身体－世界之间的绝对划分也妨碍了跨学科间的阐明。”[②]

认知主义或计算表征主义在处理心身问题时之所以会陷入困境，是因为它严重忽略了物理身体和局部环境或世界在认知行为中的作用，这也是它的一个致命缺点。究其根源，是因为它假定了：心理或认知过程是对外部独立世界的内在表征。这样，心智被认知主义分割成了两个无法沟通的区域：个人的主体心理状态与大脑中执行的亚人的认知程序（cognitive routines）。心灵哲学认为，把认知从意识中分离出来，导致了一个存在于自我与世界，或主体心理现象与亚人的计算认知之间的“解释鸿沟”[③]，即后来查尔默斯所讲的意识的“难问

① 本节原载于《学术交流》2017年第5期。收入本书略有改动。

② Froese T. From adaptive behavior to human cognition：a review of enaction. Adaptive Behavior，2012，20（3）：209-221.

③ Levine J. Materialism and qualia：the explanatory gap. Pacific Philosophical Quarterly，1983（64）：354-361.

题”[①]。这一解释鸿沟又被威廉·詹姆斯看作内部世界与外部世界之间的一个“裂口”。查尔默斯在心灵哲学中区分了意识的“易问题”和“难问题”，前者包括人类对刺激物的辨别、分类和反应的能力，通过认知系统整合信息的能力，报告心理状态的能力，以及控制行为的能力等，后者用于突出“大脑中的物理过程如何产生主体经验”这样一个问题。从某种程度上讲，意识的难问题可以被看作传统心身问题的现代翻版，它把心身问题转变成了“心心问题”（mind-mind problem），即计算心智与现象心智的关系问题，或亚人的计算认知过程与意识经验的关系问题，它在认知主义中表现为心智和意义与主体性和意识的分离。总之，对心性（mentality）的主体经验在认知主义范式中得不到确切的说明。

而生成进路要想取代传统的认知主义范式，就必须提出一个能有效解决心身问题或克服意识的“难问题”的具体方案。在瓦雷拉和汤普森看来，心身问题既是一个哲学问题或科学问题，同时也是一个直接体验的问题[②]。他们关注的二元论不是那种心理/物理属性的、形而上的抽象二元论，而是心智作为一种科学的客体对象和心智作为一种体验的主体之间的二元论。也就是说，把心智解释成生成的（即具身的、涌现的、动力的和关系性的）而非假想的小人（因而，心智在某种意义上是非实体的），是一回事。但在第一人称视角中直接体验心智的这种本性，则是另外一回事。用现象学的术语讲就是，心智实际上参与着其意向对象的构造过程。像现象学家和佛教徒一样，瓦雷拉认为这种直接体验是可能的。他认为，除非科学和哲学为这种体验留出空间，否则我们将永远无法有效处理心身问题，不是走向这一极端就是走向另一极端——它们都否认体验以支持理论建构，或者否认科学洞见以支持单纯的和不加批判的体验。因此，心身问题也是一个体验的问题，对心身问题的处理不能忽略体验这一关键因素。

对此，瓦雷拉认为，破解“难问题”的关键在于寻找一个能够超越笛卡儿心物对立划分的统一框架，而生命现象恰好具备这一点，在此基础上，他提出

① Chalmers D J. The Conscious Mind：In search of a Fundamental Theory. New York：Oxford University Press，1996.

② Thompson E. Life and mind：from autopoiesis to neurophenomenology. A tribute to Francisco Varela. Phenomenology and the Cognitive Sciences，2004，3（4）：381-398.

了神经现象学的方法论补救方案。首先，他指出生命或生命存在可以作为超越这一解释鸿沟的统一框架。在传统对难问题的各种表述中，纳格尔的观点最为人熟知，也最为经典。他将之描述为："如果心理过程是物理过程，那么，似乎有某物内在地经历了一些物理过程。这种东西是什么仍是令人费解的。"①这表明：我们无法理解某种客观的物理过程如何足以构成某种意识的心理过程的主体性特征。然而，这种表述方式仍没有脱离笛卡儿式的心理/物理划分框架，它实际上进一步拉大了解释鸿沟，因而无法得到实质解决。相反，生成进路所寻求的是一种不导致心理/物理对立的划分框架，是一种能够超越这一鸿沟的现象，而生命现象就可以充当这一统一角色。对生物学而言，生命存在是生命机体；对现象学而言，它是生命主体性。两者会聚的地方正是现象学所讲的生活体。

其次，引入现象学，对难问题进行重新表述，将心心问题转变为身身问题。在瓦雷拉看来，"在所有的功能主义说明中，所缺少的不是解释的连贯性，而是它对人类生命的疏远。只有重新将人类生命放回去，才能清除这种缺席，而不被某种额外的因素或深刻的理论所修正"②。因此，如果经验以这样一种方式发挥某种关键作用，我们就必须将现象学探究人类经验的第一人称方法引入认知科学。这意味着：意识的神经科学需要纳入对经验的训练有素的第一人称研究。通过引入现象学，我们可以把纳格尔表述中的物理替换为身体，得出难问题的一个新的表述方式：如果心理过程是身体过程，那么，似乎有某物内在地经历了某些身体过程。换言之，如果有某物经历了身体过程，那么，这些身体过程就是体验。体验具有一种主体的或第一人称的特征。詹姆斯进一步将体验刻画为宽泛意义上的主体觉受（feelings），用于指谓意识的所有状态。将心理过程同时也看作身体过程，很大程度上就是主体性和觉受成为一种身体现象是什么样子的问题。用现象学的行话讲就是：某种物理的生命体同时也是某种生活体，会是什么样子？

---

① Nagel T. What is it like to be a bat. The Philosophical Review，1974，(4)：445-446.

② Varela F J. Neurophenomenology：a methodological remedy for the hard problem. Journal of Consciousness Studies，1996，3(4)：345.

这样，心心问题也就被转变成了身身问题，我们得到了一个对难问题的激进具身性的重新表述。这得益于现象学对身体的区分，即作为物质存在的身体和作为生命及感受存在的身体。这种区分不是实体二元论意义上的两种身体，或属性二元论意义上的两种属性，而是同一个身体的两种显现模式；解释鸿沟就存在于具身性或生命存在这两种类型之间，而非存在于两种对立的、具体化的心理和物理之间。通过这种处理，解释鸿沟将变得不再是绝对的，因为我们需要参考生命的两个方面。而在传统的难问题表述中，这一鸿沟是绝对的，因为心理和物理的东西（意识和大脑）之间没有任何概念上的统一性。它把意识等同于感受性，将之看作反对功能分析的现象属性；把身体等同于结构和功能或机制。给定这些对等，就会把意识机械化，以便把心智还原为某种大脑状态。这种划分方式彻头彻尾是笛卡儿式的。

最后，构建神经现象学纲领，作为应对难问题的方法论补救方案。在瓦雷拉看来，任何单纯的第三人称的理论建议或模型都不足以克服这一解释鸿沟。为了克服主体体验与大脑间的概念鸿沟，我们既需要在意识和大脑活动之间建立关系，又需要解释某些生理过程如何和因何对意识而言是充足的。为此，他提出了构建神经现象学的方法论主张，试图阐明整合生物学和现象学的生活体何以超越了鸿沟。神经现象学吸收了生命的自创生概念，心智的生成概念，意向性、主体性和生活体的现象学概念，它旨在实现心智科学和现象学之间的有益循环。尽管今天关于心智的物理主义哲学反对笛卡儿的实体二元论，但它仍坚持心智和生命的潜在的概念分离，并将生命等同于机制。相反，对于神经现象学而言，问题不在于如何从一个身体的客观主义概念中得出一个意识的主观主义概念，而在于如何从生命存在中理解生命主体性的涌现，包括生命主体性对生命存在的塑造。这正是神经现象学所要处理的涌现性问题，而非笛卡儿式的难问题。

综上所述，与传统的计算进路相比，心身问题在生成进路中显得既复杂又简单。生成主义拒斥任何形式的计算主义（即内在表征和符号操作的观点）和功能主义，强调具身性和情境性在认知中的作用，试图从生物现象学的视角来处理心身问题。我们将其对心身问题的具体处理概括为如下几点。

第一，在关于人类存在（human existence，表现为“个人层次”和“心理层次”两个维度）的区分方面，生成主义通过借助于现象学的分析和洞见，拓展了传统计算主义的分析范围。在个人层次方面，生成主义将之区分为三个视角：关于主体体验的第一人称视角、关于你我对话式交互作用的第二人称视角、关于客观测量的第三人称视角。在心理层次方面，传统计算主义将之简单地区分为有意识和无意识的心理过程；而生成主义则将之区分为反思经验（及物的觉知）、前反思经验（不及物的觉知）和无意识过程（无任何直接觉知）。生成主义关于人类存在的三重性区分，为其解决心身问题奠定了基础。其中关键的一点是，现象学揭示了传统心物绝对划分之后隐藏的、人类存在的“前反思层次”。这一洞见深刻地指出：“我们实际上总是参与到我们的生命中。这就是充满了目的性努力、时间流、暧昧情绪、意义建构、身体觉受等的体验王国。”[①]也就是说，现象学的分析表明，生命现象涉及我们“生活存在”（lived existence）的成分，这种生活存在在世界中是具身的和情境化的。

第二，生成主义通过吸纳现象学和以有机体为核心的生物学，将心身问题转化为身身问题（body-body problem）。在它看来，现象学和生物学本质上都致力于研究生命现象。而生命现象作为一个整体统摄了身体的双重具身性[②]：生命（生物）具身性和生活（体验）具身性（图 3.1）。前者是生物学意义上的，指身体作为一个具体的生命体（living body，包括物质的和热力学的性质，具有自主性组织）；后者是现象学意义上的，指身体作为一个具体的生活体（lived body，包括前反思经验）。概言之，生命现象统一了生物学意义上的生命体和现象学意义上的生活体，它既作为生物学所研究的生命体而存在，也作为现象学所研究的生活体而存在。这构成了生成主义的一个核心信条，即我的身体作为一个生命体的物质显现，不能与我的身体作为一个生活体的体验显现分离开来。也就是说，心智具身于生命体中，生命体亦具心于（minded）心智（生活体）中，

---

① Froese T. Breathing new life into cognitive science. Philosophical-Interdisciplinary Vanguard，2011，2（1）：115.

② 瓦雷拉，汤普森，罗施. 具身心智：认知科学和人类经验. 李恒威，李恒熙，王球等译. 杭州：浙江大学出版社，2010：xvii.

生物生命与心理生命是彼此交织在一起的。质言之，由于生成主义将主体的生活体验同认知和心理事件连接在一起，并纳入了生物学的能动性（biological agency）和现象学的主体性，所以它将传统的心身问题转换成了身身问题[①]。正是身体的这种双重具身性统一了（或者说沟通了）心身，认知生物学用于揭示生命体，现象学用于揭示生活体，二者以生物现象学的方式协同处理心身问题。

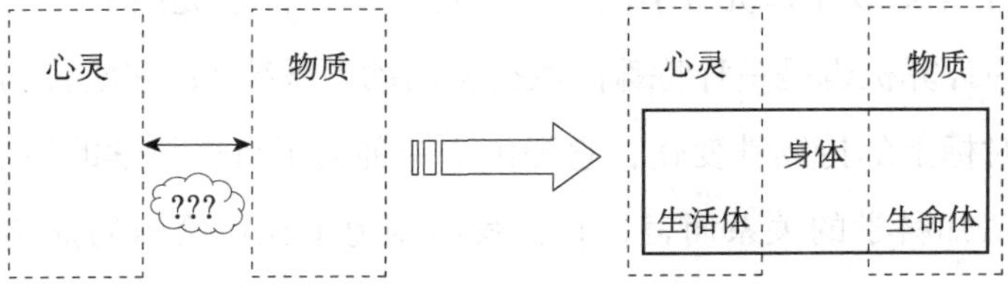

图 3.1　生成进路通过沟通生命现象的双重具身性来解决心身问题[②]

第三，生成主义框架中的自创生理论（生物学领域）在解决身身问题中发挥了关键作用。一是将生命存在看作一种自创生系统。也就是说，系统通过其本有的组织方式使其保持自己的持续性存在。这一洞见揭示了有机体与其身份之间存在某种内在关联。换言之，有机体因自己所做的事情才是其所是，且它因自己是其所是才做它所做的事情。用系统性术语来讲，一个有机体可以被概念化为一个自主系统，即一个自维持的、自生的和自区分的过程网。有机体的这种内在关联可以充当某种参考点，借此，它的内部和外部事件显示出意义性。二是正是由于自创生，有机体在面临持续的衰朽和可能的死亡时才得以持续存在，因此，就不能牵强地认为正是这种不稳固的情境给予了它一种关注的视角。根据这种观点，存在的（代谢的）生存被看作是最高价值。这表明，我们已然将传统认知科学的功能主义框架抛在了后面：为了避免产生悖论，死亡作为一切功能的停止不能被看作另一种功能。因此，从生命体到生活体的研究是可行的，就像我们从生活体视角来检视生命体一样。虽然它们不是直接相同的，但

① Froese T. On the role of AI in the ongoing paradigm shift within the cognitive sciences// Lungarella M. et al. 50 Years of AI，Springer-Verlag. Berlin，2007：63-75.

② 转引自 Froese T. From second-order cybernetics to enactive cognitive science：Varela’s turn from epistemology to phenomenology. Systems Research and Behavioral Science，2011，(28)：642.

身身问题的两边对彼此而言都不是全然陌生的。

第四，生成主义框架中的动力系统理论发挥着与计算机科学在认知科学中相类似的作用，这为心身问题在实践中的解决提供了可能性。需要指明的是，自创生理论与动力系统理论的数学之间关系密切（后者有助于前者的模型化）。确定的是，由于无论是生物学事件还是现象学事件都是在时间中展开的，所以我们可以通过这种时间结构将二者沟通起来。而正是在这种时间结构中，动力系统理论发挥着类似计算机科学的作用。这表现在：它提供了一个普遍的数学框架（它认为计算机也是一种特殊离散类型的动力系统）；它使我们科学地看待现象在多重时标上的持续性变化；它提供了一种关于自然科学的标准数学语言。另外，就与认知科学的关系而言，它让我们避免了在不恰当的描述层次上（如前反思的、代谢的或神经层次），公式化的一些被错误地过度进行心理学解释的现象。①

二、生成主义与他心问题

在传统认知科学（认知心理学）的社会认知领域中，存在一个类似于心身问题的困境，即“他心问题”：我们是如何将他者遭遇为他者的（如何了解他心）？他者是否具有心，他者的思维和感觉是什么样子的？人与人之间的社会性理解是如何通过那些无意义的物理事实来实现的？因此，认知生成主义要想成为一个可行的认知范式，除了心身问题以外，还必须对他心问题做出合理解释。在传统认知科学中，对他心问题的处理，通常根据计算主义的“意义—模型—计划—行动”这一流程来解决②。具体而言，我们先是感知到一组物理事件（如物理的身体和运动），并且这些事件作为某种认知加工的输入信息（如推断或模仿），从而产生某种关于他者心理状态的表征。然后，我们借此制订出关于如何以一种恰当的社会方式行动的计划。继而，我们通过执行那项计划指令来

① Froese T. Breathing new life into cognitive science. Philosophical-Interdisciplinary Vanguard，2011，2（1）：118.

② Froese T，di Paolo E A. Sociality and the life-mind continuity thesis. Phenomenology and the Cognitive Sciences，2009，8（4）：455.

尽可能地做出响应。显然，计算主义在解决他心问题时所面临的一个根本问题是，它无法阐明那些看起来全然是任意的声音、视觉和动作的意义，它实际上所解释的是两个形而上孤立的心智之间的可能认知通道。

针对计算主义的这一根本缺陷，生成主义以生命与心智的连续性论题为基点，结合现象学和认知生物学的观点，在一定程度上消解了他心问题。通过现象学考察，我们得出了解决他心问题的两个重要步骤。

第一，必须摒弃传统社会认知理论对社会性的过于狭隘的看法，突出我们对他者前反思理解的第二人称视角。如前所述，现象学分析揭示了第一人称视角（将自我体验为“我”）和第三人称视角（将他者体验为“它”）的绝对划分是不合理的，但它同时也突出了第二人称视角（将他者体验为“你”），即我们可以在其中彼此遭遇。另外，现象学还揭示了前反思体验意义上的人类存在。在它看来，传统的社会认知理论大都聚焦于获得关于他者的反思性认识的认知机制，而忽略了对他者直接的前反思直觉（direct pre-reflective intuition of others）的作用。因为我们在日常生活中与他者发生交互作用时，并不把他者感知为怪人一样的身体，而是直接感知为一个活的具有可能心智的存在，并同时感知到他者也以同样的方式感知我们。这种对他者生活具身性的直接知觉实现（即前反思），先于任何形式的理论反思。[①] 现象学传统把这种直接知觉描述为移情或同情。因此，一旦我们承认前反思的第二人称视角的存在，那么，至少在认知心理学所指涉的传统的反思层次上，就不存在任何他心问题。

第二，必须构建我们对他者前反思理解的理论基底，即需要找出一个与他者共享的理解基础。换言之，我们如何解释与他者共享体验的可能性？为此，弗勒泽在生命－心智连续性论题的基础上提出了延展身体假设（extended body hypothesis）：“如果我们接受‘生命体即生活体’的生成主义信条，如果我们可以表明那些发生交互作用的身体（bodies）在某种程度上变成一个身体（body），那么就存在一个作为直接分享彼此心性（mindedness）的基础。”[②] 关于共依赖性

---

① Zahavi D. Beyond empathy: phenomenological approaches to intersubjectivity. Journal of Consciousness Studies, 2001, 8 (5-7): 151-167.

② Froese T. Breathing new life into cognitive science. Philosophical-Interdisciplinary Vanguard, 2011, 2 (1): 122.

的代谢形式和多细胞机体为延展身体假设提供了一个证据支持。在生成进路看来，作为自创生系统的生命体可以得到延展。一方面，在实际中，自创生系统不能脱离其环境而存在。例如，细胞膜对细胞的保护，不是通过简单隔离它，而是通过适应性调节它与环境的交互作用来实现的。细胞和环境不是两个孤立的系统，而是以一种非对称的方式内在地关联（前者依赖于后者，为了其存在）。这说明，生命不是某种独立的实体，而是一种关系过程。另一方面，这种关系的环境方面并不局限于单纯的化学要素，还包括其他有机体。例如，在细胞情形中，细胞的代谢依赖于其他有机体的产物。如果这些有机体中有一些也依赖于该细胞的排泄物，那么，我们已然确立了另一个共依赖性循环，这一共依赖性循环将两个有机体关联为一个较大的自主性单元，即一个延展的生命体。这种新的自主性可以形成一个复杂的结构连贯性，以至于形成多细胞机体。延展身体假设说明了我们何以可能从单个的生命身体（individual living bodies，细胞）中被造出来，何以可能从一个统一的视角体验这个世界。

然而，延展身体假设只是阐释了我们与他者共享体验的可能性，并没有为我们直接找出一个与他者共享的理解基础。弗勒泽通过考察以有机体为中心的生物学中的“社会交互作用”，提出了“参与式意义建构”[①]的概念，作为我们对他者前反思理解的基础。首先，他把自创生理论中的共依赖性循环（化学领域中的自创生）拓展为自主性循环，有机体在这种循环中与其环境相关联。其次，由于生命体也是一个具心身体（minded body），因此，每一种身体运动都不仅得到了感觉知觉中变化的补充，而且还得到了生活体中变化的补充。通过环境和身体的调节，生命、感觉和行动被连接成一个统一的感觉运动环。弗勒泽认为，正是在这一感觉运动环上，产生了有机体的意义建构活动，并且该有机体的意义建构活动受到环境的调节，这种环境包括其他具有感觉运动环的有机体。在此基础之上，不同个体的意义建构之间存在着丰富的交互作用，它们的感觉运动环延展至一个较大的自主循环中。除了通常的意义建构以外，有机

① de Jaegher H，di Paolo E A. Participatory sense-making：an enactive approach to social cognition. Phenomenology and the Cognitive Sciences，2007，6（4）：485-507.

体的行为导致了另一个有机体感觉的变化，因而产生了其行为的变化，而这反过来修正了该有机体的感觉和行为等。当这两个有机体如此调节彼此的感觉运动环时，它们也调节彼此的意义建构活动，它们参与到了参与式意义建构活动中。我们据此可以推出：当我们与他者的交互作用转变成一个自主性循环时，我们的身体通过对各自的感觉运动环的动力调节暂时变成了一个延展身体。此外，由于连续性论题的一个核心信条是：一个延展的生命体蕴含了一个延展的生活体，因此，在第二人称视角中，当我们的身体在动力学上变得彼此缠杂交错时，我们可就以参与到彼此的体验当中。最后，他得出了这样一个结论：当我们在与他者的交互作用中意识到我们如何体验他者的时候，在这种存在层次（existential level）上就不存在任何他心问题，因为我可以将他者直接体验为像“我”一样的、活的具有心智的存在。

三、生成主义与认知鸿沟

生成主义作为认知科学范式，除了必须解决认知科学中的心身问题和他心问题以外，还必须处理它本身所面临的认知鸿沟问题。生命与心智的强连续性论题（the life-mind strong continuity thesis）是生成认知科学的核心工作假设，它所面临的最大挑战是认知鸿沟问题，即生命与心智的基本现象与人类的高级认知现象之间存在着一条难以逾越的鸿沟（第二章对此有详细讨论）。也就是说，对适应性生命（简单有机体）的研究如何扩展到对人类抽象认知的研究？生成认知科学认为，造成这一困境的根本原因在于没有质疑传统认知科学中盛行的方法论的个体主义假设，因此，克服认知鸿沟的关键在于系统考察社会性对生命和心智的本构作用。

然而，在考察社会性之前，如果我们对与他者关系的理解遇到了他心问题，那么就很难通过诉诸社会关系来弥合认知鸿沟，所以，如何解决他心问题就成了弥合认知鸿沟的一个前提要件。如前所述，生成主义以其特有的理论视角在一定程度上消解了他心问题（在此将不再赘述）。在认知鸿沟中，对他心问题的解决，有助于说明人类进化中的认知发展问题。关于这一问题，传统认知科学一直存在着先天与后天的争论。在许多情形中，我们很难想象：如果没有被赋予复杂的先天认知能力，孤立的个体何以可能学习复杂的行为。对此，传统认知科学提出了语言习得和先天语法的假设。但同时，有科学研究表明，通过在社会环境中喂养非人类的猿（如倭黑猩猩和黑猩猩）来使它们适应文化是可能的。我们进而知道，当一个年轻智人（Homo sapiens）碰巧被剥夺了一个恰当的社会文化环境时，它将不能发展那些与人类进行交流的高级认知能力。换言之，不可否认的一个事实是：人类认知在很大程度上依赖于我们与他者的交往。因此，为了使认知发展成为可能，就必须把我们与他者的关系作为认知发展的一个内在要素。

关于他心问题，我们可能会反思：我们与他者的关系本身是否也会受到认知鸿沟的限制？弗勒泽认为这种顾虑是多余的，因为它低估了前反思的第二人称交互作用在我们与他者关系中的作用，低估了那种自主组织我们个体能力的潜在的交互作用过程。事实上，我们可以证明：只要小孩具有以正确方式与他者相互协调的能力，那么，它就能通过它与他者的自动交互作用而发展出较为高级的能力。如果所需的对他者的敏感性也可以在这种交互作用中得到，那么，认知鸿沟的整个问题就可以被分解为一个分布于自我、他者和剩余世界的关系矩阵中。从中可以看出，他心问题的解决使得认知鸿沟的弥合在理论上成为可能。

生成主义通过探究存在主义现象学、以有机体为核心的生物学和基于行动者的模型之间相互启发的关系，提出了一些整合进路（如瓦雷拉提出的神经现象学纲领和弗勒泽提出的综合生物现象学），为认知鸿沟在实践中的弥合提供了具体可行的方案。例如，弗勒泽设计了一系列基于行动者的交互作用模型，这些模型表明：个体对他者的敏感性源自与他者的交互作用；个体的运动、感觉和身体都可以通过与他者的交互作用而被结构化。这样，通过社会交互作用的自发启动动力学，认知鸿沟就可能得到系统的解决。

综上所述，生成主义作为当代认知科学发展中的一种极富成效的认知研究纲领，以其强大的包容性和整合性彰显了自身的优越性，为认知科学注入了新鲜的血液。它拒斥传统的表征主义框架，提倡在生物学和现象学之间建立一种直接的相互启发关系，以其特有的方式解决了认知科学中的心身问题和他心问题，以及其自身框架范围内的认知鸿沟问题。然而，它作为一种新兴的进路还不够成熟，尚需进一步夯实和完善，但这并不妨碍它成为认知科学研究的指导性纲领。所以，我们不应简单地把它看成是对传统认知科学低层次领域的填补。相反，它提供了一个审视高层次认知和人类心智特性的科学视角，因而揭示了一些正统认知科学所没有的深刻洞见。

第四章 认知生成主义的方法论建构[①]

《具身心智：认知科学和人类经验》一书的出版迎来了二代认知科学和新AI。生成认知科学作为一门研究学科的提议出现于向二代认知科学过渡的时期，它把认知看作较大的或较为自然的语境的一部分来研究，重新强调生物学和神经生理学等的似真性的重要性，并将现象学等考察第一人称经验的方法纳入其体系中，寻求替代传统计算表征主义的新进路。在向二代认知科学的全面转变过程中，先前典型的认知主义在方法论上发生了一些重大变化。例如，哈钦斯的《荒野中的认知》特别强调走出实验室的认知研究。[②]他认为，外在于实验室的认知现象在实验室环境中观察不到，而且那些我们可以在实验室环境中研究的认知现象，在认知运作的机制解释方面，也可能存在偏差。某些种类的个体现象没有任何意义，除非它们被置于较大群体活动的语境中。这些主张都反对这样一个假设：关于个体的研究可以不加质疑地普遍化到群体。受人种学（ethnographically）激发的社会研究主张：群体的特征和动力学并不仅仅源自个体的特征，或者更激进地讲，个体认知在某种意义上源自群体认知。另外，也

---

① 本章核心内容原载于《自然辩证法通讯》2015年第2期。收入本书有扩充。

② Edwin Hutchins. Cognition in the Wild. Cambridge：The MIT Press，1995：350.

有一些研究指出，某些不同种类的现象不可相互还原，因而需要不同的、互补的和非对应性的描述及解释。例如，朱瑞罗（A. Juarrero）就注意到，许多新近的认知模型都基于这样一个断言：在局部和全局之间存在相互的循环及决定，因此，需要引入一些叙述技巧（narrative techniques）来分析和描述认知系统。

新兴的生成认知科学从根本上有力地推进了这一变革进程。它不仅对传统表征的对应性模型提出了质疑，提出了一些新的方法、技术、机制和模型，而且还在很大程度上拓宽了传统认知科学的方法论范围，极大丰富了认知科学的研究。一方面，在原有的第三人称方法论（主要吸纳了生物学方法和动力学方法）的基础上，它将考察和探究经验或意识的第一人称方法论纳入认知科学中，为意识的科学研究注入了活力。这些方法主要来自西方的科学心理学、现象学传统和东方的佛学传统。另一方面，为了切实有效沟通科学的心智和经验的心智，或者实现二者间彼此增益的相互循环，它试图在一三人称方法论的基础上构建第二人称方法论，主要以丹尼特的异类现象学和瓦雷拉的神经现象学为代表。

第一节　第一人称方法论

“具身行动纲领”和“脑身经验结构纲领”突出了人类经验在认知研究中的不可或缺性，以及其在认知科学中的重要地位。因此，生成主义提出并试图将考察人类经验的第一人称方法论纳入认知科学。所谓人类经验或“第一人称事件”（first-person events），是指“与认知和心理事件相关的生活经验”（我们通常用“意识经验”“经验”“现象的意识”和“感受性”等术语来刻画）；它意味着“那种被研究的过程（如视觉、疼痛、记忆、想象等）的显现，对于能提供某种说明的‘自我’或‘主体’而言，都是相关的和明显的；它们具有一个‘主体性’的方面”[①]。这种与主体直接相关的“直接经验”（direct experience）被瓦雷拉称作“基本的根基”或“意识经验的不可还原性”[②]。而经验的不可还原

① Varela F J，Shear J. First-person methodologies：what，why，how? Journal of consciousness Studies，1999，6（2-3）：1.

② Varela F J. Neurophenomenology：a methodological remedy for the hard problem. Journal of Consciousness Studies，1996，3（4）：330-349.

性，“并非因为它拥有一些形而上的特殊属性，它们不能被纳入关于宇宙的某种具体化的物理主义模型；而是因为它的不可消除的先验特性：生活经验总是被任何一种陈述、模型或理论预先假定，生活体是生活经验的一种先天的不变量”[①]。然而，正是由于直接经验的不可还原性，所以我们无法通过第三人称视角获得它们。但是，在生成主义看来，直接经验作为人类的生活经验，非但不是私人的或不可企及的，而且是平常的、可主体间获得和可供描述的。

一直以来，在计算的心智和现象的心智之间存在着一条难以逾越的解释鸿沟，许多研究者都在为试图解决这一问题而绞尽脑汁。同样，生成认知科学也不例外。现象的心智在不同文献中被表述为主体性、意识或经验等不同术语。尽管这些术语存在一些细微差别，但它们的一个共同点在托马斯·内格尔（Thomas Nagel）的如下表述中得到了明确揭示，即“做……的感受是什么样子”（what it is like to be）[②]。例如，做一只蝙蝠的感受是什么样子，是指当成为一只蝙蝠时会是什么样子。这其实是谈论现象性（phenomenality）的另一种方式。而现象在其最原始的意义上是指某种显现、某种关联性的东西，现象性对生命存在而言十分重要。我们永远无法感知到蝙蝠所感知到的东西，因为我们的视觉系统不同于蝙蝠的声呐系统，外部世界对蝙蝠和我们而言是不同的。传统认知科学的一个弊端就在于它对心智的说明常常忽略这种现象性或主体性，它并不试图说明，或者说，它本身就不能说明现象性或主体性。它为人熟知的一个观点是：对某一主体而言，某物可能发生，并在那种意义上是主体性的，但该主体无法通达这一现象。然而，这正是意识概念需要介入的地方。意识概念本身用于指称：该主体知道、熟悉或意识到该现象。因此，我们可以说，主体无法通达这一现象是因为主体没有意识到这一现象。我们需要在意识与非意识的现象，或意识与亚人的主体性之间做出区分。尽管有大量例子表明我们前反思地感知现象却没有意识到它们，但某种检视方法将阐明或将这些前反思现象置于显要位置。也就是说，在亚人与意识之间没有一个固定界限。在此，我们的观

① Thompson E. Life and mind：from autopoiesis to neurophenomenology. A tribute to Francisco Varela. Phenomenology and the Cognitive Sciences，2004，3（4）：394.

② Nagel T. What is it like to be a bat. The Philosophical Review，1974，（4）：435-450.

点是：生活经验是不可还原的，现象数据不能被还原或从第三人称视角得出。

关于意识经验的不可还原性，我们需要指明几点：一是承认经验作为一种可被探究的领域，也就承认了生命和心智的第一人称维度，经验是人类持续存在的标记。换言之，剥夺了对这一现象领域的科学探究，也就等于切割了人类生命的最重要方面，或者否认了对它的科学解释通道。二是主体经验指向日常实践中使用自我的认知、意图和行为这一层次。例如，我知道我的动作是一系列肌肉收缩协调的结果，但移动我的手这一活动是在动作计划的涌现层次上运作的，这些动作计划似乎是作为主动行动者的动作意图而出现的，而非只能从第三人称立场看到的肌肉紧张。这一实践维度使与第三人称说明的交互作用成为可能（而非心智哲学中所熟悉的抽象的脱离实际的描述）。三是人类实践中的体验受到专业干预的调节作用，如教育和学习、运动、训练和心理疗法。在所有这些领域中，有充分证据表明：经验领域不仅对于人类活动和使用自己心智的生命而言是基本的，而且还可以被探究，正如我们在如下调节的变化中看到的，即特定实践和指定情境中的人类交互作用（培训课程、运动训练和心理治疗会议）。因此，第一人称方法论认为，在亚人和意识之间没有一个固定的界限，对前反思的探究表明了一个丰富的未被探究的、具有显著结果的信息和数据源。四是人类经验不是一个固定的、被预先勾画好的领域。相反，它是变化的、可变的和流动的。例如，一个人在经历了某种严格的音乐演奏训练之后，在区别音符、对音乐措辞和剧团表演的敏感方面将会获得更高的提升。但是，这意味着经验被探究和修正的训练有素的程序不是随意的。的确，说经验是标准的、原始的或纯粹的，通常没有任何意义。我们所具有的一切东西只是在其检视层次上的经验，并且依赖于各种努力和方法。它是移动的和变化的，对它的探究已经是人类生活的一部分。[①]

瓦雷拉和希尔（J. Shear）考察了人类历史上探究第一人称经验的三个方法论传统：源自科学心理学的内省方法（introspective approach），源自现象学哲学

① Varela F J，Shear J. First-person methodologies：what，why，how? Journal of consciousness Studies，1999，6（2-3）：4.

传统和现象学心理学的现象学还原方法，以及源自印度佛教和吠陀教传统的静心修持法（meditation）。生成认知科学主要采取的是后两个方法论传统。在此，我们需要声明的一点是：由于考察经验的任何一种方法都不是中立的，因此，它不可避免地将某种解释框架纳入它对现象数据的收集中。这一考察经验过程的解释学维度就是不可避免的：每一种检视方法都是一种解释，所有解释在揭示某种东西的同时也隐藏了某种东西。但不能由此得出：考察经验的训练有素的方法创造的只是人造物，或者经验实际存在的被扭曲了的形式。上述第一人称方法存在一些共同的基本特征。

（1）在基本态度方面，它们都需要一个自然态度中止的时刻和从内容到心理过程的改变。设想某个实验情境中的被试需要完成一个明确的任务。在完成这一任务期间，被试经历了某件事情，我们将之称作他的生活内容（lived content）L1。在任务语境中，被试被要求检视（描述、分析、觉知或注意）L1。检视一旦发生，L1 将会在短时间内成为新经验的内容的一部分——检视自己的心理状态（mentation），从而成为一种新的内容 L2。L2 是注视自己心理活动的产物，它通常会有另外一个新的内容，即那种通达 L1 的特殊方式。从 L1 到 L2 的变化表明，必然存在思维的某种转变，必然存在自然态度的中止或中断（这种自然态度通常不会停止通达自己的内容）。其中，关键的一点是，某一心理行为的内容（如“我”被要求描绘“我”家的房子）与这种内容显现的过程（“我”脑海中如何出现所需的意象）之间存在明显差别。如果我们的概念中没有这种根本差别，将会导致诸多混淆。诚然，上面所列举的方法有一些差异。前两种方法包含对内容的聚焦式的注意，目的是获得某种知识或洞见。因此，对某种方法的成功习得，总是伴随着从 L1 到 L2 的转变。第三种方法则较为微妙。在正念训练的早期阶段，对直接的心理内容的注意是十分关键的。但是，随着实践的展开，我们可以放松这种起初的努力，并且心理内容变得没有比意识呈现本身的性质那么重要，正如在大手印 - 大圆满法教中所强调的。大圆满法教、禅宗和藏传佛教，从一开始就不关注心理内容。这里的目的是要发展方法，直到它消灭自身，产生纯粹的（无内容的）意识状态。

（2）在现象的填充（phenomenal filling-in）方面，为了达到开始的中止和进入一个完整的内容，它们都需要某种特殊的训练。在此，第二人称的调节作用显得十分重要。通过起初的悬搁，一种新的起初空隙的领域被逐步填入新的现象数据。它是发现的阶段，或经验的填充，而这需要一种持续的训练来完成。这种通达个人经验的明显的娴熟（facility）正是误导人的地方：通过悬搁而变得可能的填充，具有其自身的发展时间，而这需要培养。但是，所有方法都有其发展时间，且变化各异。

（3）在表述和主体间的证实方面：在任何情况下，表述和证实的过程将需要那些易受主体间反馈影响的明确说明。因此，第一人称方法论并非轻而易举的。在有意义的现象数据被获得和证实之前，它们需要某种持续的专注和一个互动框架。最后，调节作用是所有这些方法中的一个独特方面，这个方面迄今为止很少得到人们的注意。

一、现象学方法

现象学是由胡塞尔创立的，经海德格尔、萨特和梅洛－庞蒂等人得以发展的一套成熟且完整的哲学体系。汤普森将现象学的发展划分为静态的（static）、发生的（genetic）和生成的（generative）三个阶段①。生成主义主要援引的是后两个阶段的现象学。静态现象学主要研究意向结构，认为意识的这些形式结构及其对象都是既定的，并对此进行静态和共时性分析。而发生现象学则认为意向的结构和对象不是既定的，因此，要对它们的涌现方式进行分析。它主要关注诸如情感、动机、注意和习惯之类的现象。生成现象学主要分析生活世界，即关于人类世界的文化的、历史的和主体间的构成。

生成主义采取现象学方法主要基于两方面的理由②：一是任何关于心智的研究都不能脱离意识和主体性。因此，探讨思维、感知、行动和情感等在个体中

① Thompson E. Mind in Life：Biology，Phenomenology，and the Sciences of Mind. Cambridge：Harvard University Press，2007：16-17.

② Thompson E. Mind in Life：Biology，Phenomenology，and the Sciences of Mind. Cambridge：Harvard University Press，2007：16.

是如何被体验到的就是必需的。而这恰好与现象学的目的相契合，即对直接体验到的现象进行描述、解析和说明。二是任何关于心智的研究都不能脱离“生活体”（lived body），因为心智的一切功能和作用都是通过生活体来实现的。人类的身体在其消亡之前总是一个生活体，这是一个不争的事实。而现象学就是关于生活体的哲学。生成主义将现象学作为一种审视经验的方法主要表现在以下几个方面。

第一，对心智采取现象学态度，并将现象学还原作为探究人类体验结构的方法。现象学既是一种思维方法，也是一种“特殊类型的反思，或关于我们意识能力的态度”①。生成主义不赞成那种对心智的未经反思和批判的“自然态度”，因为这种立场想当然地将世界看作独立于心智或认知，想当然地认为事物通常是其所显现的那个样子。因此，它主张对心智采取批判性的“现象学态度”，并对自然态度所包含的人类经验及其直接的“生活特质”（lived quality）进行审视。生成主义将“现象学还原”（现象学的一个重要程序）作为考察“事物是如何显现于我们”而不是“什么显现于我们”的方式。现象学还原的目的在于将我们从自然主义的独断论中解救出来，使我们意识到自身对我们所体验到的东西的构造性作用（认知的、意义揭示的作用）。它作为探究人类体验结构的方法，主要包括两个关系密切的步骤：悬置和还原。悬置是进行现象学还原的必要前提，旨在对任何关于世界的自然态度进行中止或加括弧，是使我们从对日常世界不加质疑的接受中解脱出来的方法，从而使我们的注意力转向事物显现于我们的模式或方式。生成主义将“那些与我们经验相关的事物”进行悬搁，直指“我们主体性的关联结构和世界的显现或显露”②。在它看来，“悬置”是一种“灵活的可训练的心理技能”，我们借此可以探寻那些真正可发现的和那些通常看不到的潜在东西。在此需要指明的是，现象学悬置不是去怀疑或将实在从我们的考虑中剔除出去，而是中止或中立化对实在的自然主义态度，从而使我们以其在

① Varela F J. Neurophenomenology：a methodological remedy for the hard problem. Journal of Consciousness Studies，1996，3（4）：334-335.

② Thompson E. Mind in Life：Biology，Phenomenology，and the Sciences of Mind. Cambridge：Harvard University Press，2007：18.

体验中被给予或显现的方式来关注实在。而现象学还原的任务在于“分析主体性的特定结构与表象或给予性的特定模式之间的相互依赖性”[①]。如此一来，我们就能严格而准确地“以其被体验到的方式来观察和审视我们知觉可通达的日常事物，以其被记忆的方式来审视被记忆的事物，以其被想象的方式来审视被想象的事物”[②]。要言之，现象学还原的兴趣点不在于“事物是什么”，而在于“它们如何显现”，或者“我们如何体验它们”。

第二，探究自我与世界的关系。现象学中的一些核心概念，如生活体、生活体的环境（lived-body environment）、客观身体（objective body）、意向性、在世之在等，有助于说明人的生活体是如何与世界，以及与其自身相关联的。在现象学方法的引导下，生成主义宣称自我与世界的关系不是主客体的关系，而是“在世之在”，因此，它反对关于心身或主客体的传统二元论看法。这种自我与世界的关系正如梅洛－庞蒂所言，“世界与主体是不可分的，与之相分的不过是一个作为投射世界的主体；主体与世界是不可分的，与之相分的不过是一个作为主体自身投射的世界”[③]。另外，生成主义还将生活体的环境看作一个整体结构，并认为生活体与其环境，以及其他处于人类世界中的生活体是缠结在一起的，生活体的环境就是一个涌现于大脑、身体和环境之间的互惠的交互作用的（即生成认知科学所讲的“结构耦合”）整体结构。

第三，探究如何审视身体经验。这个问题是由汤普森提出的，他认为：“既然人的身体是在世之在的媒介，又作为经验的一个可能性条件，那么，它是如何或以什么样的方式被经验到的？”[④]生成主义的策略是采用现象学的“生活体”概念，借此表明：身体是我们直接存活的某个东西，“一切知识都必然涌现于我们的生活经验”[⑤]。为了把握这一点，我们需要区分现象学中的两对概念：客观

---

① Gallagher S，Zahavi D. The Phenomenological Mind：An Introduction to Philosophy of Mind and Cognitive Science. London：Routledge，2008：24-25.

② Gallagher S，Zahavi D. The Phenomenological Mind：An Introduction to Philosophy of Mind and Cognitive Science. London：Routledge，2008：25.

③ Merleau-Ponty M. Phenomenology of Perception. London：Routledge and Kegan Paul，1962：139.

④ Thompson E. Sensorimotor subjectivity and the enactive approach to experience. Phenomenology and the Cognitive Sciences，2005，（4）：410.

⑤ Varela F J. Neurophenomenology：a methodological remedy for the hard problem. Journal of Consciousness Studies，1996，3（4）：336.

身体与生活体，身体意象（body image）与身体图式（body schema）。胡塞尔和梅洛－庞蒂对客观身体和生活体做了区分。在他们看来，客观身体是指那种可以被客体化的生命体（living body），它在意识经验中作为我们自己的身体而显现，我们可以对它进行各种科学研究和观察。生活体是指那种生活着的、用于支撑知觉行为、观察和分析的身体，它既存在于意识经验中，又“可缺席获得”（absently available）[①]。生活体的这种“可缺席获得”的模式存在于个体意识的底层。

客观身体显现于身体意象，生活体以身体图式运作。身体意象是身体显现于意识的东西，是一种我们所具有的关于自己身体的意识知觉、信念、态度或理解。身体图式是一个无意识运作的自主系统，具有在自指意向性（self-referential intentionality）层次下面运作的前意识的感觉运动能力和习惯。这种“缺席可获得的身体图式比身体意象更为基本”[②]，两者虽然存在诸多差别，但在功能上相互关联。理清身体意象和身体图式间的差别，以及身体在行动和认识行为中的作用，有助于理解我们如何把自己的身体经验为一个客体。

二、佛学静心修持方法

生成主义以第一人称视角考察经验的另一条进路是非西方的佛学静心修持传统。当今世界，佛学在西方得到了广泛而深远的传播，这为实现佛学心理学与认知科学间的对话奠定了厚实的基础。正如瓦雷拉所言，“佛学西渐，乃是西方文化史上的第二次文艺复兴，其对西方文化的重要性堪比欧洲文艺复兴时希腊思想的再发现”，西方的哲学理论不再占有“优先的、基础的地位”，佛学思想的引入恰恰能“拓宽我们的视野，囊括对经验反思的非西方传统”[③]。如果说现象学方法只是在西方传统理论框架内为科学的心智与经验的心智搭建的第一座

① “可缺席获得”（absently available）是加拉格尔的术语，用于说明生活体不是完全呈现于意识的，尽管它可以被呈现为客观身体。生活体的运作大都是隐晦和自发的。

② Gallagher S. Hyletic experience and the lived body. Husserl Studies，1986，（3）：154.

③ 瓦雷拉，汤普森，罗施. 具身心智：认知科学和人类经验. 李恒威，李恒熙，王球等译. 杭州：浙江大学出版社，2010：18.

桥梁，那么，佛学静心心理学则是在东西方文化对话的全球视域中为科学的心智与经验的心智搭建的第二座桥梁。生成主义引入现象学方法和佛学静心修持方法，无疑能以一种更加宽广的视野和前所未有的雄心，扎实推进心智的更为全面、具体和深入的研究。

概言之，佛学具体考察经验的方法是“正念觉知”（mindfulness awareness）或“正念静心”[①]（mindfulness meditation）。正念意味着“心智呈现在具身的日常经验中，正念的技巧设计就是用于引导心智从其理论和执着，从抽象态度返回到一个人经验自身的情境”，目的是“让心能够长时间处于当下状态，以便洞见心智的本性和机能”[②]。正念被艾斯坦（M. Epstein）称作佛学中的一个“独特的注意策略”，它旨在“培育对变化中的知觉对象的时刻觉知”[③]。但是，正念不同于专注（concentration 或 focusing），专注不过是正念的初始阶段和方便法门。用佛学的正统术语讲，正念觉知其实就是指禅定（或止观）的功夫和境界。生成主义的佛学心理学根基奠定了其“无我”（selflessness）和“非二元论”的信念基础。具体而言，佛学考察经验的静心修持法及其特征主要体现在如下三个方面。

第一，正念觉知是一种具身的开放性反思方法。梅洛－庞蒂尖锐地指出，胡塞尔的现象学还原仍是抽象理性的一种事后理论反思，尚未真正地把握和揭示意识经验的结构及本质，仍不能克服科学与经验之间的断裂，仍在其所要标榜悬置的“抽象态度”中打转。而佛学的静心修持法恰恰能弥补现象学这方面的不足和缺陷。静心修持让我们注意到，现象学所悬置的对心智的“抽象态度实际上就是一个人在非警觉时的日常生活的态度”，它是“厚重的宇航服，是习性和先见的填料，是一个人习惯地将自己与自身的经验隔离开的铠甲”[④]。然而，胡塞尔的悬置只是观念态度上的、缺乏力度的空洞口号，而禅定的功夫修持却能达到真正意义上的悬搁，彻底转化心智的抽象态度（即心的习气或业气），祛

① 瓦雷拉，汤普森，罗施．具身心智：认知科学和人类经验．李恒威，李恒熙，王球等译．杭州：浙江大学出版社，2010：21-26.

② 瓦雷拉，汤普森，罗施．具身心智：认知科学和人类经验．李恒威，李恒熙，王球等译．杭州：浙江大学出版社，2010：18，20.

③ Epstein M. Thoughts Without a Thinker. New York：Basic Books，1995：95-96.

④ 瓦雷拉，汤普森，罗施．具身心智：认知科学和人类经验．李恒威，李恒熙，王球等译．杭州：浙江大学出版社，2010：21.

除心的一切妄想杂念。如果我们换个角度来重新认识反思，那么，正念觉知实际上也是一种经验的反思形式。不过，它不是抽象的、非具身的理论反思，而是“具身的、开放的反思”，反思“不仅仅是针对经验”的，它自身也是“经验的一种形式”。正念觉知就是这种特殊的经验的反思形式。需要说明的是，正念觉知这种反思形式不同于传统实验心理学中的“内省方法”。在瓦雷拉看来，“内省”仍然是胡塞尔所讲的抽象态度，因为内省心理学中的每一个实验都以某种理论为指导，而这种理论通常认为经验可分解为某些要素，并且被试被要求作为一个外在观察者来审视自己的经验，因此，以这样的方式内省来的东西仍停留在抽象态度的范围内。所以说，内省方法与正念觉知是两种根本不同的方法。内省方法无法真正地把握到直接经验，更遑论洞见心智的本性。

第二，在心物关系方面，佛学心理学奉行的是心身一元论。它认为，我们的心身原本是凝聚为一体的，心身是一体的两面，心身既可以分离也可以统一，两者是一而二、二而一的关系。当我们被心智的各种习性和成见（即抽象态度）主导时，我们的心身是分离的，心智常常处于漫游、散乱、游离的状态。静坐的初期体验表明，即便是专注于最简单的呼吸活动也颇费功夫和定力，因为我们一起心动念就有八万四千烦恼袭来，我们常常很难达到心不他驰、万念俱绝的真心圆觉境界。但是，经过长期的禅定修持功夫，我们的心身会发生气质性的变化，心身会渐渐地融合，复归其原初的命蒂之根，达到“万物皆备于我”“独与天地精神相往来”的三昧境界。这似乎以另外一种方式契合了现象学对心身问题的解答，它们本质上都是非二元论的立场。

第三，佛学心理学体现出鲜明的科学实证精神。譬如，“闻思修”是佛学修习的三个阶段，它不仅注重对佛学的“闻”和“思”（如参禅），更注重科学实践中的“修”和“证”（如禅修）。也就是说，佛学不是让人盲目地去信仰其所宣扬的教义和信条，它更注重对佛学教理的功夫实修和实践检验。佛学与其说是一种宗教式的信仰和膜拜，不如说是一种关于生命与认知的科学教化和浸润。只要褪去佛学的宗教神秘面纱，我们就会发现，它实际上是一门名副其实的实证科学，它可以与当今的科学发展成果相互印证。

第二节　第三人称方法论

从方法论上讲，生成主义认识论纲领中的自主性、意义建构，以及互规定性和共涌现性纲领均是以第三人称视角探究认知主体、认知主体与其周遭环境间的关系的。它们共享一个第三人称方法论的特征，秉持一个外在观察者的客观立场，其核心内容是与描述性经验（descriptive experiences）相关的第三人称描述或说明。这些第三人称数据都是通过一个外部观察者或实验者而收集的，它们的定义性特征是世界事件的属性。与第一人称方法论相比，第三人称描述或说明尽管由人类行动者提供和产生，但它们“并不直接显现于人类行动者的经验-心理领域（experiential-mental sphere）”①，因此呈现出截然的客观性特征。可以说，第三人称方法论体现了生成认知科学在研究方法上的保守性，表明它并没有完全放弃科学研究心智的第三人称立场，它的许多研究者也在进行可观察研究、做出相关的假设和预测、构建实验并评估其结果。总体上讲，生成认知科学在这方面采取的方法主要是生物学方法和动力学方法。

一、生物学方法

第一，从认知生态学视角探究认知生态系统中诸要素间的关系。哈钦斯认为，“认知生态学使用了一个明显的隐喻，即认知系统在某种程度上就像生物系统”②。为此，他将认知研究置于一个整体的包括大脑、身体和世界在内的认知生态系统中。在他看来，认知生态系统中的所有要素构成了一张关系紧密的依存之网，它们之间存在着丰富的交互连接性（interconnectivity），彼此发生着复杂的动力交互作用。知觉、行动和思维是一个相互联系的有机整体，心智或认知是涌现于这个认知生态系统的重要属性。目前，研究者们集中于探究行动、交

① Varela F J，Shear J. First-person methodologies：what，why，how? Journal of consciousness Studies，1999，6（2-3）：1.

② Hutchins E. Cognitive ecology. Topics in Cognitive Science，2010，（4）：705.

互作用和概念化之间的关系，他们把知觉、行动和思维看作一个相互联系的整体，并将人类的认知活动看作境遇性的、社会性的和具身性的。这种对认知生态系统的研究已然成为认知科学的一个重要组成部分。

关于认知生态学对生成进路的洞见，主要表现在四个方面：①主张在生态心理学和认知的动力系统研究之间展开彼此增益的借鉴与合作。动力系统研究的一些成果可以启发生态心理学，如动力学家强调在运动中连接的大脑、身体和世界发挥整体作用的观点；而生态心理学家可以借助动力学系统理论的分析工具对一些知觉和运动过程进行模型化。②主张知觉是行动的一种形式。这一洞见为具身心智的观点提供了灵感，后者认为知觉体验根植于感觉与行动之间的关系规律。这些感觉运动的不确定性总是蕴含了有机体与其环境之间的相互作用。这种感觉运动进路把“知觉看作我们所做的某种事情，而非发生在我们身上的某种事情”①，它看待有机体与环境之间的关系，是根据耦合、协作、显现和自组织，而非根据信息跨越某个障碍所发生的转变。③主张把有机体与环境间的连接点看作基本过程运行的场所。这一观点突出了身体在思维中所发挥的重要作用，使具身认知把高层次的概念过程建立在身体体验的基础之上。具身认知的一个相关领域是审查姿势（gesture）与思维之间的关系。它对姿势的研究突出了谈话与身体行为之间的协调性，表明了人际交流的多式性质。这种对身体和心智与环境之间的连接方式的关注，突出了多式性的两种形式。人们在与其环境进行交互作用的同时，还占用了几种样式，如言语和姿势。现在，有一点是清楚的，即在大脑内部，那些用于解释在任何一种样式中都能见到的模式的因果要素可能部分地存在于其他样式之中。事实上，最近的研究显示，大脑皮层各个领域的活动是在一个相互发生因果作用的复杂系统中展开的。因此，神经科学家感到有必要扩展分析单元的界线，进而考虑一个较为宽广的认知生态学。④主张从文化视角研究人类认知。对于人类而言，“世界”（在“大脑 - 身体 - 世界”系统中）是由社会情境和物质情境构成的，这两种情境都是从文化上构建起来的。认知研究的文化视角指出：人类大脑与人类文化是共同进化

① Hutchins E. Cognitive ecology. Topics in Cognitive Science，2010，（4）：712.

的，心智的分析单元一定是文化的/认知的生态系统。神经系统中的活动是通过如下方式与高层次的认知过程发生联系的，即通过与文化上建构起来的物质世界和社会世界发生具身性的交互作用的方式。

第二，从自创生理论视角探究认知系统的本质属性。自创生理论是马图拉纳和瓦雷拉从生命的原初形式探索心智奥秘的一个著名理论，它是生成进路的一个重要理论来源。他们通过反思单细胞机体代谢的自生产活动，把生命系统的最小组织描述为自创生系统，认为生命机体具有无限自生的属性，生命机体的一切活动都在于维持其自组织过程。自创生不仅对于生命机体是必要的，对于认知本身也同样是不可或缺的，因为生命与心智之间存在连续性，认知始终是生命的认知，它不可能脱离生命而独立存在。因此，自创生概念从根本上讲是非客观主义的，本质上蕴含了认知系统的自主性原则——它强调认知主体的主动性和自我构造性，认为生命机体的身份、构成成分，以及其自身所遵循的法则都由其特有的自创生活动产生，并且认知主体作为行动者与其周遭环境发生着持续的结构耦合作用。然而，尽管自创生理论作为生命的组织结构，在生成认知科学中发挥着重要作用，但我们需要甄别的一点是，自创生理论更多地关注理论和认识论上的问题，而生成进路则倾向于关注科学实践和解释的问题。由于生成进路把生成看作具身行动，所以它特别强调知识建构的主动性和参与性方面，而自创生理论则有时被批评有支持唯我论和非自然主义的倾向（尽管这种批评通常是不公正的）。

因此，瓦雷拉将最小生命系统的自主性概念普遍化为一般性的操作刻画，他在自创生理论的基础上提出了自主系统概念，认为自主性是认知系统的本质属性，因而构成了生成进路的一个最具基础性的概念。他把自主系统精确地定义为一个拥有组织闭包①和操作闭包的系统。“组织闭包”用于刻画将系统规定为一个统一体的自指（循环的和递归的）关系网。在任何一个给定的时刻，这

① “闭包”一词是在其代数意义上使用的：一个运算K在D域中表现为闭包，如果这一运算的每一个结果都产生了D中的结果。这样，如果一个系统活动的结果仍属于该系统本身，那么它的运作就具有操作闭包。操作闭包的概念与物质封闭系统没有任何关系，物质封闭系统是指一个系统不与外在于它的东西发生交互作用，因此，“闭包”一词不能被理解为系统在物质和能量方面与外界隔离。事实上，这是不可能的。相反，自主系统在热力学意义上并不是平衡系统，它必定与其环境发生耦合作用，持续进行着物质和能量的交换。

种自指网必须被维持，否则系统就不再是自主的。具体而言，自主系统在组织上是封闭的，它由如下过程来刻画："①这些过程被关联为一个网络，因此，在这些过程本身的产生和实现中，它们递归地彼此依赖；②它们将系统构造为一个统一体，它在这些过程存在的空间中是可识别的。"[①] "操作闭包"用于刻画系统的递归的、再入的和循环的动力学。系统根据自身的自组织动力学（与环境的耦合）来改变自己的状态，其活动的产物总是其范围内进一步的自组织活动（除非它的操作闭包被干扰，并产生分裂）。关于将自主性定义为操作闭包的看法，我们可以举出许多相关的生物例证，如单细胞、微生物群体、神经系统、免疫系统、多细胞机体、生态系统，甚至社会系统。这些系统都是其自身活动的来源，规定了自身的信息或认知域；它们不是将输入指令转换为输出物的传感器。换言之，这些系统的自主本性需要被识别。

这种内在于自生过程（它是自主性定义的核心部分）的自指（self-reference）具有重要意义。它使得我们谈论如下相互关联的观点成为可能，即身份、不稳固性和作为自主系统的有意义世界的生成。

（1）关于自主系统的身份。可以说，如果没有组织闭包所提供的自主性，系统就不能将其身份定义为一个个体，它仍是一个外部规定的组件集，我们只是通过约定把这种组件集命名为一个"行动者"。自主系统以这样一种方式被组织，以至于它的活动是其自主性组织的因和果。换言之，它的活动依赖于组织的约束物，这些约束物反过来由该活动本身再产生。这给予它一种本质上的自构成的身份，因为它的生产性活动区分了何物可以被看作该系统的一部分，以及何物属于该环境。

（2）关于身份的不稳固性。如果系统没有主动实现这种自生组织，那么构成该系统的组件就会消失。因此，我们不应把涌现性身份视作静态实体，它更像是发生（becoming）的一种开放性形式，这种形式在面对潜在瓦解的威胁下持续地存在。基于此，我们明确把自主系统的这种身份刻画为不稳固的。它不同于像计算机这样的去身系统，因为计算机具有一个静态身份（这种身份被外

① Varela F J. Principles of Biological Autonomy. New York：Elsevier North Holland，1979：55.

部强加某种物理基底，且不依赖于任何活动而存在）。这种系统的每一组件始终与其自身同一，即使独立于系统的其余部分。总之，我们所指称的自主系统是由如下过程构成的系统：它们在不稳固条件下主动生成和维持自身的系统身份。

（3）关于自主系统世界的生成。由于自主系统生成了自己的身份，所以它们也主动地、自主地确定自己的可能交互作用域，即系统在不停止存在的情形下与其环境发生关系的潜在方式。而且，自主系统由于其不稳固的存在模式，它所做的是对待它在自己持续的活动中所遭遇到的扰动。换言之，一次遭遇的意义并不完全由该遭遇本身决定。相反，对自主系统而言的意义的获得与其所必需的实现自身的自构成身份是相关的，因此构成了一个与该系统的当前情境及其需求相关的关注点。这种与自主系统所关注的视角相关的意义产生过程，就是意义建构的内涵所在。需要指明的是，自主系统的内生活动持续产生的意义构成了生活世界。从该系统的视角来看，它似乎不同于它的物理环境，正如它被外部观察者所区分的那样。总之，意义建构是自主系统生成一个有意义世界的过程。

另外，这种自主性视角还深刻影响了我们如何看待大脑活动，以及它与包括意识在内的精神活动之间的关系。[①] 在此基础上，生成进路提出了有机体规定自己对世界的看法的观点。就大脑和神经系统而言，这种自主系统视角蕴含：神经活动的内源性自组织动力学应该是联系大脑过程和精神过程的参考点。大脑的整体组织反映了一个互惠原则：如果 A 区连接到 B 区，那么 A 区存在来自 B 区的互惠关系。而且，如果 B 接收到了来自 A 传入的大部分作用，那么，它将把自己传出的大部分活动回传至 A，仅有少部分活动向前传出。然而，传统的神经科学试图将大脑组织映射到一个层级的输入 - 输出加工模型中。在这一模型中，感觉末端被看作起点。知觉被描述为一系列的前馈或自下而上的加工阶段，自上而下的作用被等同于从高级区域到低级区域的背景放映或反馈。弗里曼（W. Freeman）将这种观点概括为关于大脑的“被动的认知主义”观

① Freeman W J. How Brains Make Up Their Minds. London：Weidenfeld and Nicolson，1999：45.

点。与此相反，生成主义认为大脑过程是递归的、再入的和自启动的，并不在任何一个地方开始或暂停。前者将知觉看作感觉的一种后期阶段，将感觉接收器看作分析的起点，而生成主义则将知觉、情绪和认知看作是意向行动的依赖性方面，并将大脑的自生成的内源性活动看作分析的起点。弗里曼将这种观点描述为关于大脑的“主动的实用主义”观点。被动的认知主义观点将这种内在状态描述为以一种“自上而下”的方式作用于感觉处理，而主动的实用主义或生成主义观点则认为，“自上而下”和“自下而上”只不过是一些启发性术语，它们用于描述这样一个问题：那种根据自己内在确立的参考点来整合传入活动和内源性活动的大尺度网络实际上是什么。因而，从生成视角看，我们需要留意这种大尺度的动力学网络，以便理解认知、意向行动和意识如何涌现于自组织的神经活动。但是，如何理解这种大尺度的动力活动也为试验者提出了诸多挑战，因为它是高度不稳定的，每一次试验都发生变化，且不能从外部得到完全控制。同样，心理活动也时刻发生着变化。因此，主体的大部分内在活动（心理层次上的和经验层次上的）都得不到外部控制，因而是不可知的。

第三，从进化论视角探究认知系统的演化发展规律。斯图尔特认为，认知是生命机体的一个本质特征，认知现象是生命现象的最重要表现形式。因而，他主张遵循生命形式诞生的自然过程的方法论原则，试图透过探寻生命形式的演化规律来勾画认知形式的发展和演变过程。这样，围绕认知（或生命）如何演化这一主题，生成主义将认知科学中所有相关的学科和领域（如生物学、考古学、文化人类学、认知语言学等）整合在一起，共同探究认知系统的演化发展规律。在重建生命演化史方面，斯图尔特主张在生成主义框架内整合现有的三条进路：探寻生命形式的遗迹（如化石、古文化遗址、历史文献和碑文等）、比较当代的生命形式（某些当代的生命形式相对是原始的，可看作是过去生命形式的代表），以及探寻个体发育（ontogeny）和系统发育（phylogeny）过程。通过对这三条进路的整合，斯图尔特为我们展现了一幅生命形式（或认知）演化的立体画面——包括生命源起、多细胞机体与个体发育、神经系统、交流、语言、技术与工具、意识、文字记录八个方面[①]。

基于上述生物学视角，生成进路提出了关于具身性的一些重要洞见。近些年来，“具身性”已然成了认知科学的许多研究和思想的一个典型特征。在一项新近的研究中，加拉格尔赞成这样一种具身认知模型——它整合了知觉、神经科学、意识研究、现象学和发展心理学中的发现。首先，在机器人学方面，泽马克试图在宽泛意义上整合生成概念和机器人的物理条件。而在他的这项研究之外，一些生成概念如何在物理系统中实现（如“向下因果性”）始终是不明朗的。然而，已然有这样一些系统，它们因与其所栖身的现象界发生交互作用，而能在身体上成长和变化，但这种能力是有限的。因此，可以设想，将有可能进行一些物理实验，将机器人学中的研究更接近于生物学的洞见。虽然这项研究仍处于技术发展的初级阶段，但进化机器人学领域已取得了一些相关的重要进展。其次，生物学关于具身认知的另一个方面是如何解释这样一个事实：生物机体具有它们所具有的形式。20 世纪 80 年代后期兴起的人工生命推进了这一研究，人工生命研究关注自组织形态发生（self-organizing morphogenesis）的动力系统模型。当然，绝大多数生物学家承认：广义上讲，形式部分是选择、遗传和变异的结果。然而，有许多（非宗教的）人认为需要另外的机制。因此，近期人们重新对形态发生产生了浓厚兴趣，试图将诸如自组织之类的概念作为一个额外因素引入发展中。关于这一主题的另一种形式是由瓦雷拉和弗朗克（S. Frenk）提出的，即物理形式的进化是细胞与细胞外之间——局部与全局之间，持续的动力作用的结果。最后，关于具身认知新近研究的一个方面也特别令人感兴趣，它围绕知觉问题展开。在杜威、梅洛 - 庞蒂、吉布森、布鲁纳等人的传统中，这项研究支持关于知觉的某种建设性的和主动性的看法。这方面以阿尔瓦 • 诺埃的研究为代表。他要求我们承认：视觉（和一般意义上的知觉）像触觉一样——它是主动触及的结果。诺埃参照了许多研究来支持他的断言。另外，有大量的实验表明：无论是“看”还是“不看”，与视觉传感器（visual sensors）

① Stewart J. Foundational issues in enaction as a paradigm for cognitive science：from the origin of life to consciousness and writing // Stewart J，Gapenne O，di Paolo E A. Enaction：Toward a New Paradigm for Cognitive Science.Cambridge：The MIT Press，2010：6-27.

都没有任何关联。这些结果得到了健康视觉感受器（visual receptors）中各种“失明”的证明，同时也得到了那些先天性失明人的“看”的能力的证明。

二、动力学方法

第一，认知的动力学假设。认知的动力学假设是相对于认知的计算假设提出的。在认知科学哲学中，对计算假设最著名的表述是纽厄尔和西蒙的物理符号系统假设（PSSH），即物理符号系统（计算机）对于智能行为而言既是必要的也是充分的。根据这个假设，自然认知系统如果是恰当种类的物理符号系统，那么它就是智能的。然而，PSSH 却遭到了动力主义者的强烈反对，因为在他们看来，将自然认知系统看作计算机是有问题的，例如，进化的生物学系统（人和动物）就不是计算机；计算主义的根本问题是忽略时间在认知过程中的重要作用，而认知过程及其语境恰恰是在实时（real time）中持续且同时展开的，认知本质上是一种时间性现象。因此，认知研究应该以这样一个假设开始：认知过程在时间（实时）中发生。而动力学就是用数学框架来描述自然系统的过程如何在实时中展开。基于此，动力主义者提出了认知的动力学假设：“自然认知系统是动力系统，可以从动力学视角得到最好的理解。”[①]根据这个假设，认知系统不是一台计算机，而是一个动力系统，认知“作为一种自然发生的现象是一种恰当种类的系统的行为”[②]；它不是一个内在的、被封装的大脑，而是一个包含不断演化和相互影响的神经系统、身体及环境在内的整个系统。

第二，动力学系统理论（dynamical system theory，DST）方法。DST 是对动力系统的一般性研究，它作为纯数学的一个分支，并不直接关注与自然现象有关的经验描述，而是关注抽象的数学结构。它的方法论核心是将动力学的数学工具应用到认知研究中，以几何学概念来描述系统演变的行为。动力学家关注的焦点是认知系统的行为如何在实时中展开，并对这种行为的时间过

① van Gelder T，Port R. It's about time：an overview of the dynamical approach to cognition// Port R，van Gelder T. Mind as Motion：Explorations in the Dynamics of Cognition. Cambridge：The MIT Press，1995：4.

② van Gelder T，Port R. It's about time：an overview of the dynamical approach to cognition// Port R，van Gelder T. Mind as Motion：Explorations in the Dynamics of Cognition. Cambridge：The MIT Press，1995 10.

程进行描述和解释。他们强调认知系统的总态（total state），认为系统的所有方面均是变化的，系统的行为就是系统的总态如何从一个时间点变化到另一个时间点。他们利用诸如状态空间（state space）、参数（parameter）、轨迹（trajectory）、吸引子（attractor）、稳定性（stability）、耦合（coupling）等概念来描述认知系统的过程和行为，并试图利用微分方程组来刻画状态空间中认知主体的认知轨迹。

第三，建立动力学系统模型。动力主义者分别从定量和定性两个维度对认知现象进行模型化[①]。定量模型化（quantitative modeling）针对认知现象的某一方面进行定量模型化，其构成成分是时序数据和数学模型，前者是某一认知现象在时间中展开的一个序列，后者是一组与状态空间相联系的等式。这一过程由四个步骤构成：提取被理解的现象、获取时序数据、发展一个模型，并把这个模型解释为捕获时序数据（建立存在于模型与数据中的数字序列间的联系），最终产生关于现有数据的精确描述和用于评价这一模型的预测。然而，并非所有的认知现象都适用于定量模型化。对于那些我们很难获得其时序数据或数学模型的认知现象，我们可以采取定性模型化（qualitative modeling）的方法。当无法获得详尽的时序数据时，我们可以选取某一数学模型来研究，这个模型所展示的行为至少在性质上类似于被研究的现象。当没有确切的数学模型时，我们可以使用动力学语言来对在时序数据中被记录的认知现象进行性质上的动力描述。

综上所述，生成认知科学并非提倡某种“脑袋中的世界”，而是提倡研究认知的、不同于认知主义的某种严格的科学进路，通过做出一些不同的假定，提出不同的假设和机制，并对结果进行不同的解释。基于第三人称的方法论立场，生成认知科学提出了一些新的认知机制和模型。传统关于科学机制的假定是：实体由部分构成，并且这种被构造的实体对构成组件没有任何因果影响。类似地，一种标准的认知计算模型包含了一个从输入到输出的清晰映射，它被用于

---

① van Gelder T，Port R. It's about time：an overview of the dynamical approach to cognition// Port R，van Gelder T. Mind as Motion：Explorations in the Dynamics of Cognition. Cambridge：The MIT Press，1995：15-17.

论证环境决定论或基因决定论，前者认为认知机器的行为由其接收到的输入信息来决定，后者认为认知机器的结构决定了其如何对输入信息做出反应。生成认知科学对机制本身并没有任何原则性上的反对，它旨在挑战这种传统的认知机器模型，提出一些可替代的新模型或机制。关于这方面一个较早的例子是皮亚杰所试图发展的建构论的形式主义（constructivist formalisms）。之后，马图拉纳和瓦雷拉提出了一个包含某种特殊机制的关于生命与认知的自创生模型，并且这种机制可以通过化学实验来实现，或可以被模型化为一种计算机模拟。他们提出这种模型的初衷是要反对认为认知涉及像来自标准信息理论的“传送”这样的观点，但瓦雷拉随后将信息论在描述生命现象中的作用纳入其自创生模型中。而朱瑞罗（A. Juarrero）就明确提出一种整合了动力系统理论、信息理论和自组织理论的认知模式。所有这些模型和机制都基于被观察到的认知现象，并被进一步用于引导对这些现象的研究。

然而，二代认知科学部分关注诸如反馈环、神经网络、自组织系统和自催化网络之类的较早机制。许多新近的技术和机制被包括在那些自然计算、联结主义模型、细胞自动机、包容架构、指示表征和动力系统理论之下。受到来自化学和生物学的启发，也有许多基于各种自催化系统的建议，包括这样一些模型，如耗散结构、化学超循环和协同学。从某种程度上讲，生成认知科学中的许多新近研究大都以动力系统模型为主要的解释工具。我们发现，生成认知科学所提出的生成模型通常涉及自组织，而自组织包括自组装、自维持或自决定这类机制。这些区别尤为重要，因为一些研究倾向于不合理地强调“设计者”在创造系统中的作用，即该系统是人工的（被设计的）还是自然的（自发出现的）。这让人产生一种不好的印象：某些系统可能不是由人设计的。然而，对于其他研究者而言，关键的差别是，外在于系统的力量是否直接决定、修正或控制这些系统的行为或发展。根据这种观点，设计者可以创造一个自主系统。造成这一困惑的原因是：控制论提出了“目的性”和“自控性”系统的技术模型。这些系统是目的性的或自维持的，只就它们在面临外部扰动时能使用一种或多种外在价值来引导自身而言。这些控制论系统实际上可以受到外部的控制。另外，即使一些比较新近的认知的自控模型也非完全孤立于其环境，环境的影响也调节该系统的总体动力学，而且即便是那样，在环境现象与该系统的行为之间也往往不具有严格的关联。这些系统在不同方面既是自主的（在一些限制内），又是与其环境耦合的。

在生成认知科学中，如何对认知现象进行模型化，尽管有许多不同的提议，但它们所提出的生成模型仍具有一些共同的特征，凯文·麦吉将其概括为如下五点①。

（1）自主性特征。它们都描述系统如何区别于自身的环境、如何维持自身的身份、如何决定哪些现象对其有影响，并特别强调外部干预不能直接控制这些系统的行为。它们都认为这些系统含有某种独立于任何物质或能量交换的活动网络。

（2）耦合性特征。尽管所提出的模型都是自主的，但它们也紧密地耦合于自己的环境。这如何与自主性相调和是不同提议中的一个差别。外部现象在对持续（基于统计上的）启动的总体影响中，只占很小的比例。但是，每一个模型都有两种独特特征。一是相对于持续的内在活动，与环境间的交流和交互作用是“次要的”；二是系统与其环境是被共规定的（co-specified），即被视作环境的东西只有参照该系统才具有意义。

（3）反馈性特征。所有模型都假定：系统某一活动的结果产生了随后活动发生的语境。与早先强调负反馈和稳定性的控制论不同，现在大多数系统都使用正反馈。例如，在弗里曼和斯卡达（C. A. Skarda）的方案中，系统不断地使自己稳定和不稳定。在他们看来，“为了理解世界，大脑制造了混沌”②。或者，反馈是混沌模型的一部分。在混沌模型中，对反馈机制的特定输入，并不与相空间中的总体动力模式相关。

（4）时间性特征。与反馈性特征相关，随着动力系统理论的引入，生成视

① McGee K. Enactive cognitive science，part 2：Methods，insights，and potential. Constructivist Foundations，2006，1（2）：75-76.

② Skarda C A，Freeman W J. How brains make chaos in order to make sense of the world. Behavioral and Brain Sciences，1987，（2）：161-95.

角发生了一个转变。虽然这些系统使用反馈，但它们并不关注某种反馈机制如何保持该系统被调节（与某种目标值相关）。相反，它是该系统通过参数空间所发现的模式。特别是，最令人感兴趣的模式是混沌的；大体上是有规律的和可预测的，但详细讲是不规律的和不确定的。这实际上把关于时间性的有趣看法纳入了这些系统，研究者通常认为这些系统“保持了自己的历史”。

（5）向下因果性特征。尽管关于这一主题有许多形式，但它基本上包括宏观层次对微观层次的约束或影响。当然，不同模型的细节是较为复杂的，且在不同方面彼此不同。但即使是在理论研究中（并没有提出特殊的理论模型），这些概念也被引用。例如，理查德·勒沃汀就赞同关于“作为进化主体和客体的有机体”的模型。近来，类似的看法也促进了围绕发展系统理论的研究。

在实践领域，生成认知科学的许多结果和洞见已被运用于具体的技术设计中[①]。通常，人们在知识（科学）和应用（设计或工程）之间做出区别。但是，由于生成进路强调作为行动的认知，所以把“应用”看作一个独立的范畴似乎是怪异的。尽管我们已然看到生成所关注的东西如何被转变成关于认知功能运作的研究，但是，我们还没有从不同视角审视那些洞见，它们构成了探究人们所使用的产品或服务发展的新进路的基础。诚然，许多研究者在开发工作机器人中已然用到了诸如具身性、情境性等概念。但是，他们很少尝试把这种新的认知范式明确用于指导人造物的设计中。一个明显的例子是威诺格拉德（T. Winograd）和弗洛里斯（F. Flores）设计的团体协作系统（group-coordination system）。这种系统明显基于广义的生成洞见和原则。有人可能认为，Logo 编程语言的设计是另外一个例子。然而，在 Logo 例子中，设计似乎更多地是以尊重孩子作为程序员的自主性的精神而进行的——与那种启发教育实践的其他建构论建议的精神相一致，而非试图把特定的认知洞见转换成设计的选择和指导方针的结果。当然，这些假设直接影响设计选择的方式和程度，使其是复杂的。并且，即使假定 Logo 的设计包括所包含的对建构论原则的阐明和应用，

① McGee K. Enactive cognitive science，part 2：Methods，insights，and potential. Constructivist Foundations，2006，1（2）：77-78.

没有团体协作系统那么明确，但是，Logo 在许多方面被认为是两种之间最成功的。关于生成认知科学在技术发展中如何可能开创新的洞见，在智能用户界面的研究中得到了体现。总体而言，这一领域的研究是在传统的关于输入 / 输出和后端智能处理的模型引导下进行的。也就是说，标准的模型假定："界面"在很大程度上与"内部的智能"脱钩。正如我们所看到的，生成认知科学对隐藏在这些模型背后的许多认知主义假设进行了质疑。因此，如果"界面"这一概念仍是恰当的，那么，发展生成认知界面将会意味着什么？令人更为感兴趣的是，考虑对镜像神经元的生成解释可能会启发未来具身智能技术的设计方式。

第三节　第二人称方法论：第一、第三人称整合

一、第一、第三人称整合的逻辑必然

瓦雷拉等人在《具身心智：认知科学和人类经验》的序言中开宗明义地指出："新的心智科学需要拓展其视野，同时把人类的生活经验和内在于人类经验的转化的可能性囊括其中。另一方面，一般的日常经验必须拓宽视野，以求从心智科学已取得的清楚明确的洞见和所做的分析中获益。"[①] 这一明确的基本信念不仅深刻地指出了当前认知科学研究的问题，即传统认知科学忽视人类经验和心智研究的科学与经验维度的分裂；而且还极富创见地揭示出一个存在于科学与经验间的基本循环，提倡科学与经验间的相互交流、相互渗透和相互启发，主张在认知科学、现象学、分析哲学和佛教之间进行对话与沟通，实现彼此间的互惠增益。

在生成视域中，这一循环的本体论基础是非客观主义的激进建构论，在"生活世界"中表现为"认识与存在"的基本循环。生成主义将认知主体及其环

---

① 瓦雷拉，汤普森，罗施. 具身心智：认知科学和人类经验. 李恒威，李恒熙，王球等译. 杭州：浙江大学出版社，2010：xvii.

境置于一个持续结构耦合的动力生成系统中，它们之间相互规定、相互约束和共同演化，而认知主体的心智及其所寓居的世界就是在这个结构耦合史中不断生成的。因此，我们在反思这个世界时就会发现，“自己处在一个循环里：我们处于一个似乎是在我们开始反思之前就在那里的世界中，但那个世界并不与我们分离”①。这就要求我们既要关注“身体作为活生生的、经验的结构”，又要关注“身体作为认知机制的环境或语境”②，并对这两方面进行有机整合。另外，表现在生活世界中的认识与存在的循环进一步揭示了人与自然的关系。我们对自然的一切认知和知识都有赖于自我心智的显现与生成，自然（或生活世界）是由认知主体生成的，没有脱离认知主体的自然。此外，认知主体必然具身于自然之中，没有脱离自然的认知主体。这在认识论上表现为生成主义的心物一元论，即心与身是不可分的，认知主体与世界相互依赖、相互依存。基于上述对科学与经验基本循环的本体论和认识论分析，我们可以从方法论上逻辑地推出：心智研究应避免脱离经验的科学（或计算）认知和脱离科学的经验（或现象）认知，应切实有效沟通第一人称经验和第三人称说明，实现第一、第三人称方法论整合的务实进路，即第二人称方法论。

事实上，尽管现象学已被许多认知科学家用于指谓关于“体验是个什么样子”的第一人称进路，但正如汤普森所言，“单纯的现象学并不足以描述和在哲学上分析生活经验，现象学需要能够在与生物学和心智科学的联系中对其研究进行理解及说明”③。因此，如何有效沟通与整合心智科学和人类经验的现象学研究就成了生成认知科学的一个重要任务。然而，这种整合并非简单地将现象学的观点用于分析和处理相关的认知问题，我们应该使用改造过的现象学来说明传统认知科学所缺乏的认知的体验维度。新一代的现象学家试图继续或拓展由胡塞尔和梅洛－庞蒂创始的现象学，他们致力于自然化现象学（naturalize

① 瓦雷拉，汤普森，罗施. 具身心智：认知科学和人类经验. 李恒威，李恒熙，王球等译. 杭州：浙江大学出版社，2010：3.

② 瓦雷拉，汤普森，罗施. 具身心智：认知科学和人类经验. 李恒威，李恒熙，王球等译. 杭州：浙江大学出版社，2010：3. xvii.

③ Thompson E. Mind in Life：Biology，Phenomenology，and the Sciences of Mind. Cambridge：Harvard University Press，2007：14.

phenomenology)。目前，关于自然化现象学有两种方案[①]：一种观点认为自然化现象学即使现象学成为自然科学的一部分；另一种观点则将现象学的研究对象限定在那些对实证科学也开放的现象上（如身体觉知、注意、意向性、社会认知、知觉和回忆），自然化现象学就是要使现象学与实证科学就其共同的研究主题展开有效的交流与合作，使其在实证科学的启发下进行自我修正，因为实证科学并不太多地关注现象性的形式结构，而是更多地关注具体的现象，因而，能比现象学更好地揭示现象的丰富性、复杂性和多样性。然而，扎哈维认为这两种建议都存在问题：第一种建议实际上忽视了现象学哲学本具的独特性，将现象学的先验阐明替换为一种解释说明；第二种建议只强调实证科学对现象学的单向启发，忽略了现象学同样可以给实证科学带来启示这一方面。

相比而言，汤普森关于自然化现象学的观点介于这两者之间，他主张现象学与实证科学间的相互约束和启发。现象学需要借鉴心智科学的成果来理解和说明其研究结果，同样，心智科学要想突破自己的研究范围（即只关注经验背后的亚人事件），也需要参考现象学关于体验本身的洞见（如自我性、规范性、主体性、意向性和时间性）。事实上，心智科学和现象学在生成进路中以一种相互启发的方式得到了紧密结合。在生成进路中，现象学和心智科学各自为政的局面消失了，取而代之的是一种互补的交融关系。现象学分析有助于澄清对个人层次的经验说明与对亚人层次的认知的、神经过程的说明之间的概念关系，它有助于引导和启发心智科学的实验研究[②]；同时，心智科学也可以用于阐释现象学，两者之间形成了一个彼此有益的循环。这样，生活体和有机体、身体自我性和自主能动性、意向弧和动态感觉运动依赖性等概念之间不仅关联且相互启发。

二、第一、第三人称整合的实现途径

首先，破除主体与客体（或内部与外部）的对立划分。在瓦雷拉和希尔看

---

① Zahavi D. Book Review of Mind in life：biology，phenomenology，and the sciences of mind. Husserl Study，2009，(25)：159-168.

② Thompson E. Mind in Life：Biology，Phenomenology，and the Sciences of Mind. Cambridge：Harvard University Press，2007：269.

来，无论是第一人称的人类经验，还是第三人称的描述或说明，都绝非纯主体或纯客体的，主体与客体（或内部与外部）是一种误导性的划分，因为主体性的东西已然内隐于客体性的东西之中。他们指出：第一人称的人类经验是一种主体现象，因为它是与主体直接相关的不可还原的生活经验。但是，这种经验并非纯私人和唯我论的，它本质上是可主体间证实的（intersubjective validation）和可公共确证的（public verification），所以呈现出一定的客体性。另外，第三人称的客观描述虽不直接与人类行动者相联系，但具有一个隐藏在社会科学实践中的主体－社会维度（subjective-social dimension），它通过这个维度（如科学沟通的模式、渗透在方法中的程序性和社会性规则等）与经验－心理领域发生间接联系。那些被我们视作客观的东西，可以从个体说明转变为一系列被调控的知识（regulated knowledge）。因此，第三人称描述部分是主体的，因为它依赖于个体的观察和经验；部分是客体的，因为它受经验的自然现象的约束和控制。①

其次，正确看待主体经验现象。在此，我们需要把握三点：一是不能武断地将第一人称说明视作通达经验的唯一通道，在逻辑上势必存在其他通道的可能性（如下面即将谈及的第二人称视角）；二是我们不能因为熟悉自己的主体生活就把主体经验看作是想当然的，必须通过某种训练有素的、开放的方法（如现象学方法和佛学静心修持法）对其进行持续性的检视，只有这样才能产生有效的、与第三人称描述有密切关联的现象描述；三是孤立地停留在第一人称描述中是徒劳无益的，我们需要将心智研究指向一个整体或综合的视域，在这个视域中，无论是内在的主体经验还是外部机制，都不是最终的，我们需要在第一人称与第三人称之间建立恰当的联系来对主体经验进行约束和限制。换言之，这种综合视角所明确强调的相互约束性关系，要求我们探寻一些能够联系客观的、基于经验的描述的方法论。这暗含了一个居间的第二人称立场。

最后，构建基于第一、第三人称方法论的第二人称方法论。

第一，必须明确第二人称立场在第一、第三人称方法论中的居间调节作用。

---

① Varela F J，Shear J. First-person methodologies：what，why，how? Journal of consciousness Studies，1999，6（2-3）：1-14.

第一人称方法论的一个显著特点是：对某种特殊方法的熟悉和训练需要某种调节——需要他人 [another person（s）] 提供一个介于第一、第三人称间的第二人称立场，发挥某种居间调节作用（intermediate mediation）。这个调节者（即有丰富经验的指导者、教练、现象学家、禅师等）虽然偏离了第一人称的直接经验，但仍占据着某个人的位置，一定程度上存在于那里，并提供一些暗示和进一步的训练。另外，调节者的立场不是中立的，他发挥着作为一名教练或助产士的作用。他十分敏感于与其对话的人的言辞、身体语言和表达的细微暗示，并以此通达共同的经验领域。可以说，如果没有第二人称调节者的介入，那么，我们将很难从第一人称方法论中获得第一手的经验数据。相比之下，第二人称立场在第三人称自然科学中的调节作用却没有那么明显。第三人称方法虽然历来被推崇为标准的科学研究方法，且极为强调主观与客观（或内在与外在）的泾渭分明的二元论，但是，认知科学对这种纯形式的客观科学有一种内在的挑战，因为其研究的主题暗含了社会行动者本身，而这恰恰是自然科学中所不具备的。在自然科学中，第二人立场只有当分析某种社会学习过程时才会出现。例如，刚从事科研工作的研究者需要在一个经验颇丰的导师的指导下来不断提高自己作为一名科学家的技能，但随着该研究者技能的提升，这种作为第二人称调节者的作用就会消失。正因为如此，认知科学中的第三人称姿态势必会滑向第二人称立场。从中我们也可以看出，尽管这三种立场在处理内容方面并不是那么严密，但在它们所嵌入的社会交流网络中却显得非常紧密。社会行动者在不同情况下的不同作用，决定了自己采取何种立场。因此，我们并不关心任何私人与公共，或客体与主体之间的二元立场，问题在于如何将第一人称研究结果解释为有效的数据。正是在这一点上，这三个立场如何关联就显得十分关键。

第二，将第二人称方法看作一种混合的双面进路（a mixed double-face approach）[①]。在德普拉看来，应将第二人称方法理解为一种关系动力学（relational dynamics）。也就是说，第一、第二、第三人称方法之间存在着密不可分的关系，它们一并被嵌入复杂的社会交流网络（或主体间性网络）中，在

① Depraz N. Empathy and second-person methodology. Continental Philosophy Review，2012，（45）：447-459.

不同的确证模式中相互交叉和重叠。这就要求我们应在整合第一、第三人称方法论的基础上建构第二人称方法论。具体而言，第一人称方法载有直接性（immediacy）和对个人表达的搜索，第三人称方法处理关于知道如何（know-hows）的非个人的社会嵌入性。相比而言，第二人称方法论关涉两种互补性报告：移情共鸣（empathetic resonance）和异类现象学描述，前者被理解为一种强烈的与他人之间的情感共鸣，意味着第二人称方法渗透于第一人称的直接性中；后者被看作一种参与性的外部的远区观察，意味着第二人称方法面向第三人称的社会嵌入性。

三、第二人称方法论例举

（一）丹尼特的异类现象学

顾名思义，"异类现象学"是一种另类的现象学，它与主流现象学本身关联，是由美国当代著名哲学家丹尼特在其《被解释的意识》一书中提出的。他将异类现象学刻画为一种人类学家研究边远地区文化（remote culture）的立场。他既反对传统现象学单纯地从第一人称立场探究意识，认为将这种"我的意识"的研究结果普遍化为第一人称复数的"我们的意识"是成问题的和不可靠的；又反对自然科学单纯地从第三人称立场对第一人称经验数据进行简单的消除或还原，主张走"一条中间道路"，即"从客观的自然科学及其所坚持的第三人称视角出发，走向一种现象学描述的方法。该方法（原则上）可以公正地对待那些最私密、最难以言达的主体经验，但绝不丢弃科学在方法论上的审慎"①。

尽管丹尼特将自己的异类现象学标榜为一种延伸至人类意识现象的第三人称方法论，但它本质上仍是一种典型的基于第一、第三人称的第二人称方法论。一方面，它是现象学的，因为它必定要确保人类意识现象的独立性。另一方面，它又是异类的，是关于"他者"（another person）而非"自己"（oneself）的现象

① Dennett D. Consciousness Explained. New York：Little，Brown and Company. 1991：72.

学[①]，因为单纯的主体意识现象无法确保自己的可靠性和确定性，所以它必须从第三人称立场出发审慎地对待意识经验。更重要的是，异类现象学家需要以某种意向姿态（intentional stance），对从第三人称视角获得的第一人称信息进行解释，以期从这些数据信息中推出心理（或文化）的生活模式。这种意向姿态一经采取，异类现象学家就会完全跌入第二人称立场，因为他必须表现为一个情境化的个体，才能对数据进行意向性的解释。[②]

在第二人称立场中，那种只显现为外部行为的东西被视作心理生活的轨迹或示现，被认为是认识这种心理生活的唯一通道。对于人类学家而言，那些搜集到的磁带、图片和文字等资料并不能直接回答他所提出的问题，他需要通过某种意向姿态对此做出解释和证实，他并不满足于这些资料的表面价值。通过这种第二人称立场，人类学家声称自己能融入那种理解和资源的内在连贯中。借此，他对自己所熟悉的经验产生了移情共鸣，他在自身中找到了一个共鸣点。然而，这种移情立场仍部分是异类现象学的，因为一些批判性的距离和评价是必要的。这种移情的第二人称姿态在我们所检视的人类经验的传统中处处可见。需要注意的是，这种立场不是中立的人类学家的立场，而是一个教练或助产士的立场。采取这种立场的人对与其对话的人的言辞、身体语言和表达的细微暗示十分敏感，他试图寻找通往共同经验领域的入口。如果调节者不介入所检视的经验领域，那么这些遭遇也就不会产生，因为没有什么东西能够替代第一手的认识。这是一个截然不同的证实方式。此外，我们还可以通过体验者的角度来看待这种移情的第二人称立场。这种立场关注主体自身在工作交流中所取得的进步，以及通过自己的行动和表达来寻求证实的可能性。这种对主体间证实的召唤在任何情况下都不是强制的。相反，如果某处没有假定那种寻求证实的直接经验的立场，就不会有第一人称方法论的产生，这一过程也将成为纯私人或唯我论的。

---

① Dennett D. Who's on first? Heterophenomenology explained. Journal of Consciousness Studies，2003,（10）：19-30.

② Varela F J，Shear J. First-person methodologies：what，why，how? Journal of consciousness Studies，1999，6（2-3）：1-14.

（二）瓦雷拉的神经现象学

神经现象学作为一种“体验的神经科学”，是关于意识研究的一个颇具创新性的领域。尽管在意识研究中有把神经和体验关联起来进行研究的努力，但神经现象学提出了一种截然不同的方法。也就是说，现象的东西不可还原为神经的东西，两者均需要自己独特的探究方法。瓦雷拉提出神经现象学的初衷是为了在方法论上应对查尔谟斯（D. Chalmers）的意识的“难问题”，旨在整合意识的神经生物学特征和现象学特征，实现“当代认知科学和人类经验的一个训练有素的研究进路”①间的联姻。这也是瓦雷拉针对自己提出的实现科学与经验循环的目标，所做的一个具体且务实的开创性探索和尝试。在他看来，要实现对意识的科学研究，必须联合探索意识经验结构第一人称方法（如现象学）和揭示意识的神经相关物（neural correlates of consciousness）的第三人称方法（如认知神经科学）。这种旨在揭示意识经验本质的神经现象学方案表明：“没有纯粹的第三人称的理论假设或模型能够应对意识的难问题，意识经验的第一人称特征决定了必须采用相应的第一人称方法（如现象学描述、内省报告与正念训练等）才能深入揭示其本质”，同时，“第一人称方法的使用也不是随意的，必须经过严格的训练，并且接受第三人称方法（行为与神经科学实验、动力学建模）的检验”②。

基于此，神经现象学的工作假设是：意识经验结构的现象学说明（第一人称）与认知过程的科学说明（第三人称）之间通过互惠的约束关系（reciprocal constraints）而彼此关联③。换言之，意识研究的第一、第三人称方法之间存在某种动态的互惠约束关系，即相互影响和相互决定的关系④。具体而言，第一人称方法用于获取关于意识经验的丰富的第一人称数据，第三人称方法用于分

① Varela F J. Neurophenomenology：a methodological remedy for the hard problem. Journal of Consciousness Studies，1996，3（4）：330.

② 陈巍，郭本禹．神经现象学运动二十年：辨析与厘定．西北师范大学学报（社会科学版），2011，48（6）：85-90.

③ Varela F J. Neurophenomenology：a methodological remedy for the hard problem. Journal of Consciousness Studies，1996，3（4）：330-350.

④ Lutz A，Thompson E. Neurophenomenology：Integrating subjective experience and brain dynamics in the neuroscience of consciousness. Journal of Consciousness Studies，2003，（10）：31-52.

析和解释与意识相关的生理过程。第一人称数据为第三人称的分析和解释提供强有力的约束与限制，启发富有建设性的研究策略；反过来，第三人称方法借此获得的第三人称数据又构成对第一人称数据的约束和限制，使其得到进一步修正和改进。这样，神经现象学的研究就基于三个层面的认识：①第一人称数据——来自对经验的第一人称方法的检视；②形式模型和分析工具——来自基于认知的具身-生成进路的动力学理论；③神经生理学数据——来自对大脑的神经生理过程的测量。另外，需要强调的是，第一、第三人称方法间的这种互惠约束关系过程是以第二人称姿态介入实现的，因此，我们可以将神经现象学定性为一种名副其实的第二人称方法论。

总之，无论是丹尼特的异类现象学，还是瓦雷拉的神经现象学，都是以第二人称方法论视角对认知科学和现象学进行整合研究的典范，体现了当代认知科学趋于融合自然科学和人文科学的时代精神，为我们研究和确立一门宏大视野中的全新的意识科学树立了榜样。

第五章

认知生成主义的拓展与修正

本章主要围绕认知生成主义的拓展与修正两个主题展开。社会认知科学兴起于20世纪70年代，是一门涉及心理学、社会学、生理学和认知神经科学等诸多领域的交叉性学科，它以人及人的活动为研究对象，主要考察人们对社会，特别是对他人的理解及概念化过程。目前，生成主义作为一种日趋成熟和完善的研究范式，已然超出认知科学范围，被广泛运用于社会认知研究领域中。为此，我们主要考察和分析了生成进路在社会认知领域的拓展，提炼出一种社会交互作用的生成进路。另外，在认知科学之外，我们在超个人心理学和现象学领域中发现了类似于生成进路中的世界构造的动力模式：参与式生成（participatory enaction）和先验性生成（transcendental enaction）。分析结果表明：这三种动力模式之间尽管存在一些差异，但具有整合为一种综合性模式的可能性。因此，我们以现象学为基础，对这三种世界构造的动力模式进行整合，并在此基础上提出一种广义的生成理论，以期用一种更为广阔的视角丰富和发展生成的内涵，促进认知科学的进一步发展。

第一节　拓展：社会认知研究的生成进路[①]

一、社会认知研究的生成转向

当前，在社会认知研究领域，存在某种严重的学科分化倾向。一方面，尽管人类学家和社会科学家注重社会交互作用方面的研究，但他们很少将自己的研究成果与个体认知方面的问题关联起来；另一方面，心理学家和认知科学家集中于研究个体能力（individual capacities），他们似乎没有意识到交互作用过程对社会认知的重要性。前者侧重于研究交互作用过程，后者侧重于研究个体能力，在方法论上坚持个体主义的视角。[②]这一分裂的困境极大地局限了对社会理解的解释范围，即将之限定在了那些假定的复杂内部机制中（如偶性探测模块，contingency detection modules）。另外，社会认知的传统进路一直遭受着反认知主义的责难，如小人问题（the problem of homuncularity）、去身问题和那些在实践层次上基于规则的视角所面临的无穷倒退问题，因而，它们不能说明意义产生的过程。也有一些研究者认为，解释和预测在我们的日常社会实践中可能并不占据重要位置，而当代社会认知科学家对社会实践技能的过度强调使其重在描绘个体的图景——这些个体对彼此心智的理解方式非常相像于他们对科学问题的处理。在他们看来，社会性与非社会性的问题求解只是程度的差别而已。所有这些质疑和批评激励着研究者们寻求新的进路和视角。

近些年来，社会认知研究领域出现了一些新的进路，如具身进路和交互进路（interactive approach）。社会认知的具身进路强调身体在理解他人意图中的作用，要求合理对待社会主体的具身性和情境性，这在一定程度上超越了传统的认知主义解释。然而，这一进路强调的具身性仅是作为个体的身体，它忽略

---

① 本节原载于《山西师大学报（社会科学版）》，2017 年第 3 期收入本书有扩充。

② de Jaegher H，di Paolo E A. Making sense in participation：an enactive approach to social cognition // Morganti F，Carassa A，Riva G. Enacting Intersubjectivity：A Cognitive and Social Perspective on the Study of Interactions. Amsterdam：IOS Press，2008：33.

了一个重要事实：社会理解本质上是一种交互作用过程（interactional process），交互作用对于理解社会认知而言是十分关键的。而社会认知的交互进路所研究的重点就是这种交互作用过程，它集中探讨人们如何一起行动、人们在交互情境中如何理解彼此。总体而言，这两种进路虽然在某种程度上克服了传统社会认知研究的一些缺点，但是，它们本质上仍未脱离方法论的个体主义，它们大都以第三人称视角研究个体机制（在这种视角中，一个主体观察他人，并试图解释和预测他人的行为），它们主要考察社会–认知过程（social-cognitive processes）的第三人称方面。尽管有一些研究者认识到了第二人称的重要性（即参与能力方面），但由于社会交互作用在当前说明中起重要作用，所以它通常被看作个体认知功能所应达到的终极目标，而非认知过程本身的部分。因此，社会认知研究要想取得突破性进展，就面临着重新整合这些进路（如整合社会认知的个体说明和交互说明），或提出一种新的研究视角的问题。

我们认为，生成进路具备这种以新视角探究社会认知的潜质，其核心概念和方法论原则可以拓展至社会认知领域。与传统进路不同，生成主义对行动者与世界耦合作用的检视主要集中于认知的经验性方面，它对社会性的说明特别强调生物自主性和相互协调的交互作用，它认为交互作用过程本身构成了一个由个体能动性和社会认知构成的不可还原的动力学领域，并且自主系统间的这些不可还原的交互作用可以从细胞推至社会。也就是说，生成进路可以为社会认知研究提供一种非个体主义的基础，它在这一领域将会大有作为，特别是有望处理该领域中的那些尚未解决的问题（如他心问题）。

二、社会交互作用的生成说明

（一）社会认知研究的生成理论基础

我们在前文中详细论述了生成主义作为认知科学的一种新的研究纲领和认知范式的合理性及有效性，并明确指出它是由如下相互支撑的核心概念构成的统一性理论：自主性、意义建构、具身性、涌现性和经验。在生成视角中，认知被看作一种持续的情境化活动，认知由生命过程、自组织动力学和生命体（animate body）来塑造。在它看来，活的认知系统的属性是一个连续统（continuum）的一部分。就目前构建社会认知的生成说明而言，我们主要关注自主性和意义建构这两个概念。

生成主义认为，生命机体是认知者的范例，生命机体的组织属性是生成进路研究的起始点。本构交互自主性（the constitutive and interactive autonomy）就是这种关键的组织属性，它是生命系统通过其自生的、作为一种在持续物质流中独特实体的身份所特有的。基于自主性概念，生命系统被刻画为由“一些在不稳固条件下主动生成和维持一个身份的过程”构成的自主系统。在这一语境中，生成一种身份就是拥有一种操作闭包属性，即在任何一种构成该系统过程的启动条件中，往往存在一种或多种其他过程（也就是说，所有过程都是由该网络中的其他过程限制的，但并不是说，外在于该系统的条件对于这些过程的存在而言是不必要的）。根据这种观点，有机体不能被看作对外部环境刺激的反应或对内部需求的满足（这些都属于传统的二分法：行为的内部和外部决定因素）。相反，它将一个意义网投射于自己的世界，并且调控与环境间的耦合作用，因为它要保持自生身份或那些开始这一调控的身份的连续性。由于这一调控过程为有机体提供了一个审视世界的视角，所以它与作为该世界活动中心的行动者不可分。因此，对于一个认知系统而言：对参与意义的创造和评估（或意义建构）的认知者来说，与世界的交流本质上是有意义的。意义的这一自然化维度击中了认知是什么的核心。总之，生成进路给予自主行动者以合理的本体论地位，它把行动者看作一种涌现的生物学自我，而非一种被动的服从角色。有机体被看作世界中活动的一种具身的和体验的中心。

意义建构是我们探究社会认知的生成进路中的另一个关键概念，它暗含了一种内在的主动参与性活动。传统进路中的一个主导性观点认为，有机体被动地从其环境中接收信息，并把它转换成内在表征（它们只有在被进一步处理之后才被赋予重要的价值）。与此相反，生成主义认为，自然认知系统并不建造其世界的“图景”，而是直接参与到意义的生成（对其而言重要的）中。也就是说，它生成了一个有意义的世界。这种意义建构观点将有机体与其环境间的一种被调控的交流过程（即一种关系性的和充满情感的过程），深深根植于生物学组织中。通过将情感和认知一并作为心理活动的来源，代谢创造了审视世界的价值视角。这一看法已然得到了乔纳斯的辩护，并通过自创生理论得到了详尽的科学说明。

从中可以看出，意义建构概念所描述的认知者与世界间的关系，比那些通常被描述为行动或知觉的较为特殊的参与性关系（它们事实上是意义建构活动随后的特殊化）更具普遍性。行动和知觉都是意义建构的形式。关于这方面的例子，在生成文献中已得到了广泛讨论，如对海绵柔软性的感知说明。这种性质（柔软性）不存在于海绵中，而存在于感知者通过恰当的身体运动进行探查和挤压的特定反应中。换言之，正是这种特殊的遭遇，即在进行“质疑”和“探查”的具身行动者与世界的“反应”和“响应”之间，产生了柔软性的知觉。通过行动者与世界之间的这种交流中的合法共变（lawful co-variations），意义建构被固化到对对象的知觉中。因此，运动处于心理活动的中心：一个进行意义建构的行动者的运动（可能包括话语）都是他的认知工具。

基于上述两个核心观点，我们就能试图回答社会认知的生成理论所关注的核心问题是什么。通常而言，我们把社会认知看作一个描述牵涉他者认知的普遍术语，如理解他者的情绪、意图和行动等。社会认知不只是理解他者，还包括与他者一起的理解。此处所讲的“理解”，不仅需要某种表达行动理由的能力（capability），而且还需要某种在特定情境中恰当行动的实践能力（ability）。社会认知的传统进路倾向于将我们的认知能力归结为：我们如何从对他者的未参与的个体观察（社会认知的后窗进路）中理解他人的意图。这种被剔除的认知问题是社会认知的一个方面。但是，它过分地主导了该领域，因而严重忽视了交互作用的更多参与形式。概言之，传统进路对社会交互作用在社会认知中的作用的说明被局限化了。心理学和神经科学中的绝大多数经验研究都集中于研究交互作用缺席下的个体机制。然而，交互过程对社会认知的重要性，在动力系统进路关于协调的不同形式的研究中得到了强调。这一进路表明：复杂的协调模式产生于对某种社会遭遇的相互调节。

社会认知的生成进路吸收了动力系统进路中的这一观点，它坚决拒斥这种完全以个体认知机制为中心的观点，特别关注社会理解的具身参与性方面（embodied and participatory aspects）。它认为，社会认知应该包含“知道如何”的知识，即让我们支持交互作用、构成联系、理解彼此和一起行动。事实上，已有大量的经验证据表明：社会认知不可还原为个体认知机制的运行，交互过程对于社会认知而言不仅是一种语境性的作用，它可以补充，甚至可以替换个体机制。通过扩大超越个体的科学解释的可能性，社会交互作用的这种解释力可以推进这一领域的发展。因此，我们所提倡的社会认知的生成进路，特别关注交互作用的具身性、转移性和涌现性层次上的自主身份与共同的意义建构及其经验①。

（二）社会交互作用的生成理论刻画

生成框架中的自主性和意义建构观点，为我们提炼一种全新的社会认知的生成进路奠定了理论基础。社会认知的生成说明主要集中于对社会交互作用的定义方面。首先，为了揭示交互作用过程的一般性特征，引入多行动者系统（multi-agent system）概念，用于说明交互作用过程的自主性。其次，介绍定义社会交互作用的两个要件：非代谢价值的生成和对他者“自我”的评估。同时，为了刻画交互作用过程的社会性特征，在生成框架的意义建构概念基础上引入参与式意义建构概念，并指出：社会认知是一种特殊形式的参与式意义建构。再次，在前面所提供的概念基础上，提出一种关于社会-认知的交互作用（socio-cognitive interaction）的操作定义。这种新的定义不仅强调了个体的认知能动性（cognitive agency）和交互作用过程本身的不可还原性，而且还强调了对连带共调节行动（jointly co-regulated action）的需求。这一定义有可能提供一条理解个人行动中生物和文化价值融合的中间道路。最后，就社会交互作用在社

① de Jaegher H，di Paolo EA. Making sense in participation：an enactive approach to social cognition // Morganti F，Carassa A，Riva G. Enacting Intersubjectivity：A Cognitive and Social Perspective on the Study of Interactions. Amsterdam：IOS Press，2008：36.

会认知中所可能具有的解释作用给出简要说明。

1. 定义多行动者系统

由于适应能动性（adaptive agency）是定义多行动者系统的概念基础，所以我们必须首先给出关于它的生成说明。迪保罗和罗德认为，一个系统要成为行动者必须满足三个条件：①系统必须规定自己的个体性（身份）；②它必须是与其环境相关的活动的主动来源（交互作用的不对等性）；③它必须根据一些规则（规范性）来对这种活动进行调控[①]。在此基础上，他们提出了一个关于能动性的定义，行动者是这样一个自主系统：它适应性地调控自己与环境间的交互作用，因而能在不稳固条件下保持自我。这种适应性调控体现在两个方面：对构造性过程的内在重组（代谢调节），以及对一个拓展了的交互作用循环的调控（感觉运动调节）[②]。在这两种情形中，存在与基本构造过程的某种程度的分离，因为我们现在谈论的是系统的两种动力层次：构造层次——它确保了持续的自我构建；交互作用的子系统——它调控前者的边界条件。只有当调控机制通过调节结构耦合来运作，以便通过与环境的递归交互作用来获得适应（交互适应性，interactive adaptivity）时，我们才可以谈论适应能动性。与内在补偿相比，这种对系统与环境关系的适应性调控开创了一种可以通过行为或行动跨越的新关系域（即被调控的感觉运动循环）。

适应能动性作为一般性范畴，刻画了最基本形式的能动性，它使我们可以对多行动者系统的动力学做出一般性描述，这些说明适用于许多生命形式的个体间交互作用，如细菌、无脊椎动物和人类。基于适应能动性概念，我们就能从单个行动者的感觉运动封闭环，拓展到多个行动者间的感觉运动交互作用。我们可以设想两个在同一环境中相互遭遇的适应性行动者。一方面，在单个具身行动者的情形中，对行动者的感觉刺激在很大程度上决定于其自身的结构和运动，因而产生了一个封闭的感觉运动环。这种封闭的感觉运动环使行动者可

① Barandiaran X，di Paolo E A，Rohde M. Defining agency：individuality，normativity，asymmetry，and spatio-temporality in action. Adaptive Behavior，2009，17（5）：367-386.

② Barandiaran X，Moreno A. Adaptivity：from metabolism to behavior. Adaptive Behavior，2008，16（5）：332.

以参与感觉运动协调，以便构建自己的知觉空间。另一方面，在两个共享一个环境的适应性行动者的情形中，一个行动者的运动可以以某种方式影响环境，进而导致对另一个行动者感觉刺激的变化，反之亦然。这为一个多行动者系统的递归交互作用创造了基础。也就是说，当这两个适应性行动者开始参与相互的感觉运动耦合作用时，它们的活动可能会以某种方式交织在一起，以致它们相互的交互作用产生了某种由自主组织刻画的交互作用过程，即一种涌现的结构。概言之，个体间的交互作用过程本身可以被看作关系域中的一种自主性结构，这种关系域由交互作用着的行动者构造。

基于此，弗勒泽和迪保罗提出了一个多行动者系统的定义："多行动者的交互作用是至少两个适应性行动者间的被调控的耦合作用，这种调控指向耦合作用本身的方面，以至于它在关系动力学领域中构造一个涌现的自主组织，但无须在这一过程中破坏所涉及的至少两个个体的适应能动性（尽管它们的范围可以被扩大或缩小）。"[①] 这一定义主要参照某种由两个或多个适应性行动者的相互协调的行为构成的交互作用过程，这种交互作用过程本身由某种自主组织刻画。并且，多行动者系统可以通过其规范性从根本上改变交互作用者的行为域。

从中可以看出，这种定义的一个根本性洞见在于揭示了多行动者系统的自主性特征，使自主性概念从个体行动者拓展到交互作用过程，而且多行动者系统可以通过其规范性从根本上改变交互作用者的行为域。多行动者系统概念的引入具有重要意义[②]：一是作为一个基础性概念（此处规定的是最一般形式的多行动者系统），它的适用范围并不局限于单细胞机体领域。事实上，生成进路的理论框架是对一般系统理论的一种延伸，因此，它的洞见超出了其最初来源的具体领域。我们甚至可以通过多行动者系统概念来说明人类社会交互作用的一些属性。二是它有助于克服生成进路中的认知鸿沟——在细胞层次上获得的洞见究竟在多大程度上适用于多细胞机体（包括人类）？弗勒泽将这一鸿沟刻画

① Froese T，di Paolo E A. The enactive approach：theoretical sketches from cell to society. Pragmatics & Cognition，2011，19(1)：12.

② Froese T，di Paolo E A. The enactive approach：theoretical sketches from cell to society. Pragmatics & Cognition，2011，19(1)：15-16.

为如何将生成进路从细胞拓展至社会领域（生成进路中概念的连续性问题）。我们可能会进一步追问：细胞生物学是否真的为人类心智揭示了一些东西？那些经过几十亿年进化才会出现的现象又该如何处理？一方面，基于生命的最小单细胞形式的洞见，确立生命与心智的连续性这一任务似乎把认知鸿沟与地球上生命的整个历史联系起来了。传统认知科学和具身人工智能通常赞成并坚持这一立场。但另一方面，鉴于布鲁克斯的似昆虫机器人（insect-like robots）仍面临一个巨大的系统发育鸿沟（phylogenetic gap），生成进路所支持的单细胞模型通常被认为面临个体发育鸿沟（ontogenetic gap）。毕竟，我们都是作为单细胞机体开始的。随着这种视角的转变，鸿沟已然从地球上的整个进化史缩小为单个人类个体的发展过程。因此，生成进路更关注发展系统中的研究。

然而，我们需要清楚的一点是，尽管发展视角的纳入将会在一定程度上解决认知鸿沟问题，但它本身并不能将我们完全从细胞带到社会。弗勒泽认为，克服认知鸿沟的关键在于意识到多行动者系统可以作为说明社会交互作用的一个重要概念工具。人类认知的许多定义性方面可以通过我们在社会-文化语境中的情境性来说明。这一观点已然在认知科学的人类学视角中得到了详细阐明。生成进路对这一视角的贡献在于将这种洞见推广到较为宽泛的个体间交互作用领域中。一个简单的多行动者系统可能不会提供像得到很好发展的社会交互作用的来源，但每一种交互作用过程的影响都不可还原为个体的能力，它可以有意义地塑造个体的行为域。总之，引入多行动者系统作为个体行动者与社会领域研究之间的中间分析层次，有助于克服认知鸿沟，它强调了基本的多行动者交互作用的转变潜能。

2. 定义社会交互作用的要件

如前所述，多行动者系统概念虽然表明了适应性行动者间交互作用的一般形式，但它本身太过宽泛而不能抓住社会交互作用所特有的东西（即没有揭示社会性的本质特征）。因此，弗勒泽认为，需要引入一些额外的条件——非代谢价值的生成和对他者“自我”的评估，前者使从适应性行为到认知成为可能，后者使从参与式意义建构到社会认知成为可能[①]。前者是后者的基础，也就是说，在以生成视角刻画社会认知之前，我们必须给出认知的生成说明。

1）社会性需要某种新的具有内在连贯性的领域

在这一领域中，行为由某种规范性来引导，这种规范性不能通过代谢价值得到充分说明，只能由认知领域来提供。就单个行动者而言，它的意义建构和适应性行为与其自主身份的存在范围密切相关，而这极大地限制了对基于个体代谢需求量的自关联价值（self-related values）的规范性。也就是说，适应能动性不足以获得分散化的意义。我们注意到：不能调控社会交互作用并不必然蕴含自维持和代谢自生的失败。与关于物理的实现和再生的规则相比，那些控制社会交互作用展开的价值具有某种相对独立性。然而，对于适应性行动者而言，构成这些关于社会目的的相对独立规则是不可能的，因为适应性行动者调控其交互作用的能力与其代谢存在紧密相连。确定的是，那些构成其调控活动的规则可能受到多行动者系统的自主动力学控制，但它们不能被简单地转变成特定的社会规则，因为它们的成功在很大程度上取决于基本的能量需求和物质需求。

因此，在多行动者系统中，为了将另一个行动者理解为另一个行动者，就需要某种基于非代谢的他相关价值的意义建构能力：另一个行动者的在场作为目标指向性行为的外部场所必须是可感知的，即作为具有自相关价值的另一个自我。事实上，在我们的身体中，有这样一些部分去耦的系统，如免疫系统和神经系统，它们都包含在做出自我－他者区分的过程中。我们在此特别关注神经系统，因为它控制那些对社会交互作用很关键的感觉运动交互作用。而且，神经系统也使自主动力学的涌现成为可能。这些自主动力学相对脱离于代谢过程，以致对感觉运动行为的调控摆脱了自相关规范性的范围，并成为某种别的东西。这种与他者关联的“关涉性”或心性（mentality）被弗勒泽视作社会性的先决条件：只有认知行动者才能成为社会行动者。

那么，对于生成进路而言，认知究竟是什么？在过去，生成进路因循生物

① Froese T，di Paolo E A. The enactive approach：theoretical sketches from cell to society. Pragmatics & Cognition，2011，19(1)：16-21.

学的自创生传统，把认知等同于生命的自创生过程。后来，在康德和乔纳斯的生物哲学的影响下，认知被等同于意义建构。然而，这种看法仍不能令人满意，因为适应性行为只被限定于直接耦合的实现中，而认知也包含那些与生理事件和环境事件并不直接相关的东西。因此，认知过程必须足够可塑，以便它可以被塑造为抽象思想，即主流认知科学所研究的那些现象。为了更好地解释认知的独特性，巴兰迪亚兰（X. Barandiaran）和莫雷诺（A. Moreno）进一步提炼了生成进路的生物学基础，把与生命体剩余部分有关的神经系统运作的相对独立性，作为新领域的自主结构涌现的基础。在他们看来，认知在于对自主感觉运动结构的动态网的适应性保持，这种动态网由与环境和身体的持续交互作用来维持。[①]

习惯就是这种自主结构的一个范例。它包含神经系统、身体的生理和结构系统的部分方面，以及环境中的行为模式和过程。由于神经系统从代谢构造过程中的相对独立性，即对其电化活动的层级解耦，所以对感觉运动交互作用的规范性调控并不能由基本的物质和能量需求来充分说明。这种相对独立性的主要结果是：一个自主认知结构的稳定性在很大程度上依赖于神经系统的电化活动和该结构耦合于感觉运动循环的方式。只有当行动者能够以这种非代谢的方式调控自身的感觉运动循环时，它才能由某种形式的认知能动性来刻画。

从某种程度上讲，对感觉运动交互作用循环的非代谢调控这一额外要件，对适应行动者而言是一种受约束的可能性，因为适应性调控的机制至少部分脱离于代谢的构造过程。也就是说，适应性行为过程预示了认知过程。但适应性行动者的行为域受到严格的限定，因为调控目标在很大程度上是由代谢需求来决定的，而非通过感觉运动交互作用产生的活动来决定（在适应性机制中）。另外，认知是基于一种完全无限制的潜在行为域的。只有当大部分的适应机制在层级上脱离于生命体的剩余部分时，新的自主结构才可以通过循环动力学（recurrent dynamics）产生。一旦作为认知能动性的要件具备，一些特定模式的感觉运动交互作用的连续性就可能成为自身的目标，如它们在神经活动中诱导

① Barandiaran X，Moreno A. Adaptivity：From metabolism to behavior. Adaptive Behavior，2008，16(5)：338.

出的自主动力学结构。而且，这些模式可能包含与多行动者系统中另一个行动者的协调作用。因此，只有能够进行交互作用的认知行动者才可以产生一个由其特定的规范性定义的社会域。

2）社会交互作用中的协调作用是社会性的一个重要特征

尽管多行动者系统中的认知交互作用在社会交互作用中发挥关键作用，但它还不足以构成后者的充要条件，我们还必须考虑另一个行动者的作用（即他者的作用）。根据德耶格和迪保罗的观点，"如果交互作用者中有一个的自主性被破坏了，那么，这一过程将缩减为那一剩下的行动者与其非社会世界的认知参与。另一个行动者将简单地变成一个工具、对象或一个关于其个体认知的问题"①。因此，为了使某种交互作用被刻画为社会的，就必须使另一个行动者保持自主性，并且排除那些破坏他者自主性的交互作用和那些将他者简单遭遇为某种工具、对象或个体认知能力解决的问题的情境。在这些情境中，认知行动者将其他行动者理解为一种非行动的存在，认知行动者可以发生交互作用，但其他行动者则被简单地看作物理环境的一部分，如一个患有严重自闭症的人的认知域，尽管这个人被嵌入他人的社会世界中，但他不能感知他人。在这些情形中，认知行动者之间存在交互作用，并且这些交互作用可以产生能启动和约束个体行为的自主结构（多行动者系统），但是，在这种共同的意义建构中显然没有任何社会性。

因此，为了使多行动者系统中的认知交互作用具有社会性特征，德耶格和迪保罗首次引入了参与式意义建构概念。参与式意义建构是发生在交互作用中的意义建构，而非单个个体的意义建构，它特别强调对交互作用者（interactors）行为的协调作用（coordination）。他们描述道，"如果对社会耦合的调控通过运动的协调作用来发生，如果运动（包括话语）是意义建构的工具，那么社会行动者可以在社会遭遇中协调其意义建构。这就是我们所称的参与式意义建构——对交互作用中意向活动的协调，它会影响个体的意义建构过程，并产生

① de Jaegher H，di Paolo E A. Participatory sense-making：an enactive approach to social cognition. Phenomenology and the Cognitive Sciences，2007，6(4)：492.

新的社会意义建构领域（这种意义建构是每个个体所不具备的）”[①]。由于正是对结构耦合的调控构成了意义建构活动的性质方面（即适应能动性），所以必须明确何种类型的调控是社会交互作用的特征，以至于使它获得对行动者而言作为社会事件的意义。参与式意义建构就是这种类型的调控，它强调对社会交互作用中的行为的协调作用，社会认知就是一种特殊形式的参与式意义建构。

然而，正如加拉格尔所指出的，我们必须仔细区分两种不同种类的个体间情境：作为普遍形式的参与式意义建构和作为特殊形式的社会认知。就第一种情形而言，多行动者系统中存在一些交互作用，个体的行动借此可以直接或间接地相互启动和约束（由于自主交互作用过程）。[②]然而，尽管新的和其他不可获得的意义建构领域可以以这种相互作用的方式被开创，因而确立参与式的意义建构，但它们并不必然包含其他行动者的任何意义。例如，在细菌群落、生态系统，甚至在我们全球化的文化之中，都是如此。与他者有关的社会特征的生成需要一种特殊形式的参与式意义建构，即社会认知——他人借以被识别的被调控的感觉运动协调作用。

3. 定义社会–认知交互作用

现在，我们可以在多行动者系统、认知行动者和参与式意义建构等概念基础上定义社会–认知交互作用，进而提出社会认知研究的一种生成进路。认知行动者之间的社会交互作用是通过对交互作用调控的协调来实现的，借此，调控的成功本质上依赖于一个恰当的协调作用。为了区分这种特殊的交互作用和“社会交互作用”，并把它从传统的“社会认知”概念（它认为一个行动者以一种单向的方式来感知另一个行动者）中区分出来，弗勒泽和迪保罗引入了社会–认知交互作用：“社会–认知交互作用是至少两个认知行动者之间的被共调控的（co-regulated）感觉运动耦合作用，借此，对每一个行动者的调控都针对发生相互耦合作用本身的方面，以至于：①一种新的自主组织涌现于某种交互作用过

① de Jaegher H，di Paolo E A. Participatory sense-making：an enactive approach to social cognition. Phenomenology and the Cognitive Sciences，2007，6（4）：497.

② Gallagher S. Two problems of intersubjectivity. Journal of Consciousness Studies，2009，16（6-8）：289-308.

程，这种交互作用过程贯穿于至少两个内在的和某种共享的动力学关系域；②至少两个个体的认知能动性在这一过程中没有被破坏（尽管它们的范围可以被扩大或缩小）；③认知行动者对感觉运动耦合作用的调控由对至少另一个认知行动者的协调性调控来补充。”[①]该定义既避免了方法论的个体主义倾向，又避免了只考虑社会性而忽略个体要素的极端倾向。交互作用者的自主性必须通过遭遇得到保持，以便它被看作一种社会交互作用。生成视角明确了个体与社会过程之间的持续张力。

从这一定义中，我们可以推出社会交互作用所具有的一些本质特征[②]。其一，协调作用在社会认知中的不可或缺性。交互作用是指那些在时间上延伸的过程，它们的结构只在集合动力学的关系层次上显现。协调作用就是用于刻画这种组织的一个概念，它是两个或多个系统活动中的一种非偶然关联，其重要特征是对一些简单耦合作用机制的依赖性。一旦弄清楚了协调作用如何出现、如何被维持，以及如何在社会遭遇中变化和失效，我们将能在交互作用的时间方面与它们对共同和个体的意义建构的影响之间做出联系。另外，感觉运动交互作用的展开是被共调控的（co-regulated），因为正是对交互作用的这种以交互方式被协调的调控，使所处的情境充满了社会性。当考虑变动不居的社会交互作用时，协调作用在耦合系统中无须是绝对的或持久性的。为了说明这一点，凯尔索（J. A. Kelso）对比了绝对与相对协调作用的观点。当一名小孩与一名成年人一同行走时，它们以不同速度行走的自然倾向性被克服了，它们通常总体上保持一致。如果一方调整了步频或步长而无须同步行走时，这才发生。这种协调作用要比纯相位锁定要更具变化性、可塑性和流动性。 在完美的同步中，协调作用是绝对的（例如，成对的热带小鸟音声相和）。相比之下，相对性的调节则表现出一系列宽泛的选择，因为它不是由连贯的状态严格规定的而是由总体倾向来规定的（如一块行走）。

---

① Froese T，di Paolo E A. The enactive approach：theoretical sketches from cell to society. Pragmatics & Cognition，2011，19（1）：23.

② de Jaegher H，di Paolo E A. Making sense in participation：an enactive approach to social cognition // Morganti F，Carassa A，Riva G. Enacting Intersubjectivity：A Cognitive and Social Perspective on the Study of Interactions. Amsterdam：IOS Press，2008：37-38.

其二，社会交互作用的自维持倾向性，即它通过协调作用模式维持某种遭遇的（短暂的）倾向性。与其他形式的耦合作用相比，协调作用模式可以影响参与的个体，以至他们倾向于维持这种社会遭遇。交互作用过程中发生的一些“事件”（如言语、运动、姿势、手势），对于保持该交互作用的持续性具有影响。但关键的一点是，这些被维持的动力学反过来约束协调作用模式的可能性范围。如果某种遭遇建立了这种交互的直接联系（协调作用影响该遭遇的展开过程，该遭遇的动力学反过来也会对这种协调产生影响），那么，这种遭遇将变成一种社会交互作用，构成一种被维持和可识别的涌现层次，只要所涉及的过程（或某种外部的因素）没有终止它。这一组织对应于交互作用的自主性。当存在一些有助于保持社会遭遇的协调结构，并且该遭遇本身促进协调作用时，遭遇与协调作用间的这种双重联系使得该集合模式成为一个自主系统。这允许根据其集合动力学的组织来确认一个特定的交互作用。

其三，社会交互作用的涌现自主性。这种自主性通常是短暂的，但即使社会遭遇只持续了几分钟，我们也可以找到这种属性。在这一过程中，某种遭遇可能会展示出这样一种组织，它被描述为协调作用与全局自维持的相互影响。行动者间的协调模式支持这种交互作用，而这种交互作用反过来又影响行动者的个体行为，并赋予它们交互作用者的角色。换言之，个体行动与关系动力学之间存在相互影响。一个自主性实体，就是交互作用过程涌现，因为社会遭遇获得了这种操作封闭的组织。显然，交互作用构成了一个不可还原为个体行为的分析层次，它所确立的关系域具有自己的用于约束和调整个体行为的属性。个体作为交互作用者，与该交互作用过程同时共涌现。通过考察个体如何受到该遭遇的影响，我们得出了把这种交互作用定义为社会性的另一个条件：在这一过程中，作为交互作用者的个体不能丧失自己的自主性（尽管该遭遇可能扩大或削弱个体自主性的范围）。这对于定义社会交互作用而言是一个必要的约束因素。如果没有这一要件，即如果某一交互作用者的自主性遭到了破坏，那么，整个过程将缩小为另一个行动者与其世界的认知关系。例如，在繁忙的道路上撞见某人这一事件本身就不属于社会交互作用，因为它没有建立一种被共调节的耦合作用。

综上所述，把社会看作一种恰当的自主性领域，对于目前流行的社会认知理论具有重要意义。新近的具身进路已使用了大量神经机制，如用于解释社会理解的镜像神经元。但是，这些解释仍不能说明交互作用作为一种结构化过程的具体作用。它们倾向于探究原子关联性（atomic correlations），如某一主体无论是在执行一项目标定向的行动还是感知某人做这一行为，他的镜像神经元都在燃烧。究实而论，这种解释仍没有脱离从个体视角理解他者的思维范式。这种理解如何参与并受协调作用动力学的影响？或者，整个情境的社会性体现在何处？这一问题仍未得到有效的解决。把社会活动中的某种关联转换成一种神经关联，只是重新描述了这一问题，并没有实际解决它。当然，不可否认，基于镜像神经元的理论可能有助于说明涉及意向行动识别的机制。在某种交互作用的展开中，这种识别是否碰巧是一个被协调的或未被协调的时期的组成部分，不是一个可以通过这些术语来解释的问题。根据定义，它是一个关系性问题，只在集合动力学层次上具有意义。正是在这一层次上，社会理解才在很大程度上显现。这种平衡交互作用和交互作用者的自主性做法，有助于我们理解不同层次上的协调作用如何通过其历史来影响交互作用。

4. 社会交互作用在社会认知中的解释作用

社会交互作用在社会认知中的可能解释作用表现为三方面；语境性的、使成性的（enabled）和构成性的[①]。在说明社会交互作用所可能具有的解释作用之前，先考虑观察某种现象 X 的一个集合（包括过去和现在的事件、过程和关系），德耶格等人把这称作 X 发生的环境或情境集合。X 可能在不同情境中发生，如不同的历史进程可能导致 X 的一个实例。在一个特定情境中，如果该集合中的某些要素对 X 的解释可能起作用，那么我们称其为语境性因素。而且，由于这些要素对于该现象的发生将是必要的，所以我们又将其称为使成条件。还有另外一些要素是该现象本身的成分，因此被看作构成性要素。从形式上讲，在

① de Jaegher H，di Paolo E A，S Gallagher. Can social interaction constitute social cognition? Trends in Cognitive Sciences，2010，14（10）：443-445.

给定X，以及X所发生的特定情境的前提下：如果F的变化导致X的变化，那么F是一个语境性因素；如果C的缺失会使X不能发生，那么C是一个使成条件；如果P是产生X的过程的一部分，那么P是一个构成性要素。概言之，语境性要素对X起某种影响作用；使成条件不仅影响该现象（因而也是语境性的），还是X发生的必要条件；构成性要素是该现象的一个组成部分，所有构成性要素组成的集合就是该现象本身，由于这些要素的出现是必要的，因而也是使成的。基于这些概念，下面将在援引一些实验案例的基础上具体分析社会交互作用在社会认知中所可能具有的解释作用。

其一，社会交互作用作为语境性要素。德耶格和迪保罗等人援引了默里（L. Murray）和特热沃森（C. Trevarthen）的双向电视监控实验（double TV monitor experiment）来说明社会交互作用的语境性作用。在该实验中，两个月大的婴儿与母亲通过现场电视连接发生交互作用。但是，当把母亲先前活动的录像播放给婴儿时，他会变得焦躁不安，表现出排斥行为。经过反复试验，得出了相同的结果。关于这一实验的一种个体主义解释[①]认为，该现象（婴儿行为中的差异性）的产生是缘于婴儿使用了某种偶性探测模块。这种模块将交互作用的相关方面作为输入信息（如记录的关于自己和他人行动的信息），并输出经过整合的信息，即关于社会偶性出现或缺席的知识。这种解释将偶性探测模块看作与生俱来的，因而，认知机制并不是由社会交互作用构成的。交互作用作为该模块的输入信息，仅仅是一种语境性因素：交互模式中的变量改变了该模块中的输出信息。

除此解释之外，我们还可以设想某种非内在论的解释。在这种解释中，社会交互作用同样发挥语境性作用。例如，一个刚失去听力和言语能力的人可以通过纸和笔与他人交流。通过这种方式，他可以在陌生的城市里问路。他获得的回应会对他成功找到目的地产生影响，但这可以解释为只是信息提供：这里的交互作用只是语境性的。然而，笔和纸对于这一任务的成功执行而言是必需

① 个体主义解释（individualist explanation）是一种内在论的解释，它只依赖于个体因素（如神经机制）。它认为，社会交互作用要么不起任何作用，要么只起某种语境性作用。例如，婴儿通过内在于大脑的某种“社会偶性探测模块”，把某种社会交互作用判断为实时的而非先前录像的回放。

的，因此，它们至少发挥着某种使成性作用。在这一例子中，该解释既不是内在论的，亦不是交互性的。相比之下，根据定义，如果交互作用发挥某种使成性或构成性作用，那么，该解释就不是内在论的。

其二，社会交互作用作为使成条件。为了排除人类身上天生具有的偶性探测模块的情形，德耶格等人参照了另外一个基于进化机器人学模型的双向视频实验，以期揭示社会交互作用的使成性作用。在这个实验中，沿着一维空间移动的人造仿真行动者（由一些小的动态神经网络控制），通过重复地穿过彼此的位置来发生交互作用。当一个行动者的实时运动被替换为其先前运动的录像时，另一个行动者很快会从这种交互作用中撤离出来（类似于婴儿在被播放其母亲的录像时的反应）。在通常的交互作用中，行动者在动态的短暂性活动中保持彼此的联系。它们来回摆动并重复地刺激彼此的传感器。这种自维持的协调作用是强有力的，并能抵制杂乱的噪声干扰。然而，当试图与某种录像进行交互作用时，这种强有力的东西就丧失了，并且单个的行动者不能支持这种协调模式。最终，它移向一边并离开。在这一实验中，行动者的神经控制器中没有任何用于探测偶性的内在模块。相反，它是交互作用动力学的一种属性（这种交互作用动力学允许行动者或者维持交互作用或者离开）。如果没有交互作用，这些必需的过程将不会运作，这种现象也将不会发生，因此，交互作用发挥了某种使成性作用。这一模型蕴含了对双向视频实验的一种新的假设：婴儿的参与部分是由现场交互作用的稳定性维持的。如果没有这种稳定性，婴儿的参与就会立刻消失。如果这一假设在经验上得到支持（例如，通过检测婴儿对外界干扰的易感性，当进入或离开交互作用时），那么这将说明：社会交互作用在婴儿的行为中发挥某种使成性作用。

其三，社会交互作用作为构成性要素。奥夫雷（M. Auvray）和斯图尔特的一项实验说明了交互作用的构成性作用。两个蒙上眼睛的参与者坐在不同房间里，他们通过一条共享的虚拟线路，即使用鼠标移动一个传感器来实现彼此的交互作用。每当传感器在这条线上遭遇某个物体时，参与者的手指就会受到敲击（所有的物体尺寸都相同，并产生相同的刺激）。每一个参与者通过这种方式都能感觉到三种不同的物体：一个静态的物体、另一参与者的传感器和一个“阴影”物体（这个物体在固定距离复制另一个传感器的运动）。参与者没有意识到传感器与阴影物体间的联系，他们被告知有一个由另一个参与者控制的移动物体。他们的任务是每当他们断定自己与另一个参与者发生联系时，就点击鼠标。结果显示：参与者会发现彼此的传感器，即使他们作为个体不能分辨传感器和阴影物体（尽管他们有时会怀疑他者的出现）。当然，个体因素使这种社会表明成为可能（完成一项扫描搜索），但它们的运作相同，无论是扫描传感器还是阴影物体。点击数量的变化是由耦合作用稳定性中的差别造成的，而非个体策略造成的。这一实验表明：交互作用过程不仅是使成性的，而且还发挥某种构成性作用。

通过上述分析，我们可以断言：如果社会交互作用所发挥的不只是一种语境性作用，那么，这至少暗示了一种对个体主义解释的重估。换言之，个体主义解释需要得到某种交互性解释的补充，而生成进路就旨在整合这两者。例如，镜像神经元在交互情境中的功能就不同。镜像神经元的发展，可能是由于行动者在社会交互作用中的技能性参与（skilful involvement），而非成为社会理解能力的来源。关于镜像神经元的绝大多数发现都不是从交互情境中得出的。他们所提出的功能性，如识别他者的目的意图，需要在交互情境中再评估，它们的活动可能最终被证明是副现象的。如果承认“交互作用可以使成和构成社会认知”，那么就可以断言，交互作用动力学实现了必要的认知表现。我们无须通过某种个体机制来复制它们的结果。例如，交互作用动力学的稳定性可以解释婴儿在双向视频测试中的注意力，而无须诉诸偶性探测模块。在奥夫雷的实验中，对社会偶性的敏感性，作为一种个体技能被排除了。交互作用过程就可以完全解释这一结果。

另外，我们也可以试图回答人们长期以来为何抵触交互作用解释。这可能部分是因为：交互作用模式是抽象的，它们很难得到准确说明，因为它们不容易与物质结构（如大脑区域）联系起来。事实证明，这种看法站不住脚。一方面，交互作用动力学的确有某种可测量的物质基础，并且还吸纳了交互作用着的身体、社会技术和文化准则要素。另一方面，社会认知也具有非交互性的方面（如对社会现场的远距离观察和对他者行动的反思）。然而，社会交互作用在所牵涉的过程中可能发挥某种使成性作用。因此，通过使用和扩展现在的方法，对交互作用动力学影响、使成或构成社会认知的方式进行探究是十分必要的。总之，通过对社会交互作用的定义，以及对其不同作用的阐明，社会认知研究中的那些尚未解决的问题可以从一种新的解释工具中获益。也就是说，社会认知不仅存在于个体的脑袋中，还存在于个体与个体所确立的新的关系域中。

三、文化在社会认知中的作用

上述关于社会－认知交互作用的生成定义是否适用于高层次的人类所特有的社会认知？在回答这一问题之前，先让我们考察一种在动物领域中普遍常见的典型社会行为—给予行为（the act of giving），如哺乳期的给予食物行为，或求偶期做出的一些供养行为等。给予行为是一种最具基础性的社会行为，借此，其他形式的社会性才可以进一步发展，但这种行为本身并不预先假定一些东西。而在人类社会情形中，如小孩给予母亲东西的行为，之前给出的生成说明似乎难以揭示这种差别性。在这种情形中，交互作用者并不有意创造这一给予行为。当它改变了“给予者”与“接收者”之间关系的意义时，某种随意的交换可能随后被赋予某种社会意义。然而，除了人类存在所使用的意义，“给予者”和“接收者”这两个抽象范畴实际上是否还具有动物领域中的其他意义呢？通常，这些作用具体体现在非人类的社会交互作用情形中，如喂养和被喂养，或求偶和被求偶。同时，这一例子指出，我们需要纳入一些额外的要素来阐明：这些引导母亲对小孩行为做出反应的规则来自何处？

在弗勒泽看来，正是交互作用者和交互作用过程所嵌入的社会－文化背景发挥了这种关键作用①。母亲可能因感动而接受这个东西，因为那是人在被给予东西时自发的反应。将这一姿势看作小孩试图给予东西，是一种弄清楚当下情

① Froese T，di Paolo E A. The enactive approach：theoretical sketches from cell to society. Pragmatics & Cognition，2011，19（1）：26.

境的自然方式，并且这种意义建构可以通过预先确立的社会－文化实践而内隐地获得。而且，这种意义一旦在这一情境中实现，就不会在小孩身上失去。小孩现在发现了一种与母亲交互作用的新方式。换言之，我们不能把这一例子只刻画为一种社会－认知交互作用，因为它忽略了我们所处理的是一种濡化过程（enculturated process）。小孩与母亲间的交互作用研究表明：通过纳入源自预先确立的社会文化价值，人类的交互作用可以超越我们对社会－认知交互作用规定的严格界限。这种诉诸某种预先存在的共享实践的秩序表明：对社会－认知交互作用的处理（只聚焦于通过交互作用过程短暂构成的规则），不足以抓住整个的社会性。特别是，它没有看到人类的社会－认知交互作用的独特之处，即它们总是在一个文化语境中展开。

因此，生成进路现在特别关注文化的本构作用，它试图将人类的濡化认知（enculturated cognition）纳入社会认知中。斯坦纳（P. Steiner）和斯图尔特认为，濡化形式的社会交互作用还包括一种文化的他主性（cultural heteronomy），即遵循传统预先确立的社会结构[①]。也就是说，存在一种普遍现象：文化价值对我们的行为和理解起引导性作用，濡化过程对我们的单独行为也具有类似的深刻作用。例如，《鲁滨孙漂流记》中的主人公即便是在发现自己被隔离在一个热带岛屿上时，他也不会直接丧失自己身上的文化特征。据此可知，濡化过程至少包含某种形式的他主性。为此，斯坦纳和斯图尔特认为，只有濡化形式的交互作用才可以被称作社会交互作用。但这是否说明之前的生成定义过于宽泛而不能说明人类的社会性？弗勒泽认为，斯坦纳和斯图尔特的看法过于褊狭了，他们把社会性看作特殊的人类现象，因而，排除了从群居昆虫到与我们关系最紧密的灵长目动物的情况。在他看来，对社会－认知交互作用进行定义应该寻求一条中间道路，既可以排除偶然包含另一个行动者的认知交互作用（即没有与他者相关的价值的多行动者系统），又可以包括一些不受预先确定的文化规则引导的受共调控的交互作用。当然，这并不否认人类形式的社会性所具有的特殊性

① Steiner P，Stewart J. From autonomy to heteronomy（and back）：the enaction of social life. Phenomenology and the Cognitive Sciences，2009，8（4）：527-550.

（包括他主性特征），但这或许通过文化而非社会性得到了更好的把握。

尽管生成进路已越来越多地关注文化在社会认知中的作用，但这仅仅是一个开端，还并不完善和成熟。它面临着诸多亟须解决的问题，例如，一个能参与社会－认知交互作用的行动者如何在外部文化价值的塑造下转变成一个能参与社会－文化交互作用的行动者？如何说明纳入的他主性规则？常识如何从参与式意义建构中产生？这进一步促使生成认知科学家试图寻求建立新的跨学科合作关系。但是，我们从生成框架中的一些核心概念中也能看出未来发展的一些端倪。一方面，从交互作用者的视角看，交互作用过程的自主性是一种具有其内在目的论的他主性形式。当然，未来的研究需要明确人类文化的他主性具有何种特征。特别是，孤立个体的行为如何可能自动地遵循文化规则，即使他人不在场的时候？但是，另一方面，从社会－认知交互作用的视角看（特别是社会学习），我们应该能够解决这一问题。如果我们想知道文化何以可能持续塑造我们的行为，即使是外在于一个直接的社会语境，那么，我们首先需要理解：卷入一个社会－认知交互作用的行动者（面对另一个行动者和交互作用过程本身的他主性）如何经历一种行为上的变化（我们称作学习）。这里也有一个需要解决的教育学问题。社会－文化交互作用（在这方面需要得到进一步说明）的一个例子是：语言的习得性问题。一些关于“分布式语言”起源的研究在这方面可能具有启发性，如果未来研究要比较这些研究的核心观点与生成进路的概念框架，那么，这将是有趣的。

在讨论了文化作为一种语境要素在社会－认知交互作用中的重要性之后，我们还需进一步考虑：文化价值的本构作用对生成进路而言是否是一个问题。生成进路是否需要为这些文化价值提供生物学说明？持赞成意见的人认为，这些价值只能为某些种类的意义建构的行动者而存在，并且这些行动者是生物的，因为它们是活的（自主的和适应的）。持反对意见的人认为，这不是将文化价值还原为其生物的可能性条件，社会－文化领域保持着自己的相对自主性。就此而言，在构成生命、心智和社会性的非连续性系统中，文化他主性的涌现是另一个非连续性的显现。然而，我们并非要倒向任何一方，而是要提供一种连贯的说明，因为文化的他主性与社会性的他主性之间最终是相互依赖的，而构成生成进路基础的自主性概念框架恰好适用于这两者。

具体而言，认知行动者进入文化领域，既是启动性的也是约束性的。它是约束性的，是因为参与共享实践要求个体的自主性与预先确立的规范性相一致。但尽管有这种约束性，也存在一种可能性的扩展。一个较好的例子是游戏。游戏的自由在于玩家创造新的有意义的约束的能力，通过这种能力，它就可以引导它的意义建构活动，并为自己和他者建立遵循的规则。而且，通过创造一种共享的个体和社会实践历史追踪，文化交互作用为累积性建立一些先前的生命存在方式提供了基础。这是重要的，因为自主性的每一次增强都导致了随意性的增强。

最后，需要明确的一点是，对社会-文化认知的考虑只是激发进一步研究的先导而已，还有大量的实际工作需要去做。另外，生成进路也无须重新发现那些已然做出明确研究和定论的东西。例如，社会-文化实践和技术物体的认知作用已然从人类学视角得到了系统性研究，这与生成进路对社会认知的研究十分相符。因此，进一步加强这种新的跨学科联系是十分必要的。然而，认知人类学有时被当作认知科学的一个核心学科而被提及，但它的实际作用通常被忽视了（它变成了一个“缺失性学科”）。如果我们知道认知主义的方法论的个体主义试图将一切社会-文化因素还原为内在的心理表征，那么，这也不足为怪。相比之下，生成进路将一定程度的自主性赋予社会-文化过程，从而将这些过程与生物个体紧密相连。同时，它还把结构的和现象学的研究结合为一个方法。因此，生成进路需要将人类学作为一个核心学科纳入其框架。

第二节　修正：作为一种广义的生成理论

美国当代著名心理学家和哲学家肯•威尔伯（Ken Wilber）在《性、生态、灵性》（1995年）一书中十分赞赏认知科学中的生成范式，特别是它对表征主义及其客观主义预设的拒斥。在他看来，生成范式是一种试图整合主观领域和客观领域的具有内在连贯性的科学模型。因而，在讨论整合图（integral map）的范围时，他把现象描述为由特殊的视角所引起或生成的，而非简单地被揭示。然而，他认为，瓦雷拉等人所提倡的生成进路表现出浓厚的生物学主义色彩，实际上是一种不完全的生成主义，并且这种强调认知的感觉运动生成的模型容易陷入感觉运动的困境。基于此，威尔伯对生成范式进行了修正，主张把生成拓展到四个象限，表明主体的、客体的、主体间的及客体间的这四个领域是共决定和共出现的关系。①

威尔伯的这种批评是十分中肯的，他指出了生成认知科学家所提倡的生成进路实际上偏重于生物学意义上的生成，因而，有必要对生成概念做出适当的修正。从目前笔者所掌握的文献资料来看，生成概念已然成为当代学术界的一个核心概念，它已然超出了认知科学范围，被广泛应用于教育学、超个人心理学和宗教学等诸多领域。这为我们进一步修正生成概念提供了大量资源。那么，这些不同领域中的生成概念是否具有共同的基础？是否具有被整合的内在可能性？也就是说，我们是否可以提出一个超越认知科学范围的具有普遍性意义的生成理论？这是我们在这一部分中主要探讨的问题。在当前语境中，我们采取塞缪尔关于生成的定义：把生成看作“世界构造的一种动力过程——这一过程密切关联于某种特殊的身体身份（bodily identity），且内嵌于一个巨大的相互渗透的关系网中”②。我们此处的目的是探究世界构造的生成动力学，试图在修正认知科学的生成概念的基础上提出一种广义的生成理论。为此，我们主要检视了以威尔伯和费雷尔（J. N. Ferrer）为代表的超个人心理学（transpersonal psychology）和胡塞尔的先验现象学领域中的生成概念，以期从科学的、宗教的和哲学的维度丰富生成概念的内涵和意义。

一、超个人研究中的参与式生成

超个人心理学于20世纪60年代末至70年代初兴起于美国，是心理学领

---

① Wilber K. Sex，Ecology，and Spirituality：The Spirit of Evolution. Boston：Shambala，1995：712-715.

② Malkemus S A. Toward a general theory of enaction：biology，transpersonal，and phenomenological dimensions. The Journal of Transpersonal Psychology，2012，44(2)：201.

域中继行为主义、精神分析和人本主义之后出现的第四势力。它反对人本心理学只关注个体的自我及其实现，主张把自我与个人以外的世界和意义联系起来，指向一种超出自我关怀的精神生活领域。它主要关注人类体验的灵性维度（spiritual dimension），认为“对人类存在和宇宙的综合理解需要将灵性现象包纳进来”①。因此，它试图将世界精神传统的智慧（特别是东方的佛学心理学、中国的道家哲学和古印度的梵、瑜伽等哲学）整合到现代心理学的知识体系中，进而提出一种身 - 心 - 灵（body-mind-spirit）的架构来全面认识人类自我。

近些年来，随着生成认知科学影响力的不断扩大，超个人心理学家已然将生成进路的洞见纳入对灵性体验（spiritual experience）的认识论探究中。在此，我们特别关注费雷尔在批判以往超个人研究的基础上提出的参与式生成（participatory enaction）概念，以及其主张的超个人心理学的参与式转向②。认知科学的生成进路主要把生成限定于有机体的感觉运动世界中，而在费雷尔提出的参与式进路中，生成不仅包括某种感觉运动世界的动力涌现，而且还包括本体丰富的灵性世界（spiritual worlds）的涌现。在费雷尔看来，人类灵性涌现于某种与生命或灵魂的生成力（generative force）的共创性交融（cocreative communion）过程中。他在《修正超个人理论》一书中引入了参与式灵性概念，批判了超个人心理研究中妨碍理解灵性的一些假设，并在参与式生成的基础上构造了一种超个人的认识论。

费雷尔指出：在超个人心理研究中，有三个根深蒂固的假设阻碍了对灵性现象的探究，即体验论（experientialism）、内在经验论（inner empiricism）和永恒论（perennialism）③。体验论把灵性现象只看作个体的内在体验（即发生于我们自身中的内在觉受），因而内隐地假设了：只作为内在体验的灵性现象可以被还原为大脑的运作，并被包含于一种封装的主体性中。内在经验论主张以经验论

① Ferrer J N. Revisioning Transpersonal Theory：A participatory Vision of Human Spirituality. Albany：State University of New York Press，2002：8.

② Ferrer J N，Sherman J H. The Participatory Turn：Spirituality，Mysticism，Religious Studies. Albany：State University of New York Press，2008.

③ Malkemus S A. Toward a general theory of enaction：biology，transpersonal，and phenomenological dimensions. The Journal of Transpersonal Psychology，2012，44（2）：207-212.

的标准来验证灵性知识断言，即通过复制、主体间的证实或证伪来检验灵性知识的合理性，但实证科学的这种判定标准忽略甚至否定了那些超出科学方法界限的灵性现象的真实性。换言之，有限的科学方法无法全面把握真实的灵性现象。永恒论断言一切宗教和灵性现象都是对普遍且既定的终极根源的表述，容易导致客观主义和独断论倾向，容易对何种宗教或灵性传统更接近于真理而产生厚此薄彼的偏见。

相应地，费雷尔在批判的基础上提出了参与式灵性、规范性评价（normative evaluation）和遮遣[①]式玄学（apophatic metaphysic）三个理论来分别取代体验论、内在经验论和永恒论。与体验论不同，参与式灵性扩大了灵性现象的内在参与维度，而非只将其看作发生于个体中的现象。灵性的内在参与性表现为三方面：①参与性作为人类存在的本体论基础，“人类存在，不管其知道与否，总是参与到神秘性的自我揭示过程中，万事万物从这一神秘性中产生”[②]。也就是说，灵魂不仅内在于我们，而且遍及我们周围，贯穿于我们从生到死的日常生活。②灵性认知是动力的和多方面的，包含人类存在所有维度的整体性参与（包括身体、生命力、心脏和意识的各种精妙形式），并且灵性知识涌现于我们与世界的具身关系。这揭示了生成进路与参与式进路之间的某种共性，即认知是身体智慧，我们与灵性维度的关系也是通过这种智慧来调节的。这颠覆了传统的认知观点和宗教观点，前者将认知过程锁定在大脑中，后者将灵性认知局限于去身的存在状态中。我们与世界的具身关系，以及理解该世界作为有机体的生命动力学，蕴含了某种多层次、多维度的灵性关系（这种关系源自我们生命具身性的核心），而人类本真的灵性知识就涌现于这种具身关系。③参与式的灵性现象必然包含某种“交流和共创式参与（co-creative participation）”关系。这作为费雷尔的超个人认识论的本质特征，为其提出的参与式生成奠定了基础。

为了探求灵性真理断言的科学实证方法，费雷尔从实用主义传统出发，提

① 遮遣（apophatic）是基督教神学中的一个术语。相对于kataphatic（直说的方式），它是一种否定性的表达方法，即谈论“上帝不是什么”的阐述风格。

② Ferrer J N. Spiritual knowing as participatory enaction// Ferrer J N，Sherman J H. The Participatory Turn：Spirituality，Mysticism，Religious Studies. Albany：State University of New York Press，2008：137.

出了规范性评价来替代内在经验论。在他看来，在各种精神传统之间做出性质方面区分的本真可能性，不存在于抽象价值和理论构建物的领域中，而存在于具身人类经验及其实践结果的内在领域中。为此，他提出了验证灵性知识的三种方法，它们需要一种批判的自我意识和对他者知觉的感受性（receptivity）作为其基本工具。一是自我中心验证法（egocentrism test）：试图分辨人们摆脱自恋和自我的各种粗细形式的程度。二是分离性验证法（dissociation test）：审视个人在所有层次上自由参与灵性发展过程和阐述灵性知识的程度。三是回溯性验证法（retrospective test）：必须承认，在某些情形中，在我们迈向"一种真正彻底的无我性"时，与前两者相联系的明显困境可能是必需的。在费雷尔看来，灵性真理不是经验证实的问题，而是对仁慈和创造性关系的反思。

最后，为了取代永恒论，费雷尔提出了一种遮遣式玄学。这使他避免了对超验问题的具体化，从而包含某种超越我们试图定义的终极根源（如上帝、婆罗门等）的形而上学立场。在遮遣（apophatic）语境中，费雷尔说明了"一"与"多"之间的形而上学辩证法。"一"作为一个"共享的灵性基础"，被最一般性地看作"模糊的神秘性"或"生命的生成力"，这种生成力"不能通过任何明确的肯定属性得到恰当刻画"。"多"被内隐地假定为差异化显现的总态，包括人类体验的物理领域和非物理领域。"多"通过某种激进的多元性或多重性来刻画，"这种多重性是人类存在、幻想的世界和灵性实在所共有的"[①]。从中可以看出，费雷尔的遮遣式玄学表现出某种形式的灵性普遍主义（spiritual universalism），但他认为自己的理论并不假定某种预先决定或预先给定的灵性终极（spiritual ultimate）。

费雷尔在批判超个人研究的基础上，提出了参与式生成概念。他将参与式生成定义为"一种主动过程，这一过程包含了个人在生成本体丰富的宗教世界中的所有层次的参与"[②]。通过这种过程，具身的共创式参与生成了灵性世界（或

① Ferrer J N. Revisioning Transpersonal Theory：A Participatory Vision of Human Spirituality. Albany：State University of New York Press，2002：156.

② Ferrer J N. Spiritual knowing as participatory enaction// Ferrer J N，Sherman J H. The Participatory Turn：Spirituality，Mysticism，Religious Studies. Albany：State University of New York Press，2008：137.

宗教世界）。这种灵性世界具有四个主要特征：①本体的丰富性，灵性世界在本体上是丰富的，它们不仅是幻象或映象，而且还是实存的实在，由于灵性世界存在，所以任何试图还原或拒斥我们对它们的体验的做法都是错误的；②数量的无限性，它们大量存在且极富多样性，灵性世界在数量上无穷无尽；③文化的约束性，任何一种灵性世界都受社会的和历史的条件深刻影响，正如霍伦贝克（J. B. Hollenback）所言，"神秘主义者所看到的特殊物体、符号和意象，他们的感觉，他们所听到的言辞，这种体验所引发的意志的特殊情绪、活动和方向等，都源自神秘主义者从其宗教－历史语境中有意识或无意识地获得的那些特殊的存在偏见"[①]，但我们需要指明的是，不能把灵性世界看作只是文化条件的产物，似乎在文化规则与灵性世界之间存在某种因果关系；④生成的共创性参与，灵性世界是由意向的或自发的共创性参与而生成的，因而，我们既不能假定一个既定的、潜在的灵性实在有待独立观察者来揭示，也不能认为灵性实在完全是由文化或语言学决定的。另外，人和神都存在于互惠的共创性关系之中，一方并不能决定另一方。它们在共创性方面都是受约束的和不可分割地共涌现的。意向的共创性参与包括个体或群体的意向行动，用于产生与某种灵性领域的关系，无论是通过祈祷、冥想还是宗教集会。当这种关系从灵性领域中得到减轻时，自发的参与才发生，无论是通过某种增强了的灵交感觉，还是通过某种特殊灵性实体的直接显现。无论是自发的还是有意的共创性参与，都包括不同程度的关系（这种关系在范围上或者是扩张性的或者是约束性的）。但是，从参与式视角来看，人与神、自我与世界之间的这种相互规定的跃动存在于每一个参与者的核心中。[②]

综上所述，参与式生成的洞见性在于指出，灵性世界通过各种维度的人类存在的共创性参与而被主动生成。灵性世界最好被理解为创造性生成的，而不只是由沉思或其他方式揭示的预先存在的灵性领域。参与式进路提倡一种整体

① Hollenback J B. Mysticism：Experience，Response，and Empowerment. University Park：The University of Pennsylvania Press，1996：131.

② Malkemus S A. Toward a general theory of enaction：biology，transpersonal，and phenomenological dimensions. The Journal of Transpersonal Psychology，2012，44（2）：210-212.

论的参与，它十分重视灵性体验的关系维度、具身维度和遮遣式维度。像生成进路中的具身认知一样，这种参与式意义建构生成了与灵性领域有意义的关系，因而，构成了我们灵性世界的独特特征。灵性世界必然通过我们感觉运动世界的情境化关系而涌现出来，它们必然与我们的感觉运动世界同时存在。简言之，我们体验的灵性维度与我们感觉环境的生物学和身体身份是重叠及缠杂在一起的。参与式生成既拓宽了生物学生成（认知科学）的内涵，又揭示了灵性世界和感觉运动世界间的关系。

二、现象学视域中的先验性生成

这一部分主要考察胡塞尔先验现象学中的生活世界及其借以生成的构造性机制，旨在表明现象学可以为沟通生成的生物学说明和参与式说明提供必要的先验基础。概括地讲，认知科学中的生物学生成说明了自创生系统的动力涌现何以包括感觉运动世界的动力共涌现，超个人心理学中的参与式生成说明了人类多维度认知的共创性参与何以产生本体丰富的灵性世界。而现象学视角可以将我们带入我们的生活体验（即呈现为先验主体性的生活世界），进而带入我们的生物学身份和灵性身份的体验（即感觉运动世界和灵性世界）。现象学中的生活世界借以生成的构造性机制，为感觉运动世界和灵性世界的生成奠定了基础。

在胡塞尔那里，生活世界被看作体验的王国或领域，它被直接给予到某一特定的主体之上；它是流动性体验的生命世界，是以感觉、直觉和具体的方式被给予的世界，而不是那种被抽象反思、命名或分类的世界[①]。它是前科学和前理论的世界，是一切科学和理论最终渗入的本体领域。这种渗入（即胡塞尔所讲的沉淀）通过它所留下的沉淀物来改变世界。塞缪尔概括了生活世界的两个重要特征[②]，这两个特征在很大程度上影响和塑造了生成主义的认知观。一是本质的模糊性（essential vagueness），即我们无法给出任何关于生活世界的准

---

① Zahavi D. Husserl's Phenomenology. Stanford：Stanford University Press，2003：126.

② Malkemus S A. Toward a general theory of enaction：biology，transpersonal，and phenomenological dimensions. The Journal of Transpersonal Psychology，2012，44（2）：213-216.

确刻画，无法将几何学中的精确性加诸在生活世界的现象之上，因为任何试图明晰刻画的努力都会扭曲生活世界的流动性和动力性本质。二是与功能性身体（functioning body）的关联性。这一特征表明：每一种生活世界都关联于一个功能性身体。“功能性身体”概念引出了“无主题的前反思的生活体觉知，它伴随并影响每一种空间体验”[①]。这种原初的身体觉知及其附随的动觉物质性促成了对知觉实在的构造，但正如胡塞尔指出的，这种构造包含一种相互的共依赖性，知觉实在的空间对象在其中构成了身体的空间身份。胡塞尔所讲的身体与世界间的终极相互依赖性和不可分离性突出了认知主体的具身性特质。

那么，生活世界借以生成的机制是什么？或者说，我们的体验世界是如何显现于我们的？胡塞尔给出的答案是，先验主体性的动力构造机制。这种构造性机制被塞缪尔称为先验性生成（transcendental enaction）。在他看来，生活世界的动力学被呈现为先验主体性的世界，胡塞尔所讲的构造性可归纳为四个方面的特征[②]：①构造具有动力性，它的动态展开过程决定了生活世界的动力状态（即其知觉变化特征）；②构造过程的动力性决定了它具有非因果性和非确定性特征；③构造允许显现和意谓，即允许所构造物如其所是地显现、展开、表达和自我显示，因而将所构造物带入表象，换言之，在构造过程中，构造者和被构造者是一并被共构的，构造意味着将在世界带到主体之前的同时，也将主体带到它自身之前；④构造过程包含一些相互缠杂和不可分的要素（如主体性、体验性身份的场所、主体间性、不同身份间的关系实在和世界，即共同的体验域），这些要素的动力组合和相互渗透产生了体验流，即生活世界。

综上所述，现象学提供了生成进路和参与式进路共享的先验基础。由于现象学是关于第一人称视角的哲学，所以它与身体维度存在密切关系。先验主体性是意识透视的非概念模式，一切概念的和理论的断言可以从中得到阐明。生成进路和参与式进路都可以从先验主体性的初始给予性（primordial givenness）中得到阐明，因此，感觉运动世界和灵性世界概念都是以一种原初的方式被连

---

① Zahavi D. Husserl’s Phenomenology. Stanford：Stanford University Press，2003：101.

② Malkemus S A. Toward a general theory of enaction：biology，transpersonal，and phenomenological dimensions. The Journal of Transpersonal Psychology，2012，44（2）：215-216.

接到第一人称视角的。正如扎哈维所指出的，“任何令人信服的意识理论都必须说明我们意识状态的第一人称给予性”[①]。我们越是离开生活世界，我们的知识领域越是会变得零碎。在我们具身体验的共享的先验基础上，我们具有了如下的潜在性，即使我们面向我们的生物学世界和灵性世界。

三、整合世界构造的三种基本模式

我们从认知科学、超个人心理学和现象学三个视角分别检视了世界构造的三种动力模式：生物学生成、参与式生成和先验性生成。结果发现：这三个不同领域中的生成概念都反对任何关于人性的二元论或还原论说明，并分享一种生成形式的世界构造模式。基于这一共同的认识论基础，我们就能提出一种新的世界构造模式。那么，如何将这三种模式整合为一种关于生成的广义理论？对现象学视域中生活世界和构造性机制的考察已然表明：先验性生成可以作为沟通另外两种模式的桥梁或基础。我们可以在现象学基础上尝试提出一种关于世界构造的三种动力模式的综合性说明[②]。

确切地讲，现象学提供了先验性生成的基础，即主体性－主体间性－世界借以共涌现的三重性构造过程，它构成了我们存在的初始之流（primordial flow）。正是在这一基础上，生活世界、周遭世界和灵性世界以一种嵌套性的、彼此交融的方式产生。通过我们意识体验的前主题的（prethematic）和非概念的涌现，生活世界产生。生活世界的体验之流使我们面对自己的身体身份（生命机体），即我们世界的时空结构和自我借以被构造出来的场所。由于这种身体身份也是一种自创生系统，并且在结构上耦合于它所嵌入的环境（与环境进行着持续的能量交换），因此，通过有意义的感觉参与的互惠关系，有机体生成了生物学意义上的周遭世界。周遭世界在动力上与我们基本含义的身份和能动性一并涌现，它卷入我们生命机体的具身认知中。由于这种身体认知具有许多维

① Zahavi D. Subjectivity and Selfhood：Investigating the First-Person Perspective. Cambridge：The MIT Press，2005：28.

② Malkemus S A. Toward a general theory of enaction：biology，transpersonal，and phenomenological dimensions. The Journal of Transpersonal Psychology，2012，44（2）：217-219.

度——借此我们发现自己被紧密嵌入一个具有生成性和神秘性的生命力中，所以我们发现自己处在与自己灵性的本质关系中。通过这种参与式的卷入，具有深刻意义的灵性世界被生成。这些存在意义（existential significance）的神秘世界立刻成为体验流、生活世界和周遭世界的重要组成部分。

现在，我们可以初步勾画一种广义的生成理论。构造这一理论的关键在于现象学所揭示的关于人类体验的这种共享的身体基础。从一般性意义上讲，生成意味着一个体验的基本世界的涌现。这一基本世界通过维持有机体存在的生命活力（vital pulse）而产生，因而，它与生命机体的活的动力学存在密切关系。同时，它作为一个连续性整体而存在，并且由许多不同的维度和特征构成。这些维度一旦生成，就总是处于某种混合或缠杂的关联中。从这一点上讲，我们作为某种生命存在的身份和我们与该生命的生成力的关系，就不能被简单地区分。因此，在某种根本意义上，这一基本世界的持续生成作为生成性（generativity）的来源，它嵌入灵魂的较大的生成力中，存在（existence）本身借此产生。就像道路是在行进中走出来的一样，生命在这一源头的知觉流中展开，这一源头随着人类生命的节律而跃动。随着生命的产生，对该生命的体验也被生成。就此而论，生成就是生命本身的一种创造性行为，而这种创造性行为产生于那种具有巨大神秘性的存在。因而，任何一个世界的构造都是某种新奇的涌现，通过一种独特的充满相互渗透的递归关系的环境产生。世界（worlds）创造性地涌现，并通过它们的多重关系语境而成为它们自己。在自我和世界的共涌现中，任何一种身份都受到世界的动力学的创造性影响，并且它们同时也影响这些世界的构造。

从中可以看出，这种广义的生成理论扩大了生成概念的内涵，从作为某种特殊主体性的世界构造的动力学，到作为一种全局或行星主体间性的世界构造的动力学。这在胡塞尔后期对主体间性概念的修正中得到了预示。他强调，主体间性不应只被看作关于某种特殊主体性的存在性关系的构造网，而且也应该包括他所称的过往历史的“我们”，即人类进化的集合动力学。这种历史关系网通过我们的存在持续涌现在当下，胡塞尔把它称为生命的世界意识（world-consciousness)。这使我们通过意识到任何一种世界的生成都不能简单地还原为某种特殊的行动者及其他当下的关系，将生成概念拓展到某一特殊身份的主体间性生命（intersubjective life)。相反，必须将世界构造归属于生命的由诸多个体意识构成的公共意识。

主体间性生命的世界意识启发了我们参与的全局性维度，既作为生物身份又作为灵性身份。作为一种自创生实体，我们发现自己嵌入与某种历史情境化的全球物种和物种间群体的关联中，这种生命行星系统在实践中不断进化。作为灵性存在（它关联于意向或自发生成的灵性世界)，我们发现自己处在与灵性世界的行星系统间的动力参与关系中，这些灵性世界本身在某种灵性意识的全局运动中共创地进化和转变。另外，这种扩张了的生成视角依赖于这样一个事实：我们诞生在一个巨大的历史嵌入的主体间性关系网中。生命的世界意识及其历史连续性容许对新世界结构进行不断地完善，从技术进步到灵性传统中的那些被强化了的复杂性和关系性。

结　语

生成认知科学是第二代认知科学的重要组成部分，它所提倡的生成进路自瓦雷拉、汤普森和罗施于1991年提出，已有20多年的发展历程。生成进路本身是一种跨学科研究框架，它整合了理论生物学和现象学两大核心学科，但这种跨学科整合既非某种取消式的还原论，亦非某种神秘的二元论，而是一种介乎客观表征主义和主观建构论的中间道路。生成认知科学通过研究人类认知的感觉运动基础，提出了解决人类认知问题的新方法和新途径。它以生命与心智的强连续性论题为核心工作假设，将自主能动性和意义建构作为关于心智与认知一般性理论的基础，逐步发展出了一个日趋成熟的、可取代传统认知范式的认知生成主义纲领。本书通过详细的分析和论证表明：认知生成主义作为认知科学的一种新范式和新纲领是合理且有效的。这一结论主要由以下几方面支撑。

第一，连续性论题是一个可行的工作假设。连续性论题认为，生命预示了心智，心智属于生命，生命与心智之间存在深刻的连续性。它在认识论上遭遇的问题是认知鸿沟：适用于简单有机体的生物学原则，何以能系统地用于说明高层次的人类认知现象。然而，通过吸纳理论生物学和现象学的成果，生成认知科学完全有可能缩小，甚至弥合这一鸿沟。它通过现象学分析指出，造成这一鸿沟的根源是方法论的个体主义。方法论的个体主义源于主导传统认知科学的方法论的物理主义假设。正是这一假设忽视了社会性对能动性和意义建构的本构作用。因此，生成认知科学提出了理论生物学和现象学的双向解决策略，前者阐明了理解生命和心智基本现象的生物学原则，后者突出考察了现象学对知觉、主体间性、开放主体间性的分析。

第二，生成主义作为一种反表征框架，引发了认知科学内部的范式转变。首先，生成主义是一个革命而非改良的认知范式，其革命性体现在对传统表征概念的拒斥和将意识或体验置于认知科学的显著位置上（正是这两方面，有力地撬动了传统认知科学的根基）。其次，生成主义具备了作为认知纲领的特征和要件，特别是它对认知科学中的心身和他心两个基本问题的独特处理，使其具有了传统范式所无法企及的优势。

第三，我们可以在生成框架内构建出一套完整的认识论和方法论体系，为生成认知科学的具体研究提供明确的指导原则。在认识论层面，建构了生成主义的五大基本原则：自主性原则揭示了认知系统必然是自主的；意义建构原则揭示了认知是基于动力学和生物学的意义建构；互规定性和共涌现性原则揭示了认知系统与环境是相互规定和共涌现的；具身行动原则揭示了认知是一种具身行动；脑身经验结构原则揭示了认知是基于经验的脑身活动。在方法论层面，建构了与认识论原则相对应的三大方法论体系：第一人称方法论主要吸收了欧陆的现象学传统和东方的佛学静心修持传统，第三人称方法论主要以生物学和动力学方法为基础，第二人称方法论是在一三人称方法论的基础上构建的，主要以异类现象学和神经现象学为代表。

第四，生成主义有进一步拓展和发展的潜在性。理论和事实证明：生成主义作为一个新兴的认知纲领，还有进一步发展和完善的巨大空间；同时，它作为一种新的理论框架可以得到连贯的展开和拓展。生成主义在许多领域，特别是高层次认知领域，如价值的产生和评估、意义的建构和理解、社会交互作用和社会理解等，都有进一步施展的空间。当前的一些研究成果也表明，生成主义可以在这些领域内做得更好、更有效。事实证明：生成主义能有效地沟通

“关于具体的具身实践和情境实践的知识”与“较高层次的人类认知”，它能使我们以一种综合的视角看待处于众多不同层次上的具身的社会交互作用和协调作用（从调节交互作用的自主时间结构的涌现到受社会调节的意义的产生）。

总之，无论是从理论构建还是从具体发展进程上来说，其都证明：生成主义为我们开辟了一个全新的、传统认知科学所忽略的人类认知研究领域，它完全具有构成一个系统的理论框架的潜在性，这种框架保持了它从生命到心智、从细胞到社会的概念连续性。然而，不可否认的是，尽管生成主义是一个颇具前景的研究纲领，但它还远不够完善，它自身还面临着诸多问题和挑战。当然，挑战也意味着机遇和发展，而不是失败，生成主义只是开始形成一种连贯的研究纲领。或许，斯图尔特等人的界定是合理的，即把生成主义看作一种迈向认知科学的新范式。放眼未来，我们可以期待：生成主义的基本原则，即那些用于描述我们如何与我们的世界相关联的原则，将会被应用于传统认知科学之外的更多学科。

参考文献

埃德尔曼·杰拉尔德，朱利欧·托诺尼 . 2004. 意识的宇宙——物质如何转变为精神 . 顾凡及译 . 上海：上海科学技术出版社 .

安东尼奥·R. 达马西奥 . 2007. 感受发生的一切——意识产生中的身体和情绪 . 杨韶刚译 . 北京：教育科学出版社 .

陈巍，郭本禹 . 2011. 神经现象学运动二十年：辨析与厘定 . 西北师范大学学报（社会科学版），48（6）：85-90.

陈巍，郭本禹 . 2011. 生命的自创生：认知科学家弗朗西斯科·瓦雷拉 . 心理学进展，（1）：35-40.

陈巍，郭本禹 . 2012. 具身——生成的意识经验：神经现象学的透视 . 华东师范大学学报，（3）：60-66.

陈熙，李恒威 . 2011. 神经现象学及其问题 . 自然辩证法通讯，（3）：118-122.

陈晓平 . 2006. 从心 – 身问题看功能主义的困境 . 自然辩证法研究，（12）：17-21.

陈晓平 . 2006. 关于“还原”和“突现”的概念分析：兼论心 – 身问题. 哲学研究，（9）：84-89.

陈晓平 . 2007. 因果关系与心 - 身问题：兼论功能主义的困境与出路. 自然辩证法通讯，（5）：26-30.

丹尼特 . 2010. 心灵种种：对意识的探索 . 罗军译 . 上海：上海科学技术出版社 .

德雷福斯 . 1986. 计算机不能做什么 . 宁春岩译 . 北京：生活·读书·新知三联书店 .

丁峻 . 2009. 意识活动机制的神经现象学解释 . 自然辩证法通讯，（6）：71-75.

高新民 . 1995. 现代西方心灵哲学的知觉研究述评 . 华中师范大学学报，（4）：1-7.

高新民 . 2002. 心灵哲学对心身问题的最新解答. 学术论坛，（5）：11-15.

高新民 . 2009. 感受性质：新二元论的一个堡垒 . 甘肃社会科学，(5)：34-39.
郭垒 . 2003. 还原论、自组织理论和计算主义 . 自然辩证法研究，(12)：83-87.
郭湛 . 2010. 主体性哲学：人的存在及其意义 . 北京：中国人民大学出版社 .
郭贵春，成素梅. 2009. 当代科学哲学问题研究 . 北京：科学出版社 .
胡塞尔 . 2001. 欧洲科学的危机和超越论的现象学 . 王炳文译 . 北京：商务印书馆 .
胡塞尔 . 2004. 纯粹现象学通论：纯粹现象学和现象学哲学的观念 . 李幼蒸译 . 北京：中国人民大学出版社 .
科赫 . 2012. 意识探秘：意识的神经生物学研究 . 顾凡及，侯晓迪译 . 上海：上海科学技术出版社 .
克劳斯·黑尔德 . 2003. 世界现象学 . 倪梁康，等译 . 北京：生活·读书·新知三联书店 .
肯·威尔伯 . 2009. 性、生态、灵性 . 李明，等译 . 北京：中国人民大学出版社 .
肯·威尔伯 . 2011. 意识光谱 . 杜伟华，苏健译 . 沈阳：万卷出版公司 .
李恒威 . 2007. 生活世界复杂性及其认知动力模式 . 北京：中国社会科学出版社 .
李恒威 . 2009. 生成认知：基本观念和主题 . 自然辩证法通讯，(2)：27-31.
李恒威 . 2010. 认知主体的本性：简述《具身心智：认知科学和人类经验》. 哲学分析，01(4)：176-182.
李恒威 . 2011. 意识：从自我到自我感 . 杭州：浙江大学出版社 .
李恒威，黄华新 . 2006. 表征与认知发展 . 中国社会科学，(2)：34-44.
李恒威，黄华新 . 2006. 第二代认知科学的认知观 . 哲学研究，(6)：92-99.
李恒威，盛晓明 . 2006. 认知的具身化 . 科学学研究，24(2)：185-190.
李恒威，肖家燕 . 2006. 认知的具身观 . 自然辩证法通讯，(1)：29-34.
李建会 . 1995. 还原论、突现论与世界的统一性. 科学技术与辩证法，(10)：5-8.
李建会，于小晶 . 2014. “4E+S”：认知科学的一场新革命？哲学研究，(1)：96-101.
郦全民 . 2004. 认知计算主义的威力和软肋 . 自然辩证法研究，(8)：1-3.
刘晓力 . 2003. 计算主义质疑 . 哲学研究，(3)：88-94.
刘晓力 . 2005. 交互隐喻与涉身哲学 . 哲学研究，(10)：73-80.
刘晓力 . 2010. 延展认知与延展心灵论辨析 . 中国社会科学，(1)：49-57.
刘晓力 . 2014. 当代哲学如何面对认知科学的意识难题 . 中国社会科学，(6)：48-68.
罗姆·哈瑞 . 2006. 认知科学哲学导论 . 魏屹东译 . 上海：上海科技教育出版社 .
洛伦佐·玛格纳尼 . 2006. 认知视野中的哲学探究 . 李平译 . 广州：广东人民出版社 .
孟伟 . 2007. Embodiment 概念辨析 . 科学技术与辩证法，(1)：44-48.
孟伟 . 2009. 交互心灵的构建——现象学与认知科学研究 . 北京：中国社会科学出版社 .
倪梁康 . 2002. 自识与反思：近现代西方哲学的基本问题 . 北京：商务印书馆 .
派利夏恩 . 2007. 计算与认知：认知科学的基础 . 任晓明，王左立译 . 北京：中国人民大学出版社 .

庞学铨 . 2001. 身体性理论：新现象学解决心身关系的新尝试 . 浙江大学学报，(6)：5-13.
齐磊磊，张华夏 . 2007. 论突现的不可预测性和认知能力的界限：从复杂性科学的观点看 . 自然辩证法研究，(4)：18-21.
任晓明，胡宝山 . 2007. 为认知科学的计算主义纲领辩护：评泽农·派利夏恩的计算主义思想 . 江西社会科学，(2)：44-49.
任晓明，张昱 . 2008. 计算主义纲领的功过得失——评派利夏恩的计算主义思想 . 科学技术与辩证法，(6)：7-11.
萨迦德 . 1999. 认知科学导论 . 朱菁译 . 合肥：中国科学技术大学出版社 .
唐魁玉 . 2007. 虚拟空间中的心身问题：对心灵哲学观点的辨识与吸纳 . 哲学动态，(4)：30-34.
唐孝威 . 2004. 意识问题的自然科学研究 . 北京：高等教育出版社 .
唐孝威 . 2007. 脑与心智 . 杭州：浙江大学出版社 .
唐孝威 . 2008. 心智的无意识活动 . 杭州：浙江大学出版社 .
唐孝威等 . 2012. 认知科学导论 . 杭州：浙江大学出版社 .
田平 . 2003. 物理主义框架中的心和“心的理论”：当代心灵哲学本体和理论层次研究述评 . 厦门大学学报，(6)：22-29.
瓦雷拉，汤普森，罗施 . 2010. 具身心智：认知科学和人类经验 . 李恒威，李恒熙，王球等译 . 杭州：浙江大学出版社 .
万百五 . 2010. 二阶控制论及其应用 . 控制论与应用，(8)：1053-1059.
王华平 . 2009. 心灵与世界：一种知觉哲学的考察 . 北京：中国社会科学出版社 .
王晓阳 . 2008. 论意识的认知神经科学研究及哲学思考 . 自然辩证法研究，(6)：33-36.
魏屹东，武建峰 . 2015. 认知生成主义的认识论意义 . 学术研究，(2)：16-22.
魏屹东，武建峰 . 2015. 认知生成主义的方法论意义 . 自然辩证法通讯，(2)：45-52.
魏屹东等 . 2008. 认知科学哲学问题研究 . 北京：科学出版社 .
武建峰 . 2017. 认知生成主义的认识论问题 . 学术交流，(5)：70-75.
武建峰 . 2017. 基于生成进路的社会认知理论建构 . 山西师大学报（社会科学版），(3)：68-72.
武建峰 . 2017. 论生成认知科学的现象学基础 . 学术研究，(12)：60-65.
武建峰 . 2010-9-30. 认知生态学：认知科学研究的新进路 . 中国社会科学报，第 12 版 .
武建峰，魏屹东 . 2014. 生成认知科学中的连续性论题 . 江苏社会科学，(3)：46-53.
徐献军 . 2012. 具身人工智能与现象学 . 自然辩证法通讯，(6)：43-47.
徐英瑾 . 2012. 丹尼特的“异类现象学”——新实用主义谱系中一个被忽略的环节 . 世界哲学，(5)：131-140.
许珍琼，高度 . 2004. 突现论与心身问题 . 武汉大学学报，(6)：776-780.
约翰·R. 塞尔 . 2005. 心灵的再发现 . 王巍译 . 北京：中国人民大学出版社 .
约翰·海尔 . 2005. 当代心灵哲学导论 . 高新民，殷筱，徐弢，译 . 北京：中国人民大学出版社 .

张祥龙 . 2003. 朝向事情本身 . 北京：团结出版社 .

周燕，闫坤如． 2007. 科学认知的哲学探究：观察的理论渗透与科学解释的认知维度 . 北京：人民出版社 .

周晓亮 . 2005. 自我意识、心身关系、人与机器：试论笛卡尔的心灵哲学思想 . 自然辩证法通讯，(4)：46-52.

周晓亮 . 2008. 试论西方心灵哲学中的“感受性问题”. 黑龙江社会科学，(6)：24-29.

朱宝荣 . 2004. 心理哲学 . 上海：复旦大学出版社 .

Abraham T H. 2003. Integrating mind and brain：Warren S. McCulloch，cerebral localization，and experimental epistemology. Endeavour，27 (1)：32-36.

Adams A，Aizawa K. 2008. Defending the bounds of cognition. Oxford：Basil Blackwell.

Aizawa K. 2007. Understanding the embodiment of perception. Journal of Philosophy，104 (1)：5-25.

Anderson M L. 2003. Embodied cognition：a field guide. Artificial Intelligence，149 (1)：91-103.

Ashby W R. 1962. Principles of the self-organizing system//von Foerster H，Zopf G W. Principles of Self-organization：Transactions of the University of Illinois Symposium. London：Pergamon Press：255-278.

Baars B J. 1986. The Cognitive Revolution in Psychology. New York：The Guilford Press.

Baars B J. 1988. A Cognitive Theory of Consciousness. Cambridge：Cambridge University Press.

Baerveldt C，Verheggen T. 1999. Enactivism and the experiential reality of culture：rethinking the epistemological basis of cultural psychology. Culture & Psychology，5 (2)，183-206.

Barandiaran X. 2016. Autonomy and enactivism：towards a theory of sensorimotor autonomous agency. Topoi，34：1-22.

Barandiaran X，di Paolo E A，Rohde M. 2009. Defining agency：individuality，normativity，asymmetry，and spatio-temporality in action. Adaptive Behavior，17 (5)：367-386.

Barandiaran X，Moreno A. 2008. Adaptivity：from metabolism to behavior. Adaptive Behavior，16 (5)：325-344.

Bateson G. 1972. Steps to an Ecology of Mind. New York：Ballentine Books.

Bechtel W. 2008. Mental mechanisms：philosophical perspectives on cognitive neuroscience. New York：Routledge.

Beer J，Ochsner K. 2006. Social cognition：A multi-level analysis. Brain Research，1079 (1)：98-105.

Beer R. 1995. A dynamical systems perspective on agent-envioronment interaction. Artificial Intelligence，(72)：173-215.

Beer R. 2000. Dynamical approaches to cognitive science. Trends in Cognitive Science，4 (3)：27-65.

Begg A. 1999. Enactivism and mathematics education. Merga，(22)：68-75.

Boden M. 2000. Autopoiesis and life. Cognitive Science Quarterly，(1)：117-145.

Bourgine P，Stewart J. 2004. Autopoiesis and cognition. Artificial Life，(10)：327-345.

Braddon-Mitchell D，Jackson F. 2000. Philosophy of Mind and Cognition. London：Blackwell Publisher Ltd.

Brooks R. 1991. Intelligence without reason// Myopoulos J，Reiter R. Proceedings of the 12th International Joint Conference. on Artificial Intelligence. San Mateo：Morgan Kaufmann：569-595.

Brooks R. 1991. Intelligence without representation. Artificial Intelligence，47(1-3)：139-160.

Bruner J S. 1961. A Study of Thinking. New York：John Wiley and Sons，Inc.

Bruner J S. 1966. Toward a Theory of Instruction. Cambridge：Harvard University Press.

Carruthers P. 2002. The cognitive functions of language. Behavioral and Brain Sciences，25(6)：657.

Chalmers D J. 1995. Facing up to the problem of consciousness. Journal of Consciousness Studies，2(3)：200-219.

Chalmers D J. 1996. The Conscious Mind：In Search of a Fundamental Theory. New York：Oxford University Press.

Chalmers D J. 2010. The Character of Consciousness. Oxford and New York：Oxford University Press.

Chemero A. 2009. Radical Embodied Cognitive Science. Cambridge：The MIT Press.

Clark A. 1998. Being There：Putting Brain，Body，and World Together Again. Cambridge：The MIT Press.

Clark A. 1999. An embodied cognitive science? Trends in Cognitive Sciences，(3)：345-351.

Clark A. 2001. Mindware：An Introduction to the Philosophy of Cognitive Science. Oxford：Oxford University Press.

Clark A，Chalmers D. 1998. The extended mind. Analysis，58(1)：7-19.

Clark A，Grush R. 1999. Towards a cognitive robotics. Adaptive Behavior，(7)：5-16.

Davis A B，Sumara D J，Thomas E. 1996. Cognition，co-emergence，curriculum. Journal of Curriculum Studies，28(2)：151-169.

de Bruin L C，Kästner L. 2012. Dynamic embodied cognition. Phenomenology and the Cognitive Science，11(4)：541-563.

de Jaegher H. 2009. Social understanding though direct perception? Yes，by interacting. Consciousness and Cognition，18(2)：535-542.

de Jaegher H，di Paolo E A. 2007. Participatory sense-making：an enactive approach to social cognition. Phenomenology and the Cognitive Sciences，6(4)：485-507.

de Jaegher H，di Paolo E A. 2008. Making sense in participation：an enactive approach to social cognition// Morganti F，Carassa A，Riva G. Enacting Intersubjectivity：A Cognitive and Social Perspective on the Study of Interactions. Amsterdam：IOS Press：33-47.

de Jaegher H，di Paolo E A，Gallagher S. 2010. Can social interaction constitute social cognition? Trends in Cognitive Sciences，14(10)：441-447.

de Jaegher H，Froese T. 2009. On the role of social interaction in individual agency. Adaptive Behavior，17(5)：444-460.

Dennett D，Weiner P. 1991. Consciousness Explained. New York：Little，Brown and Company.

Dennett D. 2003. Who's on first? Heterophenomenology explained. Journal of Consciousness Studies，(10)：19-30.

depraz N. 2012. Empathy and second-person methodology. Continental Philosophy Review，(45)：447-459.

di Paolo E A. 2003. Organismically-inspired robotics：homeostatic adaptation and teleology beyond the closed sensorimotor loop // Murase K，Asakura T. Dynamical Systems Approach to Embodiment and Sociality. Adelaide：Advanced Knowledge International：19-42.

di Paolo E A. 2005. Autopoiesis，adaptivity，teleology，agency. Phenomenology and the Cognitive Sciences，4(4)：429-452.

di Paolo E A. 2009. Editorial：the social and enactive mind. Phenomenology and the Cognitive Sciences，8(4)：409-415.

di Paolo E A. 2009. Extended life. Topoi，28 (1)：9-21.

di Paolo E A，Rohde M，de Jaegher H. 2010. Horizons for the Enactive Mind：Values，Social Interaction，and Play// Stewart J，Gapenne O，di Paolo E. Enaction：Toward a New Paradigm for Cognitive Science. Cambridge：The MIT Press：33-88.

Dorjee D. 2010. Kinds and dimensions of mindfulness：why it is important to distinguish them. Mindfulness，(1)：152-160.

Dreyfus H L. 1991. Being-in-the-World. Cambridge：The MIT Press.

Dreyfus H L. 2007. Why Heideggerian AI failed and how fixing it would require making it more Heideggerian. Philosophical Psychology，20(2)：247-268.

Dupuy J P. 2009. On the Origins of Cognitive Science：The mechanization of Mind. Cambridge：The MIT Press.

Ellis R D. 2006. Phenomenology-friendly neuroscience：the return to Merleau-Ponty as psychologist. Human Studies，29(1)：33-35.

Elman. 1998. Connectionism，artificial life，and dynamical systems：new approaches to old questions// Bechtel W，Graham G. A Companion to Cognitive Science. Oxford：Basil Blackwood：488-505.

Epstein M. 1995. Thoughts Without a Thinker. New York：Basic Books.

Federman A. 2011. What Buddhism taught cognitive science about self，mind and brain. Enrahonar Quaderns de Filosofia，47（47）：39-62.

Ferrer J N. 2002. Revisioning Transpersonal Theory：A Participatory Vision of Human Spirituality. Albany：State University of New York Press.

Ferrer J N. 2008. Spiritual knowing as participatory enaction// Ferrer J N，Sherman J H. The Participatory Turn：Spirituality，Mysticism，Religious Studies. Albany：State University of New York Press：135-169.

Ferrer J N. 2009. The plurality of religions and the spirit of pluralism：a participatory vision of the future of religion. International Journal of Transpersonal Studies，（28）：139-151.

Ferrer J N. 2011. Participatory spirituality and transpersonal theory：a ten-year retrospective. Journal of Transpersonal Psychology，43（1）：1-34.

Ferrer J N，Sherman J H. 2008. Introduction：the participatory turn in spirituality，mysticism，and religious studies// Ferrer J N，Sherman J H. The Participatory Turn：Spirituality，Mysticism，Religious Studies. Albany：State University of New York Press：81-112.

Froese T. 2009. Sociality and the Life-mind Continuity Thesis：a Study in Evolutionary Robotics. Brighton：University of Sussex.

Froese T，di Paolo E A. 2009. Sociality and the life-mind continuity thesis. Phenomenology and the Cognitive Sciences，8（4）：439-463.

Froese T，di Paolo E A. 2011. The enactive approach：theoretical sketches from cell to society. Pragmatics & Cognition，19（1）：1-36.

Froese T，Stewart J. 2010. Life after Ashby：ultrastability and the autopoietic foundations of biological individuality. Cybernetics & Human Knowing，17（4）：83-106.

Froese T，Ziemke T. 2009. Enactive artificial intelligence：investigating the systemic organization of life and mind. Artificial Intelligence，173（3-4）：366-500.

Froese T. 2007. On the role of AI in the ongoing paradigm shift within the cognitive sciences// Lungarella M，et al. 50 Years of AI. Berlin：Springer-Verlag：63-75.

Froese T. 2010. From cybernetics to second-order cybernetics：a comparative analysis of their central ideas. Constructivist Foundations，5（2）：75-85.

Froese T. 2011. Breathing new life into cognitive science. Philosophical Interdisciplinary Vanguard，2（1）：113-129.

Froese T. 2011. From second-order cybernetics to enactive cognitive science：Varela's turn from epistemology to phenomenology. Systems Research and Behavioral Science，（28）：630-645.

Froese T. 2012. From adaptive behavior to human cognition：a review of enaction. Adaptive Behavior，20（3）：209-221.

Gallagher S. 1986. Hyletic experience and the lived body. Husserl Studies，(3)：154.

Gallagher S. 2005. How the Body Shapes the Mind. Oxford：Clarendon Press.

Gallagher S. 2008. Direct perception in the intersubjective context. Consciousness and Cognition，17(2)：535-543.

Gallagher S. 2008. Intersubjectivity in perception. Continental Philosophy Review，41(2)：163-178.

Gallagher S. 2009. Two problems of intersubjectivity. Journal of Consciousness Studies，16(6-8)：289-308.

Gallagher S，Zahavi D. 2008. The Phenomenological Mind：An Introduction to Philosophy of Mind and Cognitive Science. London：Routledge.

Gibson J. 1979. The Ecological Approach to Visual Perception. Boston：Houghton Mifflin.

Hanna R，Thompson E. 2003. The mind-body-body problem. Theoria Et Historia Scientarum，7(1)：24-44.

Harvey I. 1996. Untimed and misrepresented：connectionism and the computer metaphor. AISB Quarterly，(96)：20-27.

Heron J. 2006. Participatory Spirituality. Morrisville：Lulu Press.

Herschbach M. 2012. On the role of social interaction in social cognition：a mechanistic alternative to enactivism. Phenomenology and the Cognitive Sciences，11(4)：467-486.

Hollenback J B. 1996. Mysticism：Experience，Response，and Empowerment. University Park：The University of Pennsylvania Press.

Humphrey N. 2000. How to solve the mind-body problem. Journal of Consciousness Studies，(4)：5-20.

Hurley S L. 1998. Consciousness in Action. Cambridge：Harvard University Press.

Hurley S L，Noë A. 2003. Neural plasticity and consciousness. Biology and Philosophy，(18)：131-168.

Hutchins E. 1995. Cognition in the Wild. Cambridge：The MIT Press.

Hutchins E. 2010. Cognitive ecology. Topics in Cognitive Science，(4)：705-715.

Hutto D. 2005. Knowing what? Radical versus conservative enactivism. Phenomenology and the Cognitive Sciences，4(4)：389-405.

Hutto D. 2013. Enactivism，from a wittgensteinian point of view. American Philosophical Quarterly，50(50)：281-302.

Hutto D，Myin E. 2013. Radicalizing Enactivism：Basic Minds without Content. Cambridge：The MIT Press.

Johnson M. 1987. The Body in the Mind：The Bodily Basis of Meaning，Imagination，and Reason. Chicago and London：The University of Chicago Press.

Johnson M. 1989. Personal practical knowledge series：embodied knowledge. Curriculum Inquiry, 19（4）：361-377.

Jonas H. 1966. The Phenomenon of Life：Toward a Philosophical Biology. Evanston：Northwestern University Press.

Jonas H. 1968. Biological foundations of individuality. International Philosophical Quarterly,（8）：231-251.

Juarrero A. 1999. Dynamics in Action：Intentional Behavior as a Complex System. Cambridge：The MIT Press.

Kelly S. 2000. Grasping at straws：motor intentionality and the cognitive science of skillful action// Wrathall M，Malpas J. Heidegger，Coping，and Cognitive Science：Essays in Honor of Hubert L. Dreyfus. Cambridge：The MIT Press：161-177.

Kim J. 1999. Making sense of emergence. Philosophical Studies,（95）：3-36.

Kiverstein J，Clark A. 2009. Introduction：mind embodied，embedded，enacted：one church or many? Topoi，28（1）：1-7.

Klin A，Jones W，Schultz R，et al. 2003. The enactive mind，or from actions to cognition：lessons from autism. Philosophical Transactions of the Royal Society London B Biological Sciences,（358）：345-360.

Kvale S. 1996. Interviews：An Introduction to Qualitative Research Interviewing. Thousand Oaks：Sage Publications.

Lakoff G，Johnson M. 1999. Philosophy in the Flesh：The Embodied Mind and Its Challenge to Western Thought. New York：BasicBooks.

Lave J，Wenger E. 1991. Situated Learning：Legitimate Peripheral Participation. New York：Cambridge University Press.

Leeuwen M V. 2005. Questions for the dynamicist：the use of dynamical systems theory in the philosophy of cognition. Minds and Machines,（15）：271-333.

Levine J. 1983. Materialism and qualia：the explanatory gap. Pacific Philosophical Quarterly,（64）：354-361.

Lewin K. 1946. Behavior and development as a function of the total situation// Carmichael L. Manual of Child Psychology. Wiley：New York：791-844.

Lewontin R. 2000. The Triple Helix：Gene，Organism，and Environment. Cambridge：Harvard University Press.

Lowe E J. 2004. An Introduction to the Philosophy of Mind. Cambridge：Cambridge University Press.

Lutz A. 2002. Toward a neurophenomenology as an account of generative passages：a first empirical case study. Phenomenology and the Cognitive Sciences,（1）：133-167.

Lutz A，Thompson E. 2003. Neurophenomenology：integrating subjective experience and brain dynamics in the neuroscience of consciousness. Journal of Consciousness Studies，（10）：31-52.

Malkemus S A. 2012. Toward a general theory of enaction：biology，transpersonal，and phenomenological dimensions. The Journal of Transpersonal Psychology，44（2）：201-223.

Masciotra D，RothW M，Morel D. 2007. Enaction：Toward a Zen Mind in Learning and Teaching. Rotterdam：Sense Publishers.

Maturana H R. 1988. Reality：the search for objectivity or the quest for a compelling argument. The Irish Journal of Psychology，1（9）：25-82.

McClelland J，Rumelhart D，Hinton G. 1986. The appeal of parallel distributed processing // Rumelhart D，McClelland J，The PDP Research Group. Parallel Distributed Processing. Cambridge：The MIT Press：1-44.

McGee K. 2005. Enactive cognitive science，part 1：history and research themes. Constructivist Foundations，1（1）：19-34.

McGee K. 2006. Enactive cognitive science，part 2：methods，insights，and potential. Constructivist Foundations，1（2）：73-82.

Mead G H. 1934. Mind，Self，and Society. Chicago：University of Chicago Press.

Menary R. 2009. Intentionality，cognitive integration and the continuity Thesis. Topoi，28（1）：31-43.

Menary R. 2010. Introduction to the special issue on 4E cognition. Phenomenology and the Cognitive Sciences，9（4）：459-463.

Merleau-Ponty M. 1962. Phenomenology of Perception. London：Routledge and Kegan Paul.

Miller G. 2005. What is the biological basis of consciousness? Science，309（5731）：79.

Mingers J. 1995. Self-Producing Systems：Implications and Applications of Autopoiesis. New York：Plenum Press.

Mitchell D W. 2002. Buddhism：Introducing the Buddhist Experience. New York：Oxford University Press.

Nagel T. 1974. What is it like to be a bat. The Philosophical Review，（4）：435-450.

Newell A. 1980. Physical symbol systems. Cognitive Science，（4）：135-183.

Newell A，Simon H A. 1976. Computer science as empirical enquiry：symbols and search. Communications of the Association for Computing Machinery，（19）：113-126.

Noë A，Thompson E. 2004. Are there neural correlates of consciousness? Journal of Consciousness Studies，11（1）：3-28.

Noë A. 2001. Experience and the the active mind. Synthese，129（1）：41-60.

Noë A. 2002. Is the visual world a grand illusion? Journal of Consciousness Studies，9（5-6）：1-12.

Noë A. 2004. Action in Perception. Cambridge：The MIT Press.

Noë A. 2009. Out of Our Heads：Why You Are Not Your Brain，and Other Lessons from the Biology of Consciousness. New York：Hill and Wang.

O'Regan J K，Noë A. 2001. A sensorimotor account of vision and visual consciousness. Behavioral and Brain Sciences，24(5)：939-1031.

O'Regan J K，Noë A. 2001. What it is like to see：a sensori-motor theory of visual experience. Synthese，129(1)：79-103.

Oyama S. 2000. Evolution's Eye：A System's View of the Biology-Culture Divide. Durham，NC：Duke University Press.

Petitmengin C. 2006. Describing one's subjective experience in the second person：an interview method for the science of consciousness. Phenomenology and Cognitive Science，5 (3-4)：229-269.

Place U T. 1956. Is consciousness a brain process? British Journal of Psychology，(47)：44-50.

Platehias D. 2011. Phenomenal Consciousness：Understanding the Relation Between Experience and Neural Processes in the Brain. Durham：Acumen.

Pylyshyn Z. 1984. Computation and Cognition. Cambidge：The MIT Press.

Raffone A，Srinivasan N. 2010. The exploration of meditation in the neuroscience of attention and consciousness. Cognitive Processing，11(1)：1-7.

Robbins B D. 2013. Enactive cognition and the neurophenomenology of emotion// Gordon S. Neurophenomenology and Its Applications to Psychology. New York：Springer：1-24.

Rohde M. 2010. Enaction，Embodiment，Evolutionary Robotics：Simulation Models for a Post-Cognitivist Science of Mind. Paris：Atlantis Press.

Rosenblueth A，Wiener N，Bigelow J. 1943. Behavior，purpose and teleology. Philosophy of Science，(10)：18-24.

Rowlands M. 1999. The Body in Mind：Understanding Cognitive Processes. Cambridge：Cambridge University Press.

Rowlands M. 2007. Understanding the 'active' in 'enactive'. Phenomenology and the Cognitive Sciences，6(4)：427-443.

Rowlands M. 2010. The New Science of Mind：From Extended Mind to Embodied Phenomenology. Cambridge：The MIT Press.

Rupert R D. 2004. Challenges to the hypothesis of extended cognition. Journal of Philosophy，101(8)：389-328.

Schmicking D，Gallagher S. 2009. Handbook of Phenomenology and Cognitive Science. New York：Springer.

Searle J. 1997. The Mystery of Consciousness. New York：New York Review of Books.

Searle J. 2004. Mind：A Brief Introduction. Oxford：Oxford University Press.

Shapiro L. 2010. Embodied Cognition. London：Routledge Press.

Siegel R D，Germer C K，Olendzki A. 2008. Mindfulness：what is it? where did it come from?// Didonna F. Clinical Handbook of Mindfulness. New York：Springer：17-35.

Smith J C. 1990. Historical Foundations of Cognitive Science. The Netherlands：Kluwer Academic Publishers.

Spivey M. 2007. The Continuity of Mind. Oxford University Press.

Steinbock A J. 2007. Phenomenology and Mysticism：The Verticality of Religious Experience. Bloomington：Northwestern University Press.

Steiner P，Stewart J. 2009. From autonomy to heteronomy（and back）：the enaction of social life. Phenomenology and the Cognitive Sciences，8（4）：527-50.

Stewart J. 1996. Cognition = life：implications for higher-level cognition. Behavioral Processes，（35）：311-326.

Stewart J. 2010. Foundational issues in enaction as a paradigm for cognitive science：from the origin of life to consciousness and writing// Stewart J，Gapenne O，di Paolo E A. Enaction：Toward a New Paradigm for Cognitive Science. Cambridge：The MIT Press：1-32.

Stewart J，Gapenne O，di Paolo E A. 2010. Enaction：Toward a New Paradigm for Cognitive Science.Cambridge：The MIT Press.

Thera N. 1962. The Heart of Buddhist Meditation：A Handbook of Mental Training Based on the Buddha's Way of Mindfulness. London：Ryder & Company.

Thomas A. 2009. Perceptual presence and the productive imagination. Philosophical Topics，37（1）：153-174.

Thompson E. 1995. Colour Vision：A Study in Cognitive Science and the Philosophy of Perception. London：Routledge.

Thompson E. 2001. Empathy and consciousness. Journal of Consciousness Studies，8（5-7）：1-32.

Thompson E. 2004. Life and mind：from autopoiesis to neurophenomenology. A tribute to Francisco Varela. Phenomenology and the Cognitive Sciences，3（4）：381-398.

Thompson E. 2005. Sensorimotor subjectivity and the enactive approach to experience. Phenomenology and the Cognitive Sciences，（4）：410.

Thompson E. 2007. Mind in Life：Biology，Phenomenology，and the Sciences of Mind. Cambridge：Harvard University Press.

Thompson E，Palacios A，Varela F J. 1992. Ways of coloring：comparative color vision as a case study for cognitive science. Behavioral and Brain Sciences，（15）：1-74.

Thompson E，Stapleton M. 2009. Making sense of sense-making：reflections on enactive and extended mind theories. Topoi，（28）：23-30.

Thompson E，Varela F J. 2001. Radical embodiment：neural dynamics and consciousness. Trends on Cognitive Sciences,（5）：418-425.

Tomasello M. 1999. The Cultural Origins of Human Cognition. Cambridge：Harvard University Press.

Torrance S. 2005. In search of the enactive：introduction to special issue on enactive experience. Phenomenology and the Cognitive Sciences，4（4）：357-368.

Torrance S. 2007. Introduction to the second special issue on enactive experience. Phenomenology and the Cognitive Sciences，6（4）：425.

Torrance S，Froese T. 2011. An inter-enactive approach to agency：phenomenology，dynamics，and sociality. Humana Mente，（15）：21-53.

van Gelder T. 1995. What might cognition be，if not computation? Journal of Philosophy，（7）：345-381.

van Gelder T. 1997. Connectionism，dynamics and the philosophy of mind// Carrier M，Machamer P K. Mindscapes：Philosophy，Science and the Mind. Pittsburgh：University of Pittsburgh Press：245-269.

van Gelder T. 1998. The dynamical hypothesis in cognitive science. Behavioral and Brain Science，（21）：615-665.

van Gelder T，Port R. 1995. It's about time：an overview of the dynamical approach to cognition// Port R，van Gelder T. Mind as Motion：Explorations in the Dynamics of Cognition. Cambridge：The MIT Press：1-43.

Varela F J. 1979. Principles of Biological Autonomy. New York：Elsevier North Holland.

Varela F J. 1987. Experimental epistemology：background and future. Revue Internationale De Systemique，1（2）：209-223.

Varela F J. 1996. Neurophenomenology：a methodological remedy for the hard problem. Journal of Consciousness Studies，3（4）：330-349.

Varela F J. 1996. The early days of autopoiesis：Heinz and Chile. Systems Research，13（3）：407- 416.

Varela F J. 1997. Patterns of life：intertwining identity and cognition. Brain and Cognition，34（1）：72-87.

Varela F J. 1997. The naturalization of phenomenology as the transcendence of nature：searching for generative mutual constraints. Alter：Revue de Phénoménologie，（5）：355-381.

Varela F J. 1999. Ethical Know-How：Action，Wisdom，and Cognition. Stanford：Stanford University Press.

Varela F J. 1999. The specious present：a neurophenomenology of time consciousness// Petitot J，Varela F J，Pachoud B，et al. Naturalizing Phenomenology：Issues in Contemporary Phenomenology and Cognitive Science. Stanford：Stanford University Press：266-317.

Varela F J，Maturana H R，Uribe R. 1974. Autopoiesis：the organization of living systems，its characterization and a model. BioSystems，（5）：187-196.

Varela F J，Shear J. 1999. First-person methodologies：what，why，how? Journal of consciousness Studies，6(2-3)：1-14.

Varela F J，Thompson E，Rosch E. 1991. The Embodied Mind：Cognitive Science and Human Experience. Cambridge：The MIT Press.

Velmans M. 2007. Where experiences are：dualist，physicalist，enactive and reflexive accounts of phenomenal consciousness. Phenomenology and the Cognitive Sciences，6(4)：547-563.

Velmans M. 2009. Understanding Consciousness. London：Routledge/Psychology Press.

von Foerster H. 1979. Cybernetics of cybernetics//Krippendorff K. Communication and Control. New York：Gordon and Breach：283-286.

von Glasersfeld E. 1984. An introduction to radical constructivism//Watzlawick P. The Invented Reality：How Do We Know What We Believe We Know? Contributions to Constructivism. New York：Norton：17-40.

von Glasersfeld E. 1995. Radical Constructivism：A Way of Knowing and Learning. London：Falmer Press.

Vygotsky L S. 1978. Mind in Society：The Development of Higher Psychological Processes. Cambridge：Harvard University Press.

Waldron W S. 2002. Buddhist steps to an ecology of mind：Thinking about ‘thoughts without a thinker’. Eastern Buddhist，34(1)：1-52.

Wallace B A. 1999. The Buddhist tradition of Samatha：methods for refining and examining consciousness. Journal of Consciousness Studies，（6）：175-187.

Weber A，Varela F J. 2002. Life after Kant：natural purposes and the autopoietic foundations of biological individuality. Phenomenology and the Cognitive Science，1(2)：97-125.

Wheeler M. 2005. Reconstructing the Cognitive World：The Next Step. Cambridge：The MIT Press.

Wilber K. 1995. Sex，Ecology，and Spirituality：The Spirit of Evolution. Boston：Shambala.

Wilson M. 2002. Six views of embodied cognition. Psychonimic Bulletin &Review，（9）：629-631.

Zahavi D. 1999. Self-Awareness and Alterity：A Phenomenological Investigation. Evanston：Northwestern University Press.

Zahavi D. 2001. Beyond empathy：phenomenological approaches to intersubjectivity. Journal of Consciousness Studies，8(5-7)：151-167.

Zahavi D. 2002. First-person thoughts and embodied self-awareness：some reflections on the relation between recent analytical philosophy and phenomenology. Phenomenology and the Cognitive Sciences,（1）：7-26.

Zahavi D. 2003. Husserl's Phenomenology. Stanford：Stanford University Press.

Zahavi D. 2005. Subjectivity and Selfhood：Investigating the First-Person Perspective. Cambridge：The MIT Press.